大学生创新创业教育教程

姜海荣　刘安琴　主　编

中国纺织出版社有限公司

内 容 提 要

本书以创新创业相关理论和方法为指导,较为系统的介绍了大学生在创新和创业过程中的热点问题,通过理论与实践、案例分析与讨论的结合,希望可以为在校大学生求职择业提供系统化、全程化的指导。本书共有七章,分别为创业与创新意识、创业机会与风险、创业者与创业团队、创业资源与创业融资、商业模式开发、制订创业计划书和开办新创企业。

本书力求突破传统,有所创新,既立足实用性、指导性,又注重方向性、教育性。因此,本书不但可以作为高校大学生创新创业的指导教材,还可以作为相关培训参考书。

图书在版编目(CIP)数据

大学生创新创业教育教程 / 姜海荣,刘安琴主编 .—— 北京:中国纺织出版社有限公司,2022.9
ISBN 978-7-5180-9912-2

Ⅰ.①大… Ⅱ.①姜… ②刘… Ⅲ.①大学生-创业-高等学校-教材 Ⅳ.①G647.38

中国版本图书馆CIP数据核字(2022)第181940号

责任编辑:张 宏　责任校对:高 涵　责任印制:储志伟

中国纺织出版社有限公司出版发行
地址:北京市朝阳区百子湾东里A407号楼　邮政编码:100124
销售电话:010—67004422　传真:010—87155801
http://www.c-textilep.com
中国纺织出版社天猫旗舰店
官方微博http://weibo.com/2119887771
三河市宏盛印务有限公司印刷　各地新华书店经销
2022年9月第1版第1次印刷
开本:787×1092　1/16　印张:13.25
字数:263千字　定价:89.90元

凡购本书,如有缺页、倒页、脱页,由本社图书营销中心调换

前　言

目前，高校毕业生创业已成为中国乃至全球关注的热点。早在1998年，联合国教科文组织就在主题为"21世纪的高等教育：展望与行动"的世界高等教育大会的宣言中提出，"高等教育应主要关心培养创业技能与主动精神；毕业生将不再仅仅是求职者，而首先要成为就业岗位的创造者"。

随着国内外创业活动的蓬勃发展，创业教育逐步进入中国的大学校园。大学生创业教育是指培养大学生的创业意识、创业知识、创业技能等各种创业综合素质，最终使受教育者具有一定创业能力的教育。在普通高等学校开展创业教育，是服务国家加快转变经济发展方式、建设创新型国家和人力资源强国的战略举措；是深化高等教育教学改革、提高人才培养质量、促进大学生全面发展的重要途径；是落实以创业带动就业、促进高校毕业生充分就业的重要措施。我国高校毕业生创业存在的主要问题就是创业项目高科技含量低，大学生创业能力存在不少薄弱环节，反映了高校创业教育重理论轻实践的缺陷。我国缺乏系统科学的创业教育理念和体系，创业课程多是引进国外的教育体系，未能针对中国文化、学校特色进行系统的研究和修订。

为贯彻落实《国家中长期教育改革和发展规划纲要（2010—2020年）》以及《教育部关于全面提高高等教育质量的若干意见》（教高〔2012〕4号）精神，2012年8月1日，教育部办公厅印发《普通本科学校创业教育教学基本要求（试行）》。在该文件中，"创业基础"课被定位为面向全体学生开设的公共必修课程。其教学目标是：通过创业教育教学，使学生掌握创业的基础知识和基本理论，熟悉创业的基本流程和基本方法，了解创业的法律法规和相关政策，激发学生的创业意识，提高学生的社会责任感、创新精神和创业能力，促进学生创业就业和全面发展。

根据《普通本科学校创业教育教学基本要求（试行）》精神，笔者在总结多年创业教育教学经验的基础上，以教育部颁发的"创业基础"课教学大纲为依据，编写了《大学生创新创业基础教程》。与国内同类教材相比，本书具有以下特色：

1.强化理论基础。"创业基础"课是一门理论性、政策性和实践性很强的综合性课程，在对创业要素、创业原理和创业过程进行阐述时，涉及了许多经济学、管理学和社会学等学科知识。为帮助广大读者理解这些知识，笔者以教育部颁发的教学大纲中规定的概念、原理、流程等内容为主线，对本课程所涉及的各种理论进行了系统的梳理，旨在增强大学生的创新意识，激发创意思维，培养创业精神，提高大学生的创业和创新能力。

2.实践与网络课程导向。本书以创业实践为主线，在注重创业实际训练的基础上，加入了网络化的知识引导，在每一章都设有真实情境训练，通过实训使大学生加深对创业的认识。同时，每章还设置了网络情境训练，这一版块开设的目的在于为大学生推荐一些与创业相关的网站。使其真正意识到创业的重要性及其渠道的多样性，而且部分课外知识是以相应的二维码形式加以展现的，这也是本书的一大特色。

3.体例灵活多样。本教材面向大学生和青年创业者，每章开篇设置导语、案例导入，通过具体的事例引发大学生关于创业的一些思考，有利于其更好地投入教学活动中。同时加入了资料链接、知识延伸、课堂阅读、小故事、知识拓展、案例分析等版块，内容丰富，形式多样，而且每章最后设置了图书推荐板块，通过相关书目推荐，让大学生加深对知识的理解，有助于开拓大学生视野，提高其实践能力。全书清新活泼，可读性强，能够激发大学生的创业激情和创业精神。

本书编写过程中参考和借鉴了大量的国内外相关研究成果，在此一并表示感谢。由于编者水平所限，书中难免不足之处，请读者不吝赐教。

编　者

2020年12月

目 录

第一章 创业与创新意识 ………………………………………………………… 1
    第一节 创业概述 …………………………………………………………… 1
    第二节 创新意识 …………………………………………………………… 13
    第三节 大学生创业精神与创新意识的培养 ……………………………… 18

第二章 创业机会与风险 ………………………………………………………… 26
    第一节 创业机会的概念与特征 …………………………………………… 26
    第二节 创业机会的来源与识别 …………………………………………… 30
    第三节 创业风险评价 ……………………………………………………… 42

第三章 创业者与创业团队 ……………………………………………………… 56
    第一节 创业者概述 ………………………………………………………… 56
    第二节 创业团队组建及管理 ……………………………………………… 67

第四章 创业资源与创业融资 …………………………………………………… 85
    第一节 创业资源 …………………………………………………………… 85
    第二节 创业融资 …………………………………………………………… 95

第五章 商业模式开发 …………………………………………………………… 114
    第一节 商业模式概述 ……………………………………………………… 114
    第二节 商业模式的设计与创新 …………………………………………… 122

第六章 制订创业计划书 ………………………………………………………… 140
    第一节 认识创业计划 ……………………………………………………… 142

  第二节 创业计划书的撰写及展示……………………………………………… 149

第七章 开办新创企业…………………………………………………………… 171
  第一节 新企业的创建 ……………………………………………………… 171
  第二节 新企业的生存与管理 ……………………………………………… 193

参考文献……………………………………………………………………………… 204

第一章 创业与创新意识

创业远胜过建立公司或财务上的回馈,我相信我们正在做的事对世界来说非常重要。

——本杰明·特里戈

出身贫苦,不可骄傲;创业艰难,不可奢华;努力不懈,不可安逸。

——车耀先

导语

随着经济的飞速发展,创业已成为时代所需,各级政府正在积极创造条件,营造良好的创业环境,激发大学生的创业热情,并为创业者提供了各种扶持政策和服务,期盼着大学生创业成功已经成为所有支持创业者的心声。但对于创业来说,仅仅有创业活力是远远不够的,还应洞悉时代发展的规律,具备创新精神,掌握一定的创新模式,从而使自己紧跟时代发展的步伐,这些对大学生成功创业具有十分重要的指导意义。

第一节 创业概述

创业教育对于培养个人的首创和冒险精神,创业和独立工作的能力以及技术、社交和管理技能都非常重要。创业是推动经济发展的秘密武器。如今的经济是世界经济一体化条件下的经济,是以知识决策为导向的经济。知识经济使人类的社会生活、产业组织形式、企业的组织与运行方式都发生了巨大变化。企业唯有重视创业与创新意识,才能再创生机。

一、创业的内涵

创业,无疑是当今时代极具吸引力的一个字眼,因为创业不仅意味着可以过一把老板瘾,还意味着可以施展才能,实现自身价值和人生理想,创造出更丰富的产品和服务,为我们自身和社会创造财富。当今的时代是一个全民创业的时代,无论是继承创业、主动创业还是"被创业",越来越多的人都创办了自己的企业,飞速发展的经济和宽松的经济环境为创业者们提供了前所未有的机遇。

(一)创业的概念

创业是指某个人发现某种信息、资源、机会或掌握某种技术,利用或借用相应的平台或载体,将其发现的信息、资源、机会或掌握的技术以一定的方式,转化、创造成更多的财富、价值,并实现某种追求或目标的过程。

然而,什么是创业?在创业界有着不同的意见。一些专家学者认为:"创业是一个发现和捕捉机会,并由此创造出新颖的产品或服务和实现其潜在价值的复杂过程。"创业必须要投入时间和付出努力,承担相应财务、精神和社会的风险,并获得金钱的回报、个人的满足和独立自主。霍华·斯蒂芬(Howard H. Steven)认为,"创业是一种管理方式,即对机会的追踪和捕获的过程,这一过程与其当时控制的资源无关",并且进一步指出,"创业可从以下7个方面的企业经营活动来理解:发现机会、战略导向、致力于机会、资源配置过程、资源控制的概念、管理的概念和回报政策"。杰弗里·A.蒂蒙斯(Jeffry A.Timmons)则认为:"创业是一种思考、推理和行为方式,它为机会所驱动,需要在方法上全盘考虑并拥有和谐的领导能力。创业导致价值的产生、增加、实现和更新,不只是为所有者,也为所有参与者和利益相关者。"

科尔(Cole)把创业定义为"发起、维持和发展以利润为导向的企业的有目的性的行为"。史蒂文森(Stevenson)、罗伯茨(Roberts)和苟斯拜客(Grousbeck)提出:"创业是一个人——你不管是独立的还是在一个组织内部——追踪和捕捉机会的过程,这一过程与当时控制的资源无关。"

美国学者帕尔特·蒂·维罗斯(Paud. D. Reynolds)教授把创业的概念延伸到从人们创业意识产生之前到企业成长的全过程。他认为创业应该分为4个阶段,即未成年、创业行动开始之前、开始创办企业、企业成长。未成年就是创业意识萌芽阶段,创业者心里有创业的冲动,只是还没有找到合适的机会。当机会出现后,创业欲望增强,开始进行各种准备活动,进入了第二个阶段。接着,创业者或者独自一人,或者组建创业团队,开始进行市场调研、拟订创业方案、融资、注册登记、建厂生产、提高产品或者服务质量。最后,企业进入发展期,进入第二次创业阶段。

综上所述，创业是一个人们发现和捕捉机会并由此创造出新颖的产品或服务和实现其潜在价值的复杂过程，即人们创业意识产生之前到企业成长的全过程。

> **知识延伸**

对"创业"的进一步理解

对"创业"概念，可以进一步从以下4个方面理解：

（1）创业是一个复杂的创造过程——它创造出某种有价值的新事物。这种新事物必须是有价值的，不仅对创业者本身有价值，对社会也要有价值。价值属性是创业的重要社会属性，同时也是创业活动的意义和价值。

（2）创业必须贡献必要的时间和大量的精力，付出极大的努力。要完成整个创业过程，要创造新的有价值的事物，就需要大量的时间。要获得成功，没有付出极大的努力是不可能的，很多创业活动的创业初期都是在非常艰苦的环境下完成的。

（3）创业要承担必然的风险。创业的风险取决于创业的领域和创业团队的资源，可能有各种不同的形式。通常的创业风险主要有人力资源风险、市场风险、财务风险、技术风险、外部环境风险、合同风险、精神方面的风险等。创业者应具备超人的胆识，敢冒风险，勇于发展多数人望而却步的风险事业。

（4）创业将给创业者带来回报。作为一个创业者，最重要的回报可能是其从中获得的独立自主，以及随之而来的个人的物质财富的满足。对于追求利润的创业者，金钱的回报无疑是重要的，对其中许多人来说，物质财富是衡量成功的一个尺度。通常，风险与回报成正比。创业带来的回报，既包括物质的回报，也包括精神的回报，它是创业者进行创业的动机和动力。

（二）创业的功能与属性

从国家、社会的角度来看，创业的功能主要体现在增加社会财富，促进经济发展和社会繁荣；提供就业岗位，缓解社会就业压力；实现先进技术转化，促进科技创新和生产力提高等方面。

从创业者的角度来看，创业的功能主要体现在充分发挥才干，实现人生价值；积累财富，满足个人对物质的追求欲望；回报社会、贡献社会等方面。

创业活动作为一种社会行为，具有以下属性：

第一，创新性。创办一个企业对社会来讲不是一件新鲜事，但对创业者来讲是一个创新的过程。所谓的创新，是指创业者在整个创业过程中所接触的几乎全是新事物、所解决的几乎全是新问题，新问题的解决需要创业者的智慧和能力，还需要创业者的创造思维。

第二，风险性。创业活动是有风险的，创业成功将给创业者带来喜悦，创业失败给创业者带来的不仅是沮丧，还有财产的损失和信心的丧失。如果因考虑到创业风险就不去创业，那永远不会成为一个成功的创业者。创业的成功偏爱于那些细心大胆、勇于面对风险的创业者。

第三，利益性。创业者的创业活动也许出于多种目的，但根本的动力是获利，这是创业者的共同心愿。没有利益驱动，人们就不会冒着风险去创业，创业过程中获利的多少，也是人们衡量创业者创业成功与否的重要标志。

第四，艰难性。任何创业过程都充满了艰难，尤其是白手起家的创业者，往往需要经过多年的艰苦奋斗，甚至倾注大量的心血。所以，创业者要做好吃苦的思想准备。

二、创业的要素和过程

（一）创业的要素

创业是一项艰苦的事业，也是一个复杂和复合的系统。创业需要具备很多前提、条件、资源和要素。享有"创业教育之父"美誉的杰弗里·A.蒂蒙斯是创业教育的先驱，他在长期研究的基础上提出了创业要素模型——蒂蒙斯模型，如图1-1所示。

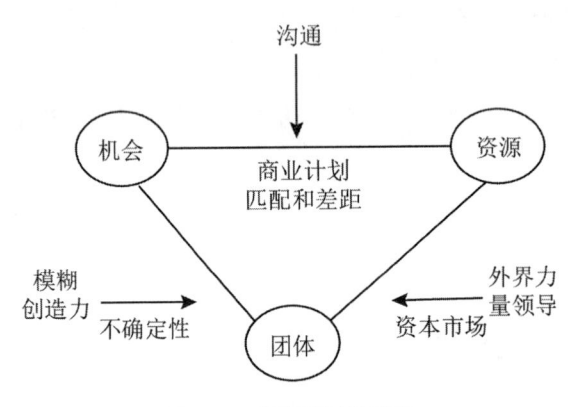

图1-1 蒂蒙斯创业模型

1）商业机会是创业过程的核心驱动力，创始人或工作团队是创业过程的主导者，资源是创业成功的必要保证。创业过程始于创业机会，而不是钱、战略、网络、团队或商业计划。创业之初，商业机会比资金、团队的才干和能力及适应的资源更重要。在创业过程中，资源与商机间经历着一个"适应→差距→适应"的动态过程。商业计划则是沟通创业者、商机和资源3个要素的质量、相互匹配和平衡状态的语言和规则。

2）创业过程是商业机会、创业者和资源3个要素匹配和平衡的结果。处于模型底部的创始人或工作团队要善于配置和平衡，借此推进创业过程，他们必须做的核心过程是：对商机的理性分析和把握，对风险的认识和规避，对资源的最合理利用和配置，对工作团队适应性的分析和认识。

3）创业过程是一个连续不断地寻求平衡的行为组合。虽然3个要素间的绝对平衡是不存在的，但企业要保持发展，就必须追求一种动态平衡。以保持平衡的观念展望企业未来时，创业者必须考虑的问题是：目前的团队是否能领导公司未来的成长、资源状况，以及下一阶段成功面临的陷阱。这些问题在不同阶段以不同的形式出现，牵制企业的可持续发展。

总之，创始人或工作团队必须在推进业务过程中，在模糊和不确定的动态的创业环境中，具有创造性地捕捉商机、整合资源和构建战略、解决问题的能力，要勤奋工作、富于牺牲精神。创业者在创业过程中的情绪就像一个杂技表演者，一边要在平衡线上跳上跳下，保持平衡，一边要在动荡的处境中进行各式各样的表演。

（二）创业过程的阶段划分

创业过程涉及的活动和行为较多，可细分为以下6个阶段，如图1-2所示。

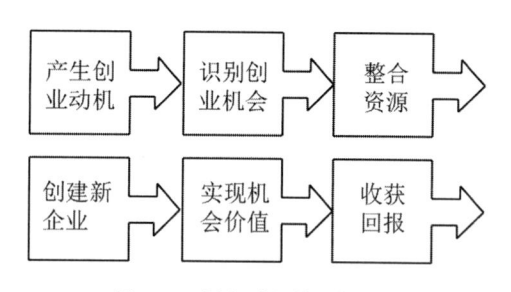

图1-2 创业过程的6个阶段

1.产生创业动机

创业活动的主体是创业者，创业活动首先取决于个人是否决定成为创业者。当然，不少人是因为看到了创业机会，受潜在收益的诱惑而激发了创业动机，进而成为一名创业者或创业团队成员。一个人能否成为创业者，受三个方面直接因素的影响。

1）个人特质。事实上，每个人都具有创业精神，但其创业精神的强度不同。强度的大小受遗传的影响，更受环境的影响。温州人的创业动机通常很强烈，其中环境起到了很大的作用。在当地成功的创业者普遍受到尊重，人们可以随时与创业者接触，自然就培育了更多创业者。勇于变革、创新的创业文化氛围会培养出更多变革型领导者，这种情况在公司内部也是如此，通用电气公司就是典型的例子。

2）创业机会。创业机会的增多会形成巨大的利益驱动，促使更多人创业。社会经济转型、技术进步等方面的因素在增加创业机会的同时，也降低了创业门槛，进而形成了更大的创业浪潮。

3）创业的机会成本。创业者创业的机会成本一般较低。也就是说，如果不去创业而从事其他工作，他们获得的收入和需求的满足程度会比自己创业低。科学家独立创业的少，是因为科学家可以谋得一份收入相对丰厚而且稳定的工作，为什么要冒着创业失败的风险呢？创业者的机会成本往往是他们的时间和劳动的投入。相比而言，那些在国有企业有较高职位和稳定收入的人"下海"创业，似乎机会成本很高，但凭借他们的能力和经验，即使创业不成功，也不会有太大的损失，他们还可以谋求稳定的工作，实际上的机会成本并不高。

随着社会保障体系的建立和健全，产权体制改革的深化，原有的因为体制差别而形成的特殊利益会逐渐减少，结果会进一步降低创业成本，激发人们的创业动机。

2.识别创业机会

识别创业机会是创业过程的核心，也是创业管理的关键环节。识别创业机会包含发现机会和评价机会的价值两个方面的活动，这其中有许多问题值得研究。

1）创业机会来自哪里？或者说，创业者应该从何处识别创业机会？

2）为什么某些人能够发现创业机会而其他人不能？或者说，哪些因素影响了决定创业者识别机会的能力？

3）创业机会是通过什么形式和途径被识别的？是经过系统地搜集资料和周密地调查研究，还是偶然被发现的？

4）是不是所有机会都有助于创业者开展创业活动并创造价值？

通过上述问题，我们可以看到创业者在识别机会阶段经常要开展的活动。为了发现机会，创业者需要多交朋友，并经常与朋友沟通交流，这样有助于创业者更广泛地获取信息。创业者需要细心观察，从以往的工作和周边的事物中发现问题、看到机会。在发现机会之后，创业者还需要对机会进行评价，以判断机会的商业价值。

3.整合资源

整合创业资源是创业者开发机会的重要手段。强调资源整合，是因为创业者直接控制的可用资源少，许多成功的创业者都有过白手起家的经历。对创业者来说，整合资源往往意味着整合外部资源、别人掌握控制的资源，以此来实现自己的创业理想。

人、财、物是任何生产经营单位都要具备的基本生产要素，创业活动也是如此。对于准备创业并识别了创业机会的创业者来说，要想成就一番事业，就需要组建创业团队、筹集创业资金、搭建创业平台、建立销售渠道、理顺上下游关系，如果创建生产型企业，还需要租用场地、建造厂房、购置设备、购买原材料等。

创业活动是创业者在资源匮乏的情况下开展的具有创造性的工作，势必面临很大的不确定性。在很多情况下，创业者自身对事业的未来发展也不清楚，所以外部组织和个体不敢轻易地将自己的资源投给创业者。因此，不少创业者在创业初期乃至新企业成长的很长一段时间里，都要把主要精力投入整合资源的努力中。

4.创建新企业

新企业的创建和新事业的诞生，往往是衡量创业者创业行为的直接标准，有人甚至将是否创建了新企业作为个人是不是创业者的衡量标准。创建新企业需要做的事情包括公司制度的制定、企业注册、经营地址的选择、确定进入市场的途径等，有时甚至要在创建新企业还是收购现有企业等进入市场的不同途径之间做出选择。

企业内创业可能没有公司制度设计问题，但同样要设计奖惩机制，甚至利益分配原则；可能没有企业注册问题，但同样要有资金投入及预算控制机制等问题。创业初期，迫于生存的压力，以及无法准确预期未来发展，创业者容易忽视制度和机制建设，结果给以后的发展埋下隐患。

5.实现机会价值

创业者整合资源、创建新企业的目的是实现机会价值，进而实现自己的创业目标。这显然是创业过程中的重要环节，许多创业管理教材把这一阶段的工作具体陈述为新企业的生存与成长。

从表面来看，新创企业与有多年经营历史的企业相比没有本质区别，都在做类似的工作，但实际上差异还是巨大的。例如，对既有企业来说，其销售工作的核心任务也许是注重品牌价值，维护好老顾客，提升顾客的忠诚度。而对新创企业来说，在考虑品牌价值等问题的同时，还要思考如何争取到第一个顾客，如何从竞争对手那里把顾客抢夺过来。这意味着新创企业要为顾客创造更大的价值，也可能意味着要为获得同样的收益付出更大的代价和成本。

确保新创企业生存是创业者必须面对的挑战，但创业者不能仅仅考虑生存，还需要考虑成长，不成长就无法生存得更长远，在激烈竞争的环境中尤其如此。企业成长有内在的基本规律，创业者需要了解企业成长的一般规律，预见到企业不同成长阶段可能面临的管理问题，以采取有效措施予以防范和解决，使机会价值得到充分实现，同时不断地开发新机会，把企业做大、做强、做活、做长。

6.收获回报

追求回报是创业活动的主要目的，对回报的追求有助于强化创业者对事业的执着。对创业者来说，创业是获取回报的手段和途径，是一种载体，而不是目的本身。回报可能是多种多样的，对回报的满意程度很大程度上取决于创业者的创业动机。调查发现，多数创业者的创业动机首先是自己当老板，然后是追求利润和财富，对这些人来说，当老板的感受就是回报。对于以追求财富为主要动机的创业者来说，把自己创建的企业在短期内经营成一家快速成长企业，并成功上市，可能是理想的获取回报的途径。

三、创业的类型

（一）根据创业者对市场的认识进行分类

就过程来看，根据创业者对市场的不同认识，人们通常采用下面4种创业模式。

1. 复制型创业

复制原有公司的经营模式，创新的成分较低。例如，某人原本在餐厅里担任厨师，后来离职自行创立了一家与原服务餐厅类似的新餐厅。新创公司中属于复制型创业的比率很高，但由于这种类型创业的创新贡献太低，缺乏创业精神的内涵，不是创业管理主要研究的对象。这种类型的创业基本上只能称为"如何开办新公司"，因此较少会被列为创业管理课程学习的对象。

2. 模仿型创业

这种类型的创业，对于市场虽然无法带来新价值的创造，创新的成分也较低，但与复制型创业的不同之处在于，创业过程对于创业者而言具有很大的冒险成分。例如，某纺织公司的经理辞掉工作，开设了一家当下流行的网络咖啡店。这种形式的创业具有较大的不确定性，学习过程长，犯错机会多，代价也较高昂。这种创业者如果具有适合的创业人格特性，经过系统的创业管理培训，掌握正确的市场进入时机，还是有很大机会可以获得成功的。

3. 安定型创业

这种类型的创业，虽然为市场创造了新的价值，但对于创业者而言，本身并没有做出太大的改变，做的也是比较熟悉的工作。这种创业类型强调的是创业精神的实现，也就是创新的活动，而不是新组织的创造，企业内部创业即属于这一类型。例如，研发单位的某小组在研发完成一项新产品后，继续在该企业部门开发另一项新产品。

4. 冒险型创业

这种类型的创业，除了为创业者本身带来极大的改变和不确定的个人前途，新企业的产品创新活动也会面临很高的失败风险。冒险型创业是一种难度很大的创业类型，有较高的失败率，但成功所得的报酬也很惊人。这种类型的创业如果想要获得成功，必须在创业者能力、创业时机、创业精神发挥、创业策略研究拟定、经营模式设计、创业过程管理等方面进行很好的搭配。想要创业，就必须深入地了解创业，通过调查与学习，才能拥有自己的经验，为以后的创业铺平道路。了解创业的类型，为自己选择一条合适的道路，也就是为自己选择一种适合的生活。

（二）根据创业主体进行分类

根据创业活动主体的不同，创业还可划分为个体创业和公司创业。个体创业主要是指不依附于某一特定组织而开展的创业活动。公司创业主要是指在已有组织内部发起的创业活动，这种创业活动可以由组织自上而下地发动，也可以由员工自下而上地推动，但无论推动者是谁，公司内部员工都有机会通过主观努力参与其中，并在这种创业中获得报酬和得到锻炼。从创业本质来看，个体创业与公司创业有许多共同点，但是由于创业主体在资源、禀赋、组织形态和战略目标等方面各不相同，因而，两者在创业的风险承担、成果收获、创业环境、创业成长等方面存在较大差异。两者的差异如表1-1所示。

表1-1 个体创业和公司创业的差异

个体创业	公司创业
创业者承担风险	公司承担风险
创业者拥有商业概念	公司拥有概念，特别是与商业概念有关的知识产权
创业者拥有全部或大部分事业	创业者或许拥有公司的权益，但可能只是很小一部分
从理论上说，创业者的潜在回报是无限的	在公司内，创业者所能获得的潜在回报是有限的
个体的一次失误可能意味着整个创业失败	公司拥有更多的容错空间，能够吸纳失败
受外部环境波动的影响较大	受外部环境波动的影响较小
创业者具有相对独立性	公司内部的创业者更多受团队的牵制
在过程、试验和方向的改变上具有灵活性	公司内部的规则、程序和官僚体系会阻碍创业者的策略调整
决策迅速	决策周期长
低保障	高保障
缺乏安全网	有一系列安全网
在创业主意上，可以沟通的人少	在创业主意上，可以沟通的人多
至少在创业初期，存在有限的规模经济和范围经济	能够很快实现规模经济和范围经济
严重的资源局限性	在各种资源的占有上都有优势

四、创业思维

现在很多人倾向于态度决定一切的观点，这有其理论和实践基础，但不能过于绝对，有研究者分析了近百位世界名人和成功人士，从思维的角度去探讨，发现他们思考问题的方式、方法与众不同。

在现实生活中，努力不一定等于成功；成功者与失败者的差距其实只有一点，那就是成功者做事情的成功率比失败者高一点，正是这一点，让他们在关键时刻做出正确的决策，走在了众人前面。如此看来，正确、严谨的思维方式是正确决策和行动的基础，而良好思维方式的形成，取决于自己工作和生活中对待问题的思维习惯。那么，什么样的思维方式是优秀的呢？如何才能养成良好的思维习惯呢？

（一）系统思维

思维是人脑对客观事物的反映，是人对客观事物进行识别、分析、判断的一种过程，人就是利用这一过程，对工作、生活中遇到的问题进行分析和判断，得出结论，确定行动或处理的方法。

系统思维是指人对事物进行全方位的分析和判断。在生活中，我们常说：这个人只考虑眼前，做事情顾头不顾尾等，就是没有系统思维的典型表现。系统思维是对人思维的基本要求，我们无论是对自己的人生规划，还是做一个项目或处理一件事情时，都需要系统思维，这样才能减少漏洞，降低风险。

【小故事】

长江实业集团的"收购"

长江集团自创立以来，虽然继续巩固和发展核心业务，但时机适合时便会积极从事与核心业务不大相关的行业，例如，创立"长江基建""长江生命科技"，而大多时候，都是通过收购来抓住最佳切入点，例如，收购"和黄""香港电灯""赫斯基石油"。

无论是从地域广度还是多元度上，集团的收购和从事的业务都趋向于低核心业务相关度和全球性，尤其是进入20世纪90年代后趋势更为明显。从事或收购低相关行业和低相关地域业务背后的意义重大，有助于集团分散业务性风险和地域性风险。

长江实业集团的这种收购，是对企业和行业风险做了全方位的分析和判断，是系统性思维的一种表现，这也提醒我们只有对事物做出客观的判断，最终才能做出正确的决策。

（二）逆向思维

逆向思维就是对事物或观点反过来思考的一种思维方式，是敢于"反其道而思之"，从问题的相反方向深入地进行分析、评估、探索，克服人们习惯于沿着事物发展的正方向去思考问题并寻求解决方法的习惯。

电磁感应定律的产生是一个典型逆向思维的例子。1820年，丹麦哥本哈根大学物理教授奥斯特通过多次实验证明电流周围能产生磁效应。这一发现传到欧洲大陆后，吸引了许多人参加电磁学的研究。英国物理学家法拉第怀着极大的兴趣重复了奥斯特的实验。果然，只要导线通上电流，导线附近的磁针立即会发生偏转，他深深地被这种奇异现象吸引。

当时，德国古典哲学中的辩证思想已传入英国，法拉第受其影响，认为电和磁之间必然存在联系并且能相互转化。他想既然电能产生磁场，那么磁场也一定能产生电。为了使这种设想能够实现，他从1821年便开始做磁产生电的实验。多次实验都失败了，但他坚信，从反向思考问题的方法是正确的，并继续坚持这一思维方式。十年后，法拉第设计了一种新的实验，他把一块条形磁铁插入一只缠着导线的空心圆筒里，结果导线两端连接的电流计上的指针发生了微弱转动。电流产生了。随后，他又设计了各种各样的实验，如两个线圈相对运动，磁作用力的变化同样也能产生电流。

法拉第十年不懈的努力并没有白费，1831年，他提出了著名的电磁感应定律，并根据这一定律发明了世界上第一台发电装置。时至今日，他的定律仍然深刻地改变着我们的生活。

【小故事】

鲁人做的鞋帽生意

鲁国有一个人，非常擅长编织麻鞋，他的妻子也是织绸缎的能手，他们准备一起到越国做生意。有人劝告他说："你不要去，不然会失败的。你擅长编鞋，而越人习惯于赤足走路；你妻子擅长织绸缎，那是用来做帽子的，可越人习惯于披头散发，从不戴帽子。你们擅长的技术，在越国却派不上用场，能不失败吗？"可鲁人并没有改变初衷，几年后，他不但没有失败，反而成了有名的大富翁。

一般来说，做鞋帽生意，当然应该去有鞋帽需求的地区，但鲁人打破了这种思维定式，认为就是因为越人不穿鞋、不戴帽，那里才有广阔的市场前景和巨大的销售潜力，只要改变了越人的粗陋习惯，越国就会变成一个巨大的鞋帽市场。鲁人成功的秘密就在这里，通过这种逆向思维，他最终取得了成功。

坚持逆向思维有四大优势：一是常规思维难以解决的问题，通过逆向思维却可轻松破解；二是逆向思维会使你独辟蹊径，在别人没有注意到的地方有所发现，有所建树，从而制胜于意料之外；三是逆向思维会使你在多种解决问题的方法中获得最佳方法和途径；四是将复杂问题简单化，从而使办事效率成倍提高。

（三）融入思维

融入思维是生活中的一种常用思维方式，是指人在处理事物、问题时充分考虑别人的认同感。

融入思维能让人更好地处理人际关系。我们知道人际关系是人成功的重要因素，著名成功学大师卡耐基说："成功等于百分之八十五的人际技能加上百分之十五的专业技能。"可见，人际关系在人生中的重要性。在成功人士中流行着这样一句话："你认识的人的圈子有多大，你的势力就会有多大。"

生活中，我们在考虑与处理问题时，常犯的错误就是以自我为中心，很少考虑其他人的感受，造成了我们做事时没有得到更多人的认同与支持的局面。这样由于缺少合力，往往导致失败或人心的背离，这也是很多人朋友少、寂寞孤独的重要原因。

（四）超越思维

优秀的人其实与普通的人没有太大的差别，只是在关键时刻比别人多想一点，思考比别人深入一点。

超越思维是指对事物的思考具有更多预见，通俗地讲，就是你想到了，别人还没有想到。超越思维并不是天生的，它与生活中的养成有直接关系。

世界上大多数成功者都具有超越思维。例如，当我们热衷于使用燃油作为汽车动力时，具有超越思维的人产生了危机感，开始了新能源或替代能源的研究与开发；当我们认为实体的货物贸易最可靠时，具有超越思维的人感觉到了这种方式的重大缺陷，开发并创立了电子商务的交易平台；当我们还在以同学、同事、同行为交友主体时，具有超越思维的人开发出了像QQ、微信这样具有更广泛空间的交友平台……运用超越思维的例子不胜枚举，所以，我们要想成功，就要打破常规的思维方式，培养自己的超越思维。

超越思维的培养并不难，主要是多学习，乐于接受新生事物，勤于思考，在学习中思考，在思考中提高。学习的方式很多，如上网、看新闻、听广播。值得强调的是，一定要养成勤于思考的好习惯，眼睛在学习的媒体上，大脑要联想出更深、更广的东西，久而久之，你就会发现你想到了很多别人没有想到的东西。

（五）强势思维

强势思维是人自信心的一种表现，只有自信的人才会具有强势思维，强势思维的典型表现是"我能行"。

强势思维有助于自己对知识与技能的积累，人要想具有强势思维，最有效的办法是多学习、勤实践，让自己掌握更多的知识与技能，在遇到问题或处理事情时，能快速地思考出解决的办法。

（六）控制思维

智慧的表现通常是"三商"，一是智商；二是情商；三是逆商。优秀的成功者，其智商、情商、逆商都高，其中，情商在人生成功道路上具有最重要的作用。

情商是指人在情绪、情感、意志、耐受挫折等方面的品质和掌控能力。丹尼尔·戈尔曼认为，情感智商包含以下5个主要方面：

1）了解自我，监视情绪时时刻刻的变化，能够察觉某种情绪的出现，观察和审视自己的内心体验，它是情感智商的核心；

2）自我管理，调控自己的情绪，使之适时适度地表现出来；

3）自我激励，能够依据活动的某种目标，调动、指挥情绪的能力；

4）识别他人的情绪，能够通过细微的社会信号、敏感地感受到他人的需求与欲望；

5）处理人际关系，调控与他人的情绪反应的技巧。对情绪的掌控，最基本的方法是具有控制思维，控制思维的培养方法：一是停顿，当我们遇到问题或处理事情时，首先告诫自己：想一下，再想一下；二是闭嘴，特别是在情绪激动时，告诫自己：先闭嘴，等一会儿再说，想好了再说；三是求援，对待没有把握的事物，请求高人帮助；四是论证，让证据帮助你做决策。

思维方式是我们处理一切问题及事务的前提，注重思维方式的培养，对人生事业的成功、家庭和睦都有着非常重要的作用。所以，我们在生活和工作中要时刻注意培养自己良好的思考问题的方式和方法。

第二节　创新意识

一、创新意识概述

（一）创新意识的内涵

创新意识是指人们根据社会和个体生活发展的需要，引起创造新事物的观念和动机，并在创造活动中表现出的意向、愿望和设想。它是人类意识活动中的一种富有成果性的表现形式，是人们进行创造活动的出发点和内在动力，是创造性思维和创造力的前提。

创新意识包括创造动机、创造兴趣、创造情感和创造意志。创造动机是创造活动的动力因素，能推动和激励人们发动和维持创造性活动。创造兴趣能促进创造活动的成功，是促使人们积极探求新奇事物的一种心理倾向。创造情感是引起、推进乃至完成创造的心理因素，只有具备正确的创造情感才能使创造成功。创造意志是在创造过程中克服困难、冲破阻碍的心理因素，创造意志具有目的性、顽强性和自制性。

资料链接

影响人们树立创新意识的不良习惯

人们在有意或无意中丧失了树立创新意识的机会，有时家长和领导直接批判与阻止孩子及职工的创造力，养成一些阻止人们创新意识发展的不良习惯。

（1）公司领导有意或无意中正在扮演扼杀公司职员创造性思维潜能的"刽子手"角色。

（2）人们常常不记录"一闪之念"。

（3）人们不喜欢修订"老构思"。

（4）人们不愿意将心中的构思表达出来。

（5）许多人不习惯用一种新的思维方式去思考问题。

（6）缺乏希望和热情，满足现状。

（7）不试着去当发明创新者。

（8）不坚持到底。

（9）对具备创新意识的人所表现出来的行为无法容忍，而是沿用常规管理模式来束缚职员。

（二）创新意识的类型

创新意识通常包括以下几种类型。

1.综合创新意识

综合是指将研究对象的各个方面、各个部分和各种因素联系起来加以考虑，从整体上把握事物的本质和规律。综合创新，是运用综合法则的创新功能去寻求新的创造。

综合不是将对象的各个构成要素简单相加，而是按其内在联系合理组合起来，使综合后的整体作用导致创造性的新发现。例如，综合牛顿综合开普勒的天体运行定理和伽利略运动定律，创建了经典力学体系；门捷列夫综合已知元素的原子属性与原子量、原子价之间关系的事实和特点，发现了元素周期律。信息科学、生物科学、材料科学和能源科学等都属于综合性学科。在机械创新设计实践中随处可见综合创新的实例。

综合创新一般有两条主要途径：非切割式综合与切割式综合。非切割式综合，即直接将两种或两种以上的事物保持各自完整的综合创新模式；切割式综合，即截取两种或两种以上事物的某些要素，再将其有机组合成新事物的综合创新模式。双万向联轴器就是将两个单万向联轴器进行非切割式综合，使其传动性能大大改善。而集火箭技术、宇航技术和飞机技术于一体的"航天飞机"的问世，则是切割式综合创新的一个典范。

2.逆向创新意识

所谓"逆"，可以是空间上的"逆"，时间上的"逆"，也可以是形状、特征功能上的"逆"，还可以是思路、方法上的"逆"。逆向创新是将思考问题的思路反转过来，从构成要素中对立的另一面来思考，以寻找解决问题的新途径、寻找创新赢得未来的方法。逆向创新法亦称为反向探求法。反向探求法一般包含三条主要途径：功能性反求、结构性反求和因果关系反求。

3.还原创新意识

还原法即回到根本、回到事物起点的方法。简单地说，就是暂时放下所研究的问题，回到驱使人们创新的基本出发点。例如，打火机的发明应用了还原创新原理，其突破现有火柴的限制，把最本质的发火功能抽提出来，把摩擦发火改变为气体或液体做燃料的打火机。再如，无扇叶电风扇的设计是基于电风扇使空气快速流动的原理创造出来的。人们设计出用压电陶瓷夹持金属板，通电后金属板振荡，导致空气加速流动的新型电扇。与传统的旋转叶片式电风扇相比，无扇叶电风扇具有体积小、重量轻、耗电少、噪声低等优点。

4.移植创新意识

移植创新是指吸收、借用其他学科领域的技术成果来开发新产品。其基本模式在机械创新设计方面，应用移植创新原理取得成功的例子很多。例如，陶瓷发动机进行材料移植。以高温陶瓷材料代替金属材料制成燃气涡轮的叶片、燃烧室等部件，或以陶瓷部件取代传统发动机中的汽缸内衬、活塞帽、预燃室、增压器等。陶瓷发动机具有耐腐蚀、耐高温的特性，这样就可以采用廉价燃料，省去传统的水冷系统，减轻了发动机的自重，从而大幅节省能耗，降低成本，增大功效，是动力机械和汽车工业的重大突破。

5.分离创新意识

分离创新是指把某创造对象分解或离散成多个要素，然后抓住关键要素进行设计创新。分离创新的基本途径一般有两条：一是结构分离。结构分离是指对已有产品结构进行分解，并寻找创新的一种模式；二是市场细分。市场细分是按消费者的需求、动机及购买行为的多元性和差异性，将整体市场划分为若干子市场，即将消费者分为若干类型的消费群。

6.价值优化创新意识

第二次世界大战以后，从美国开始了关于价值分析和价值工程的研究。在设计、研制产品（或采用某种技术方案）时，设计研制所需成本为C，取得的功能（即使用价值）为F，则产品的价值V为：

$$V=F/C$$

显然，产品的价值与其功能成正比，而与其成本成反比。

价值工程是揭示产品（或技术方案）的价值、成本、功能之间的内在联系。它以提高产品的价值为目的，提高技术经济效率。它研究的不是产品（或技术方案）而是产品（或技术方案）的功能，研究功能与成本的内在联系。

设计创造具有高价值的产品，是人们追求的重要目标。价值优化或提高价值的指导思想，也是创新活动应遵循的理念。

优化设计的途径具体如下：

1）保持产品功能不变，通过降低成本，达到提高价值的目的。

2）在不增加成本的前提下，提高产品的功能质量，以实现价值的提高。

3）虽成本有所增加，却使功能大幅提高，使价值提高。

4）虽功能有所降低，但成本却能大幅下降，使价值提高。

5）不但使功能增加，同时也使成本下降，从而使价值大幅提高。这是最理想的途径，也是价值优化的最高目标。

（三）创新意识的价值

创新意识的价值集中体现在以下方面。

1.创新意识是决定一个国家、民族创新能力最直接的精神力量

创新意识推动社会生产力的发展。科学的本质就是创新，科学技术的每一次进步都是通过创新实现的。科学技术的迅猛发展对人类社会各个方面都产生了深刻而广泛的影响。创新更新了人们的生产工具和生产技术，提高了劳动者素质，开辟了更广阔的劳动对象，推动了社会生产力的发展。

2.创新意识促成社会多种因素的变化，推动社会的全面进步

创新意识根源于社会生产方式，其形成和发展必然进一步推动社会生产方式的进步，从而带动经济的飞速发展，促进上层建筑的进步。创新意识进一步推动人的思想解放，有利于人们形成先进观念；创新意识会促进社会政治向更加民主、宽容的方向发展，这是创新发展需要的基本社会条件。这些条件反过来又推动创新意识的扩展，更有利于创新活动的进行。

3.创新意识能促成人才素质结构的变化，提升人的本质力量

创新实质上确定了一种新的人才标准，其代表着人才素质变化的性质和方向，它输出了一种重要的信息：社会需要充满生机和活力、有开拓精神、有新思想道德素质和现代科学文化素质的人。其客观上引导人们朝这个目标提高自己的素质，使人的本质力量在更高层次上得以确证。它使人的主体性、能动性、创造性进一步发挥，从而使人自身的内涵得到极大丰富和扩展。

二、创新意识在创业中的重要性

创新意识是人的综合能力的外在表现，它以深厚的文化底蕴、高度综合化的知识、个性化的思想和崇高的精神境界为基础。心理学领域的最新研究表明，创新意识是一种认识、人格、社会层面的综合体，涉及人的心理、生理、智力、思想、人格等诸多方面，并且和这些方面相辅相成，创新意识能巩固和丰富人的综合素质。创新意识是国家、民族发展能力的代名词，是一个国家和民族解决自身生存、发展问题能力的最客观和最重要的标志，对于创业来讲，创新具有十分重要的指导与推动作用。

在知识经济时代，知识的增长率加快，知识的陈旧周期不断缩短，知识转化的速度猛增。在这种情形下，知识的接受变得并不重要，重要的是知识的选择、整合、转换和操作，大学生最需要掌握的是一些涉及面广、迁移性强、概括程度高的核心知识，而这些知识并非靠言语所能传授，只能通过学生主动地构建和再创造而获得，这就需要大学生的创新意识在其中主动地发挥作用。

【小故事】

美分垒起的大富翁

美国斯坦福大学有一个叫作默巴克的学生，他利用闲暇时间承担了学生公寓的打扫工作。第一次打扫学生公寓时，默巴克在墙角、沙发缝、床铺下扫出了许多沾满灰尘的硬币，这些硬币有1美分、2美分，默巴克把这些硬币还给同学时，谁都没有表现出丝毫热情。

此后，默巴克给财政部和央行写信，反映小额硬币经常被人丢掉的事情。财政部很快给默巴克回了信，信上说："每年有310亿美元的硬币在全国市场上流通，但其中的105亿美元正如你所反映的那样，被人随手扔在墙角和沙发缝中睡大觉。"看到这样的回信，大多数人只会感叹一声，默巴克却产生了这样一种想法，如果能使这些货币流通起来，利润该有多乐观！

2年以后，默巴克从斯坦福大学毕业，他很快成立了自己的"硬币之星"公司，推出了自动换币机，与一些连锁超市建立合作关系，共同经营换币业务。这样一来，顾客可以凭收条到服务台领取纸币现金。而自动换币机将收取9%的手续费，这笔费用由默巴克与超市按比例分成。

只用了短短5年时间，默巴克的公司就在美国8900家主要连锁超市中设立了10800台

> 换币机，并成为纳斯达克的上市公司，默巴克也从一个一文不名的穷光蛋成为大富翁。由此可见，默巴克因为具备一定的创新意识，抓住了生活中的细节，并逐步使这一想法成为现实，取得了很大的成就。

第三节 大学生创业精神与创新意识的培养

一、培养大学生创业精神与创新意识的途径

良好的精神品质是创业成功的前提和条件，一个人对于创业的理解和追求是在后天的生活实践中陶冶训练出来的，高校通过正确的途径，创造良好的环境氛围，能够很好地促进大学生创业精神与创新意识的培养。

（一）开展创业与创新思想教育课程

通过思想教育端正创业目标，有目标才有动力，有理想才有追求，可以说，创业目标就是人生目标的缩影，也是人生理想的现实体现。高校应通过广泛深入地开展创业教育，使大学生具备一定的创新意识，树立相应的创业理想，使他们愿意创业、乐于创业。高校一方面通过创业与创新思想教育帮助大学生端正创业态度，树立正确的人生观、价值观；另一方面通过创业理论教育使大学生明确创业的目的以及创新的意义，从而将创业思想化为自觉的行动，积极主动地投身于创业实践，并在此基础上通过创业典型教育激发大学生的创业欲望，让他们创新有动力、学习有典型、追赶有目标。

（二）建设有利于创业的环境

高校要广泛利用广播、电视、校刊、校报、板报等宣传工具，大力宣传创业的重要意义、创业经验、成功创业的典型，树立勇于创业与创新的榜样、创新意识，弘扬创业精神，在校园形成"讲创业、想创业、崇尚创新、以创业与创新为荣"的校园舆论氛围，引导形成"鼓励创新、开拓进取、宽容失败、团结合作、乐于奉献"的校园创业文化氛围。

（三）树立创业与创新榜样进行引导

榜样的力量是无穷的，他人的创业行为和成就是一笔宝贵的财富。古往今来，创业成

功者具有一些共同的精神品质：自信，心态积极，喜欢独立思考，具有寻根究底的好奇心和探索精神，敢于创新，敢于竞争和冒风险，热情，专注，意志坚定，不怕挫折，情绪稳定等。树立榜样的具体方法有：一是借鉴历史上的创业榜样，编选他们创业成功的案例，通过他们明确创业目标，激发创业与创新热情，树立创业志向；二是学习现实生活中的创业榜样，各行各业的创业典型是大学生学习的活教材，通过"请进来、走出去"的方式，让大学生耳濡目染，受到熏陶；三是教师应成为创业的榜样，教师具有创业的成功经历，不但可以对学生起到示范作用，还可以迁移到教学中，这会给大学生创业者以启示和感染。

（四）提供创业实践锻炼的机会

良好创业与创新品质的形成重在实践训练，积极的实践能带来及时的反馈和成就感，也能带来成功的喜悦。高校要让大学生切切实实地投入创业实践中去，认识到创新意识的重要性，只有这样，才能磨炼出坚强的创业心理品质。学校要构建创业实践基地为学生提供创业实践的便利，实现"产、学、研一体化"等创新领域。与此同时，社会也要提供更多的创业岗位供大学生选择，如勤工俭学岗位、社区服务岗位，使其经受创业实践熔炉的考验。大学生可以利用课余时间主动参与创业实践，熟悉各种职业特点和自己的能力特点，积累创业经验，树立相应的创新意识。只有经受创业实践的锻炼，创业目标才会更加明晰、创业信念才会更加强烈，才能形成良好的创业习惯和人格。

（五）创业与创新心理指导

心理指导是在专门人员指导下，参与者自己进行练习、实践、锻炼的方法，实质上是一种特殊的教育过程。首先，应开设心理课程，传授心理知识，将心理知识内化为大学生的心理品质。其次，开展心理咨询活动，帮助大学生分析创业过程中出现的心理问题，让大学生认识到培养创业与创新意识的重要性。大学生也要进行自我修养指导。学会培养自己的创业心理品质。古人曾强调要"吾日三省吾身"，就是要对照标准，经常看看自己的心理品质是否符合要求，时时端正自己，这样持之以恒地坚持下去，终会形成良好的创业心理品质和创新意识。

二、大学生创业精神与创新意识培养的意义

（一）创业精神与创新意识培养是新世纪社会发展的需要

我国正处在一个伟大的变革时代，随着社会主义经济市场化和经济全球化的进一步推进，人们的生产生活方式、社会关系、价值观念乃至文明形态都在发生深刻的变化，社会

对人才的需求也已发生变化。创业作为经济发展的源动力是繁荣经济的有效途径之一。通过创业与创新可以扩大就业，加速技术创新和科研成果转化，进而创造更多的社会财富，推动社会经济发展，实现发展经济与扩大就业的良性互动。大学生的创业与创新意识作为一种积极的思想观念和精神状态，对社会的发展具有十分重要的推动作用，与此同时，还可以使大学生克服惯性思维的影响，不断地通过怀疑和批判来实现对原型的挑战，从而促使大学生更加适应时代与社会的发展要求。

（二）创业精神与创新意识培养是创新型人才培养的需要

创新意识培养是创业的前提条件，美国著名管理学家德克鲁认为，"创业就是要标新立异，打破已有的秩序，按照新的要求重新组织"，因为"理论、价值以及所有人类的思维和双手创造出来的东西都会老化、僵死……"我们需要的是一个创业的社会，在这个社会里，创新和创业精神是正常、稳定和持续的。创新和创业意识也必须成为维持我们组织、经济和社会之生存所不可或缺的活动。因此，创业就意味着创新，创新就意味着突破，创业意识的培养过程就是培育创新型人才的过程。

（三）创业精神与创新意识培养是大学生挖掘自身潜力，发挥更大作用的保证

具备创业和创新意识的大学生，必然具有较强的环境适应能力，在人与环境的互动过程中，能够以前瞻性的思维和眼光做出预测与判断，并及时调整自己的人生目标和行动方案，以保持与变化的环境的协调统一，而不是消极被动地等待和忍耐。特别是在知识技术不断更新、职业岗位不断转换、人际关系不断变化的情况下，使得人们始终处在一个陌生的社会环境中，这尤其需要大学生具备良好的自我调适能力，与此同时，具备一定的创业精神，才能真正做到与时俱进，充分地发挥自身的潜能，事业更加成功。在此基础上，大学生只有认识到创新意识的重要性，才能更好地处理大量信息内容，从全新的视角寻求思想上的突破，从而实现自我成长。

知识拓展

改变世界的六大创业想法

1.新的搜索引擎

最棒的创意反而被视为不可能。例如，再造一个搜索引擎是不是最棒的想法，但它或

许会被认为是不可能的。看似坚不可摧的Google，防御要塞上也出现了裂痕。在微软决定进入搜索这个行业时，它已经迷失了自己的方向。对微软而言，Google在为微软设定日程表，也说明微软的日程表里有它不擅长的东西。

现在的搜索结果似乎盲目地迷信科学，正确与否需要自己判断，并且页面不再给人清新、极简的感觉。要在搜索上占有一席之地，需要打造一个所有黑客都会使用的搜索引擎，其用户将囊括1000位顶尖黑客，尽管规模不大，却不必担心有人会取代其有利的位置，就像曾经的Google。

2. 取代电子邮件

电子邮件最初的用途并非现在这样，如今它不再是一种消息传送协议，而成为一种Todo-list，收件箱也就成了一个清单。通过电子邮件，待办事项进入这个清单中。不过这个清单真是糟透了。

Todo-list协议相比于电子邮件，应该给收信人更多权力。更多地限制那些向收件箱里添加事项的人，如果有人要添加东西，需要告知该做什么。除了读信，他们是否还要求你做其他事情，而这事有多重要（显然还需要有措施防止把一切事情都说得很重要）？什么时候完成？

上面只是改造电子邮件的创意之一，这些想法就像要搬走巨石的大力士。一方面，长期有效的协议不可能被改变；另一方面，大家长期忍受一成不变的糟糕的电子邮件似乎也不太可能。如果电子邮件终将被取代，现在是时候了。假若方法得当，或许能够避免"改变旧协议"和"采用新协议"哪个为先的问题，因为最具影响力的那些人会率先采用新的协议，他们同样受够了电子邮件。

不管你要干什么，都要快。G-maill已经慢得让人抓狂，如果你做出的产品不比G-mail好，但是很快，这就足够你从它那里夺走用户。

3. 互联网影视

好莱坞对互联网的接受很迟缓，这是一个错误。在内容的提供机制方面，是互联网胜出了，而非有线电视。其中一个重要原因是有线电视极其糟糕的用户体验。

现在大家看电影和电视的时候，部分注意力会被毫不相关的东西分散，如社交网络，更多的注意力则被和影视娱乐有点儿关系的事物吸引，如游戏。然而对传统的影视娱乐，大家总还是需要的，虽然是坐在那里被动地看着上映的内容。那么通过互联网怎么传播影视呢？你提供的内容肯定要比YouTube上的视频片段更长，所以大家坐下来看节目时，应当获得一种心理预期，或者知道这是一系列自己熟悉角色的一部分，或者对于稍长的电影，他们已经提前了解剧情提要。

内容交付和付费有两种途径，要么像Netflix或者苹果提供娱乐应用商店，通过此途径来获得观众；要么因为不具备此种能力，或者技术乏力，则会为视频制作商提供点播式的支付或者流媒体服务。此种方式还将催生提供基础设施的公司。

4.下一个乔布斯

苹果的现任掌门人能否像乔布斯一样，领导公司不断创造新东西？得到的回答很简单："不会。"至于为什么不会，便没有了答案。是的，不会再有新的伟大产品从苹果的流水线上生产出来了，苹果的收入或许在相当长一段时间内还会增长。但如微软的表现则告诉我们，在技术行业，收入是一个滞后的指标。

所以问题来了，如果苹果未来做不出下一代iPad，有谁可以呢？现有的玩家里没一个能做到，这些公司没有一个是由有产品远见的人经营的。所以能够创造下一阵浪潮的很有可能是一家创业公司。

一家创业公司想要做得像苹果那么大，听上去这种野心近于荒谬了，但是这种抱负，相比起昨日之苹果成为今日之苹果，并不过分，而且苹果做到了。面临这个问题的创业公司比起当年的苹果还有一个优势：有了苹果这个范例，乔布斯向我们展示了什么是可能的，这将对其未来的后继者有所帮助。

5.寻回摩尔定律

摩尔定律是指电路密度每18个月翻番。它曾经意味着，如果软件不够快，做的事情就是等待，硬件不可阻挡的发展会解决软件问题。可现在如果够快，就必须重写它们了，并且并行做更多事情，这要比之前等待硬件升级花费更多功夫。

如果一个创业公司能够帮我们寻回老的摩尔定律，该有多棒啊！通过编写软件，让大量CPU在开发人员看来就像一个快速的CPU一样。实现这个愿望有几种方法，其中最具野心的是使之自动化：写一个编译器，能够让代码并行运行，然而这样智能的编译器几乎不可能实现。但真的一点可能性都没有吗？今天在电脑内存里运行的软件就没有一个能成为这样的编译器吗？如果你有这种想法，就应该试着证明它，因为会得到很有趣的结果。如果这种智能的编译器并不是没有可能，而只是实现非常困难，那试着编写这样的软件是值得的，虽然成功的概率不高，但其预期价值会很高。

6.取代大学

最近大家都有这种想法，这也许是个好点子。仅仅因为过去几十年他们犯下的某些错误就让一项已经存在了千年之久的制度终结，你不愿做出这样的建议，但是过去几十年，美国大学似乎走了错误的方向。可以用少很多的钱做得比现在好得多。

学习是个大问题，大到改变人们的学习方式会引发一波副效应。比如说，一个人所上的大学的名字被许多人当作自己的文凭。如果学习被分裂成许多小块的话，文凭也许就会从中分离了，甚至大学的社会生活都需要被取代。你还可以取代中学，不过会面临着官僚主义的障碍，那会放缓初创企业的脚步。大学似乎可以作为开始的地方。

案例分析

读报也能发现商机

日本德斯特自动售货机公司董事长古川久好曾是一家公司的小职员，平时就是一打杂的，工作辛苦、收入很低。一天，他在报纸上看到一篇报道："现在美国各地都大量采用自动售货机来销售货品，这种售货机不需要雇人看守，一天24小时可随时供应商品，而且在任何地方都可以营业，给人们带来了许多方便。可以预料，随着时代的进步，这种新的售货方法会越来越普及，必将被广大的商业企业采用，消费者也会很快地接受这种方式，前途一片光明。"他想日本很快会步入自动售货机时代，趁还没人做，自己不如先打头阵。说干就干，他找亲友借了30万日元，购买了20台自动售货机，分别放在街头、酒吧、超市门口等地方，把一些日用百货、饮料酒水等放进自动售货机，他的买卖就正式开始了。

古川久好的这一举措，果然给他带来了大量财富。日本人第一次见到公共场所的自动售货机，感到很新鲜，因为只需往里投入硬币，售货机就会自动打开，为你呈上你所需要的东西。

自动售货机第一个月就为古川久好赚到100多万日元，他不仅还清了贷款，还用剩下的钱继续购买自动售货机，扩大经营规模。

最后，当许多人发现这一商机跟风经营的时候，古川久好就用前期积累的资金开了一个生产自动售货机的工厂，为这些跟风的人供货。就这样，古川久好在他44岁的时候，成就了让人羡慕的辉煌事业。

分析：通过这一案例，我们可以看出，一个人只有具备了一定的创新意识，才能及时捕捉到生活中的商机，并获得一定的利润回报。当然作为创业者，对创业过程要充满热情，那么对于大学生来讲，首先要具备创业和创新意识，要及时搜集对自己有用的信息，紧跟时代的发展潮流，只有这样，才能促进大学生个体更好地实现创业。

真实情境演练

具备创新意识者自我评估训练

（1）请写出家中既发光又发热的东西，找出它们的共同点。

（2）请写出海水与江水的共同之处，越多越好。

（3）钢、铁、铝、不锈钢等金属有什么共同的特征？请写下来。

（4）请你为"音响"与"头痛"之间建立联系。

（5）请你为"木头"与"足球"之间建立联系。

（6）请你为"挂历"与"衣服"之间建立联系。

网络情境演练

创业网（Http://www.cye.com.cn）是为广大创业者提供创业交流的社区网站，旨在为创业者搭建一个覆盖创业各领域、实现创业信息对等交流的综合性平台，是"中国大学生就业创业基金"的合作伙伴。创业网自成立以来一直致力于解决创业中的实际问题，以创业者的实际需求为聚合中心，设立了找项目、找资源、星探、最钱沿、晒创业五大版块。创业者可以在创业网自主免费发布信息、开放点评创业项目、探索发现创新模式、交换创业经验。此外，创业网力邀优秀专家学者、优秀企业家和创业成功人士等组成创业导师团，亲自传授创业经验技能，在线解答创业难点和疑惑，为大学生成功创业提供指导，保驾护航！

图书推荐

《创业圣经》

作者：［日］大前研一

译者：周迅

出版社：东方出版社

出版时间：2009年1月

ISBN：978-7-5060-3363-3

开本：16开

装帧：平装

内容简介：

《创业圣经》内容包括"全球五位管理大师之一""日本战略之父"大前研一率领日本众多管理学大师向你传授创业的基础知识以及创业在起步、发展等各个阶段的成功秘诀和必备技能。如果你对自己的创业构想有70%的把握，就要立即将其付诸实践。为什么不等到有100%的把握再开始创业呢？这是因为在时机到来的时候要马上开始行动，在创业中我们要保持"边前进边思考"的姿态。

事业起步之后，最重要的是明确自己的企业与其他同业者的差异，而实现差异化的具体措施就是持续开创其他企业无法模仿的事业，并实行"品牌战略"。

编辑推荐：

21世纪是创业的时期，经济危机是改变人生的契机。从创业构想到蓝图实施，从思维方法到实际技能，《创业圣经》大师大前研一为你传授创业的基础知识以及创业在起步、发展等各个阶段的成功秘诀和实用技能；帮助你成功创业，实现自我价值，直至走向人生巅峰。

第二章　创业机会与风险

创业过程的核心是创业机会问题，创业过程是由机会驱动的。

——杰弗里·蒂蒙斯

愚蠢的行动，能使人陷于贫困；投合时机的行动，却能令人致富。

——克拉克

导语

随着时代的不断发展，社会竞争压力增大，机会随之增多。机会是一个神圣的因素，就像夜空中偶尔划过的流星，虽然只有瞬间的光辉，却照亮了漫长的创业里程。机会对于所有的创业者都是均等的，每个创业者都不缺少机会。不同的是，有的人机会来了，抓住不放，打拼出一番属于自己的事业；有的人面对机会，却无动于衷，错失良机，最终导致一事无成。其中的关键就在于对机会的识别和把握。大学生作为创业者，只有学会识别创业机会，对创业风险进行初步预估，才有可能实现成功创业。

第一节　创业机会的概念与特征

一、创业机会的概念

（一）机会的含义与特征

所谓机会，是指利于成才或获得某种成功的机遇和时机。一方面，指外界给人才成长创造了良好的条件；另一方面，指人才在实践过程中，获得一种偶然的或意外的机会，使他得到启发或取得成功。

机会是主要有以下几个特征。

1.时效性

凡是机会都有时效性，错过了时间，机会就失去了效用。多数机会作用的时间都很短，因而时效性很强。若能及时抓住它，它可能成为你成功的起点，一旦失去它，你可能追悔莫及。

2.风险性

凡是机会都与风险并存。由于大多数机会出现时间短暂，人们对其的全部本质往往看不太清。其关系到未来的事物，受多方条件制约，常呈现若明若暗的状态。其实，机会只属于那些捷足先登的策划人，在机遇和风险面前左顾右盼、裹足不前，常常会错失良机，但不顾条件一味蛮干也会受到机会的惩罚。

3.隐蔽性

机会有些是公开的，有些是隐蔽的，获利越大的机会往往隐蔽性越强，因为竞争对手尚未发觉。机会虽处处存在，但由于隐蔽性，常常只有目光极其敏锐的人才能及时察觉它们，并进一步利用它们。

4.有限性

机会的效用除了时间上的限制，还有空间上的限制和它的受体对象的限制。同一事件对一个组织或个人是机会，对另一个组织或个人而言则未必是机会，因此，捕捉机会要客观地分析，不能人云亦云、随波逐流。

5.竞争性

机会有时只属于个体，但更多的时候属于群体。机会常常把它的回报献给竞争中的优胜者，即最善于利用机会的策划人，机会受体越广，竞争性越强，机会显性越大，竞争性也越大。

6.创新性和可拓展性

机会不仅可以被利用，在一定程度上也可以被创造、被拓宽、被强化。聪明的人可以把对自己不利的事件巧妙地转变为对自己有利的机会。

7.可测性

机会的产生有偶然因素，也有非偶然因素。在很多情况下，机会的出现是必然性中的偶然，意料之中的未料。捕捉机会绝不是瞎子碰运气，因为机会在一定程度上是可测的、可预见的。捕捉机会，尤其是那些隐蔽性机会，很大程度上取决于个人自身的素质、预测能力和对事物规律性的认识。

（二）创业机会的概念

创业机会主要是指具有较强吸引力的、较为持久的、有利于创业的商业机会。创业者据此可以为客户提供有价值的产品或服务，同时使自身获益。创业机会可以为购买者或使用者创造或增加价值的产品或服务，它具有吸引力、持久性和适时性；或者可以引入新产品、新服务、新原材料和新组织方式，并以高于成本的价格出售；也可以是一种新的"目的手段"关系，它能为经济活动引入新产品、新服务、新原材料、新市场或新组织方式。对于创业活动来说，创业机会是创业活动中的机遇和机会，是对新产品、新服务或新业务需求的一组有利环境，是一种有利于创业的偶然性和可能性，或者说是还没有被实现的商务必然性。

创业机会存在于社会和经济的变革过程中。环境的变化会给各行各业带来良机，通过变化，就会发现新的前景。例如，产业结构的变化，科技的进步，价值观与生活形态的变化，人口因素的变化，社会和政治结构的变化，以及顾客需求的变化，甚至着眼于人们"苦恼的事"和"困扰的事"，都能从中发现某些创业机会。

创业机会和创意之间有很大区别。创意只是一种思想、概念和想法，它可能满足也可能不满足机会的标准。许多企业失败并不是因为创业者没有努力工作，而是没有找到真正的机会。

二、创业机会的特征

创业机会要具有能给企业带来良好收益的可能性。对于创业成功，创业机会非常重要，只有抓住创业机会，创业者才能实现自己的创业梦想。创业机会具有如下特征。

（一）客观性

创业机会是客观存在的，不依赖于人的主观想象，无论创业企业是否意识到，它都会客观存在于一定的社会经济环境中。尽管有时是企业在创造一些市场机会，但是这些所谓"创造"的创业机会仍然是早就客观存在的，只是被创业企业最先发现和利用而已。

客观存在的创业机会对所有人都是公开的，每个创业者都有可能发现，不存在独占权。创业者发现创业机会时，就要考虑潜在的竞争对手，不能认为发现创业机会就意味着独占，独占创业机会就意味着成功。

（二）偶然性

创业机会需要靠人去发现，但是由于缺乏科学方法的指导而没有发现机会是很正常的，但不能说没有创业机会。大多数时候，创业机会不可能明显地摆在创业者面前，机会在于寻找和识别，创业者要从不断变化的必然规律中预测和把握机会。

创业机会具有一定的偶然性，常常会突然显现，致使创业者缺乏思想准备，在机会面前犹豫不决，看不准也就抓不住。机遇的发现都有一定的偶然性，但这种偶然性是一般人难以预测和把握的。创业者无论是自觉还是不自觉，如果总是努力地寻找创业机会，那么他发现机遇的可能性就大。

（三）时效性

时效性是指创业机会必须在机会窗口存续的时间内被发现并利用。而机会窗口是想法推广到市场上所花费的时间。若竞争对手已经有了同样的思想，并把产品推向市场，那么机会窗口就关闭了。俗话说：机不可失，时不再来。企业如果不能及时捕捉，就会丧失难得的市场良机。事物总是不断发展变化的，当事物发展对创业有利时，这就是创业机会，但事物还会继续发展，机会如果不被加以利用就会因为发展变化而消失。由于机会的公开性，别人也可能利用，这就改变了供需矛盾，加速了事物的变化进程，机会也就失去了效用，甚至成为创业者的威胁。对于创业者来说，越早发现创业机会并及时采取措施，成功的可能性就越大。

（四）行业吸引力

不同行业的利润空间、进入成本和资源要求不同，其行业吸引力自然存在差异。一般来说，最具有吸引力的持续成长的行业，有不断增长的市场空间和长期利润的预期，对新进入者的限制较少。此外，当产品对消费者必不可少时，如生活必需品，消费者对该产品存在刚性需求，也会增加行业吸引力。

行业的选择是创业者选择机会首要考虑的问题。对于任何创业者来说，应首选进入那些大部分参与者都能获得良好效益的行业，而不要选择那些很多公司为了生存而拼命挣扎的行业。迈克尔·波特（Michael. E. Porter）认为，企业战略的核心是获取竞争优势，而获取竞争优势的因素之一是企业所处产业的整体盈利能力，即产业吸引力。因此，更多的创业机会来自具有潜在高利润的产业。

（五）创造或增加价值

创业机会能够为顾客或最终用户创造或增加极大的价值，能够解决一项重大问题或者满足某项重大需求或愿望。因此，顾客或最终用户愿意支付更多费用。正如世界著名的营销学权威菲利普·科特勒所说，顾客是价值最大化者，所谓满足顾客的需求，就是要为顾客提供最好、最多、最大的价值。因此，创业者在选择创业机会时的核心问题是：我们创办的企业能为顾客或最终用户提供什么样的价值？

> **资料链接**

人口老龄化令护士吃香

根据美国劳工数据统计局预计，2018年在册护士总数将达320万人，这意味着该职业将会带来大约58.15万新增就业岗位，而且成为美国增长幅度最快的职业。这一现象事出有因。2030年，将有19%的美国人进入65岁以上老年人行列。随着人口老龄化的加剧和适工年龄人口增速的减缓，健康护理服务，特别是家庭健康护理服务的需求将日益增大。

根据金融研究公司Sageworks分析表明，2017年，家庭健康护理服务业的销售增长率达到11.2%，使其成为美国增长最迅速的行业。由此看出，创业机会来源于生活中出现的问题，只有从问题这一角度出发，才能创造出更多价值，把握好相应的创业机会，实现成功创业。

（六）不确定性

创业机会无处不在，但机会的发展在最初的时候往往难以预料。创业机会在一定的条件下产生，条件若发生变化，结果往往也会随之改变。创业者在发掘创业机会的时候，一般是根据已知条件进行的，但结果可能会出乎意料，因为条件发生了变化，或者创业者利用机会的努力程度不够。

第二节　创业机会的来源与识别

一、创业机会的来源

创业机会有可能是幸运女神的垂青，是"无心插柳柳成荫"，但更多的创业机会来自系统的分析研究。关于创业机会，德鲁克提出了七大来源，他认为变化为人们提供了创造新颖与众不同事业的机会，创业存在于有目的、有组织地寻找变化，进而对这些变化可能导致经济和社会创新的机遇加以系统分析。综合其他学者的研究成果，可以总结出创业机会的来源，创业机会可以经由系统性的研究来发掘，也可能来自创业者对工作和生活的长期体验和仔细观察。诸多创业研究和创业实践表明，技术、市场和环境的变化是创业机会的主要来源。

（一）技术机会

技术机会是指由于技术进步、技术变化带来的创业机会，是将新技术成功应用于生产的可能性。技术机会是现存技术的规范或性能有所改进的可能性，也包括全新技术的出现和应用。由于新的技术突破为创业者提供了创业的"技术来源"，这些技术来源有可能触发创业机会。技术机会体现在新技术和新功能的出现，新技术代替了旧技术，或者技术产生了新的应用方式。技术的创新表现在产品技术创新、工艺技术创新和生产设备技术创新。这些创新可能是渐进性技术创新、根本性技术创新、技术体系创新，甚至是技术革命。通常而言，创业者掌握了某种先进技术，或者对现有技术进行了重大改良，有助于获得竞争优势，推动创业的成功。

1.技术突破机会

技术的发展推动新技术的诞生，技术推力表现为科学和技术的重大突破，从而创造全新的市场需求，或是激发市场潜在的需求。对技术创新的需求并不是由市场产生的，而是由拥有技术专利的创新主体按技术的功能适用性进行创新，从而间接地满足市场上存在的某种需求或在市场上创造新的需求。在经济发展过程中，许多重大的技术创新成果，如尼龙、人造纤维、核电站、半导体都属于这一模式。技术突破往往意味着新产品的出现。

任何领域的技术进步最终都受到自然规律的制约。例如，在一块硅片上放多少晶体管取决于硅的晶体结构，一根纤维的最终氏度取决于其分子间的连接状况。这种最终的制约可以称为极限，技术进步的过程就是不断向极限逼近的过程。现实技术手段与技术极限之间总有一定的差距，这便是技术机会。技术机会分为两种：一种是内含的，即沿着现有技术规范继续改进；另一种是外延的，即该技术应用于其他技术系统的可能性。所谓技术突破，就是指某一领域沿着技术发展的既定方向或内含机会迅速推进。

创业企业要想获得核心技术能力，就要通过特有的技术要素和技能或各种要素和技能的独特组合来创造具有自身特性的技术，以产生稀缺的、不可模仿的技术资源（包括技术和知识等）的企业能力。核心技术能力是企业竞争能力的重要基础，有意识地培养和发展企业的核心技术能力是企业成功建立和保持竞争优势的关键。

2.工艺创新机会

与技术突破相对应，工艺创新是技术融合，是指沿外延机会将不同领域的现有技术进行融合集成，形成新的生产能力。在技术发展的不同阶段，技术机会是不一样的。在一项技术的萌芽阶段或成长初期，多数创新是重大的技术突破，如晶体管代替真空管、集成电路取代分立元件等。随着新技术与新产业的不断发展，在进入成长期或成熟早期以后，技术创新从产品创新转向工艺创新，突破型技术创新让位于渐进型技术创新，技术机会从内含更多地转向外延，技术融合逐渐占据主导地位。

工艺创新是指创业企业通过研究和运用新的生产技术、操作程序、方式方法和规则体系等，提高企业的生产技术水平、产品质量和生产效率的活动。

（二）市场机会

企业市场营销的前提是市场上存在尚未满足需求的市场机会。这种机会必须有吸引力，要能给企业带来利润，如果没有获得利润的可能性，无论有多大的吸引力都不是市场机会。创业市场机会同一般意义上的市场机会有所不同，因为创业主要指以全新产品进入全新市场。所以，创业市场机会就是市场中那些创业企业本身没有涉足的领域、没有生产过的产品和没有进入过的市场，而这些领域、产品和市场可能是其他企业已经进入的，但是这些领域、产品和市场对创业企业本身具有极大的吸引力，而且创业企业本身也具备进入并获取高额利润的成功条件的机会。

市场机会总是随着环境的变化而产生，并随着环境的变化而消失。如果创业者推迟对市场机会的发现和利用，其他企业会抢先发现和利用，这使得机会效益减少或完全丧失。企业若不能及时捕捉机会，就会丧失难得的市场良机。另外，创业者必须看到机会和威胁是一个事物的两个方面。在一定范围内，市场机会会随着营销环境的变化而产生，但也会随着时间的推移而减弱、消失甚至演变为环境威胁。因此，市场机会的利用结果难以预测，具有不确定性，创业者需要十分慎重。

【小故事】

"90后"大学生智能手机维修市场年收入20万元

刘询大学毕业时，他对家人及朋友说出"创业"这个词，大家都认为这是个玩笑。因为面对那张稚嫩的脸，人们很难将其与创业的艰难联系起来，他就在众人的否定中，怀揣着创业梦想踏上了创业之路。

"自己选择的路，就是跪着也要走完"，这是刘询始终不变的座右铭。创业的想法是在大二的时候开始萌芽的。那一年，他报名参加大学生创业计划书大赛，在准备参赛项目过程中，他对创业有了更进一步的认识，对创业项目的选择、创业项目的运作有了更为深入的想法。

寒假的时候，刘询回到家里仔细考察了当地的市场环境。他发现在当地，手机市场是发展最快的，短短几年时间，在这个小小的县城里，智能手机已经风靡大半。回到学校后，他又在网上查询智能手机的特点，发现智能手机虽然功能很多，但是故障率也相对较高。也就是说，现在智能手机刚开始流行，那么半年后智能手机维修需求量肯定会加大。

刘询做好市场需求分析后，便确定了自己的创业项目：开一家智能手机维修店。刘询除了忙学校学习上的事情外，还找了多份兼职，积攒自己的创业资金，每天经常只睡三四个小时。当年7月，刘询终于攒够了自己的第一份创业资金，第二年8月，刘询的"任你飞"手机维修店红红火火地开业了。小店营业后，刚开始客户看见他那张年轻的娃娃脸，都不敢相信他的维修技术，生意颇为冷清。后来，刘询想到一个方法，就是先开始抓住年轻网友这个目标客户群体，在网上做宣传，有了第一批客户后，生意则渐渐好转了。慢慢地，刘询就以精湛的维修技术抓住了越来越多的客户。到目前为止，刘询的小店已掘金20多万元。但是刘询并没有满足于现状，他在原来手机维修的基础上，加入手机美容、配件销售等业务，打通手机后续服务产业链，并开始走品牌化道路。

谈起创业的感受，刘询认为大学生创业，不仅要有启动资金，有毅力和决心，更重要的是抓住市场机会。他自己的成功就得益于抓住了智能手机市场高速增长的市场机会，选择了很多大学生较少关注的智能手机维修项目。

（三）环境机会

外部环境对创业者来说是可变的，同时也是不可控的，既包含创业发展的机遇，也包含可能面临的挑战。创业者要善于发现和把握对自身有利的环境因素，积极利用环境机会，规避创业风险。

1. 宏观环境机会

对于宏观环境方面的创业机会，创业者可从以下几个方面入手：

1）政策法规调整。政策法规对创业和企业经营活动加以限制和要求，对创业活动具有现存的和潜在的影响。当政策法规发生变化时，往往意味着创业机会。例如，国家加强了环保的立法和规定，这对环保产业来说就是一个巨大的创业机会。创业者应具备一定的政治头脑与法律意识，保持对政策法规的敏感性，分析国内外政治形势和法律、法规、方针、政策等是否适合创业。

随着我国市场经济及人口的发展，劳动就业问题成为社会的关注焦点，促进创业也成为政府重点关注的问题之一。国家和地方各级政府（如劳动和社会保障、财政、金融、工商、税务等机构）纷纷出台了相关政策，给予创业者更发生多的支持。创业扶持政策越来越多，面向就业者搭建创业平台专项扶持，体现在税收政策、资金定项扶持和开展专项工程支持等方面，使创业成本不断降低。政府扶持和发展非正规就业，增加了创业机会。非正规就业主要面向社区提供各种社会服务，具有广阔的发展前景。非正规劳动组织就业，在现阶段主要是通过为社区居民提供各类服务，或为企业提供各种临时性、阶段性劳务，以及参加城市环境维护方面的公益性劳动，在社区中发展家庭手工业、开办工艺作坊等形式来实现。

创业的门槛不断降低。一是《中华人民共和国行政许可法》自2004年7月1日实施以来，更多的行业领域被许可民营进入，一些经营手续办理程序得到简化，企业自主的经营范围更为宽泛和自由；二是自2006年1月1日起实施新的《中华人民共和国公司法》，有限责任公司注册资本的最低限额下调至3万元人民币（法律、行政法规对有限责任公司注册资本有另行规定的除外），且股东既可以用货币出资，也可以将实物、知识产权、土地使用权等用货币估价并依法转让的非货币财产作价出资。公司的注册资本按规定还可以在2年内分期缴足（投资公司可以在5年内缴足）。

2）经济发展。企业经营的成败在很大程度上取决于整个经济运行情况，创业者要善于对经济因素进行分析，发现机会。随着经济的发展，我国资本市场日趋健全和活跃，在融资方面，银行贷款、金融支持、融资担保、风险投资、产权交易等业务不断推陈出新。为了解决创业过程中融资难的问题，有关机构还启动了为创业者提供开业贷款担保和贴息的业务。这个经济环境适合创业，为创业者提供了比以往更多的机会。

3）社会进步。社会因素包括社会文化、社会习俗、社会道德观念、社会公众的价值观念等，也会改变企业的战略选择和发展方向。社会的不断进步会催生很多新需求，改变人们对创业等的看法，诱导更多机会。因此，创业者需要在创业前对有关的社会进步因素加以考虑，需要分析消费者的收入水平、受教育程度、地区特点和民族特色。这些因素决定了创业者的产品需求和发展方向，是细分目标市场的重要依据。

4）技术进步。技术的进步可以极大地影响企业的产品、服务、市场、供应商、竞争者、用户、制造工艺、营销方法及竞争地位。技术进步可以创造新的市场，生产大量新型的和改进的产品，改变创业企业在产业中的相对成本及竞争位置，也可以使现有产品和服务过时。技术的变革可以减少或消除企业间的成本壁垒，缩短产品的生产周期，还可以带来比现有竞争优势更为强大的新的竞争优势。对于创业者来说，能正确识别和评价关键的机会与威胁是至关重要的。

5）自然环境条件。创业企业的自然环境主要指企业所在地的全部自然资源。创业者应该基于资源开始创业。因此，创业者在创业前对于选定的创业项目，需要分析一下是否有足够的资源来支持创业企业的生存与发展。

2.地区环境机会

随着近几年国家和地方政府对商业基础设施投入加大，我国商业运作的硬件环境已经得到了很大改善。各地的创业园区都在努力为创业者们提供便利，商业基础设施的变化是可喜的，也是有目共睹的。创业的专业化商业服务机构，也将使创业环节更加顺畅，使先进的技术和创意能够更快、更好地得以商业化并形成良性循环。

创业者在创业时对地区环境进行分析，可以考虑以下几方面因素：创业者对该地区的熟悉程度如何；创业者在该地区有多大的影响力；新创企业在这个地区将会产生何影响；地区的人文和社区支持体系是否完善；创业者是否有特别的人际关系；地区的基础设施可行性如何；民情风俗是否会对创业产生正外部性；等等。

3.行业发展机会

创业者对行业环境因素的分析与评价将有利于其发现有价值的进入领域和创业的机会。

1）行业竞争要素分析。迈克尔·波特的五力模型较好地反映了新创企业自然环境因素。他认为，潜在的进入者、现有市场竞争者、供应商和购买者决定了一个产业的竞争力，构成了行业环境要素。

①现有竞争者的抗衡。行业内企业之间存在竞争，其竞争程度是受一些结构性因素制约的。每个行业的进入和退出障碍是不同的，可形成不同的组合。波特从企业长期利润的角度认为，理想的情况是进入壁垒高而退出壁垒低。这样，新进入者的扩张会受到阻碍，而失败的竞争者将退出该行业，企业就会获得稳定收益。

②替代品的竞争压力。所谓替代品，就是满足同一市场需求的不同性质的产品。科学技术的发展将导致替代品不断增多。创业企业在制定战略时，必须意识到替代品的威胁及其程度，对于顺应时代潮流，采用最新技术、最新材料的产品尤其应该注意。

③购买者和供应者的讨价还价能力。任何行业的购买者和供应商，都会在各种交易条件（如价格、质量、服务）上尽力迫使对方让步，使自己获得更多收益。在这个过程中，讨价还价的能力起着重要作用。无论是供应商还是购买者，其讨价还价的能力均由以下因素决定：行业的集中程度；交易量的大小；产品差异化情况；转换供货单位费用的大小；纵向一体化程度；信息掌握程度；其他因素。

④其他利益相关者。其他利益相关者可能是股东、员工、政府、社区、借贷人、贸易组织以及一些特殊利益集团。它们各自对各个企业的影响大小不同。创业者从创业初始就应该适当考虑与利益相关者的价值均衡的问题以及他们对创业的影响。

2）行业生命周期分析。行业是由产品和市场组成的，而任何产品都要经历一个从引入、成长到成熟和衰退的生命周期。这样，由产品及其市场组成的行业也就有一个生命周期。事实上，确定一个行业当前所处的生命周期位置并非易事。一般可考虑以下几个方面：市场规模（销售额或销售量）在过去的增长情况，从而判断行业是处于快速增长、平衡状态还是衰退状态；近期可能开发什么新产品或市场，这些新产品或市场的开发将引起更快的市场增长和吸引新进入者，或者导致中等的市场增长，并没有引起行业变化，或者只稍微延迟了市场衰退，减少了退出该行业的企业数量。

创业者在选择进入一个行业时，除了要考虑行业的市场规模及变化趋势外，还需要考虑该行业的稳定性。一个国家周期性的经济波动对不同行业的影响程度是不同的。在经济下滑时，有的行业可能所受影响不大，行业内企业安然无恙，而有的行业可能会遭受巨大打击，行业内的企业都受到挫折。总之，创业者在分析行业机会时，不仅要考虑整个行业的抗冲力和稳定性，还要构筑自己的实力，使之比行业内其他企业更有竞争力。

二、创业机会的识别

一般来说，识别产品、服务或业务机会很困难，因为它不单单是换一种眼光看待现存机会识别一半是艺术，一半是科学。创业者必须依靠直觉，使它成为一门艺术，也必须依靠有目的的行为和分析技能，使它成为一门科学。创业机会的识别是创业领域的关键问题之一，从创业角度来说，它是创业的起点。创业过程就是围绕着创业机会进行识别、开发利用的过程，识别正确的创业机会是创业者应当具备的重要技能。

（一）创业机会识别的影响因素

1. 先前经验

一些研究表明，产业中的先前经验有助于创业者识别商业机会。有调查显示，43%的被调查者是在为同一产业内的企业工作期间，获得他们的新企业创意的。有三类先前经验对创业机会的识别至关重要，包括先前市场经验、先前市场服务经验和先前顾客接触经验。这些可在日常工作中年复一年地积累，使得创业者能够发现未满足的需求空间。创业者还会对某些特殊领域感兴趣，并花费大量时间和精力进行学习，这种积累就构成了发现创业机会的知识源泉。

知识延伸

先前经验对创业活动的影响

1. 先前经验与机会识别

机会通常被认为是创业领域的核心概念，因此对该主题的研究向来是重点。有关先前经验与机会识别的研究起源很早。研究发现，先前经验丰富的创业者掌握了有关市场、产品、资源等有价值的知识，因而发现创业机会的能力得到强化。先前经验中所积累的知识造就了创业者的"知识走廊"，他往往能解读出与其先前经验密切联系的机会。韦斯特海德和赖特从认知理论出发，证明有先前经验的创业者容易发现更多的机会，尤其是那些具有更高财富创造潜力的创新型机会。

2.先前经验与新企业资源获取

创业是新企业从零资源建立起资源优势的过程，在新企业生成以后，先前经验中所蕴含的独特资源进一步促进新企业从外部获取资源。例如，创业者利用自身的先前经验解释机会的本质，吸引优秀员工加入新企业，争取到供应商的合作，并依此从资源提供者那里获得投资。

3.先前经验与新企业战略选择

创业者往往根据先前经验，有选择性地解读从内、外部获得的信息，因此，先前经验对于企业战略决策的制定至关重要。目前，学者们正努力拓展理论视角，如尝试从社会认知理论出发，透过先前经验概念本身，挖掘先前经验背后的创业团队认知模式，先前经验如何转换成认知，又如何影响新企业的创业行为，这样的逻辑链条将研究延伸到更本源的层面，有助于深化对创业过程与创业行为的认识。

4.先前经验与新企业生存、成长绩效之间的关系

创业者的先前经验与新企业初期生存、成长绩效之间的关系，是学者们竞相关注的焦点。该主题下的研究成果较为丰富，但结论并不一致。例如，巴林杰发现相比低成长的企业，高成长企业的创业者具备更丰富的创业经历；另一些学者却认为，创业经验与新企业绩效之间并无相关关系，拥有创业经验的创业者与新手创业者相比，这些所创建的企业绩效之间并无差异；还有一些学者从中立角度出发，提出创业者先前经验与新企业绩效之间呈现非线性关系。

综合学者们的研究成果可以发现，创业者的先前经验对一系列创业活动都具有显著影响，但具体作用机理和路径学术界尚未达成共识，有待进一步深入挖掘。

2.创业警觉

创业警觉首先由奥地利经济学家柯兹纳（Kirzner）提出，并将其定义为："一种注意到迄今尚未发掘的市场机会的能力；另一种激发人们大胆构思未来的倾向性。"他指出，创业警觉越强的个体，越容易迅速解读隐藏在信息背后的商业价值，从而发现创业机会。比如，在一个动荡的环境中，善于识别市场中现有产品服务的局限，从而推测出隐含的商业利润。

3.创造性思维

创造性思维是在两个或两个以上的信息矩阵或者信息环境中进行的，通过这种跨类

别、跨领域的认知思维加工，将原先毫无联系的信息或领域经验整合在一起，从而得到一种创造性的解决思路。创造性思维是创造力的主要表现形式之一。从现实的角度来看，创造性思维可以将来源于某一个领域中的知识作为模型来帮助理解或发展想法，并将其应用到另一个领域中，从而增加了产生新颖性想法的可能性。创造性在思维创业过程中也具有至关重要的作用。从某种程度来讲，机会识别就是一个创造过程，创造性包含在许多产品、服务和业务的形成过程中。

4.社会关系网络

社会关系网络是创业者的重要隐性资源，对创业起着重要的推动和促进作用。个人社会网络的深度和广度影响创业机会的识别。建立了大量社会与专家联系网络的人，将比那些拥有少量网络的人得到更多机会和创意，这将有助于新企业的创建。

成功的创业者通常能够从社会关系网络中发现和捕捉机会，获取资源并创造出只凭创业者显性资源所无法实现的价值。创业企业的社会关系网络具有扩展性和延伸性，逐步转为企业资源，形成企业生产力的组成部分。

5.各因素对创业机会识别的作用关系

创业者是通过社会网络与更大范围的经济活动参与者紧密联系的人，社会关系网络对创业者识别和开发利用创业机会起着重要的作用。创业者花费时间和精力构建和维护个人关系网络，是因为社会关系网络能够为创业者提供各种信息资源支持，创业者可以利用网络关系获得有价值的信息、经营担保、资金、设备和土地。不同创业者的社会关系网络获取的信息存在差别，而这种差别恰恰是个人竞争的优势，可能形成信息不对称。因此，社会关系网络通过提供信息和获取资源来直接影响创业机会识别。

创业警觉反映的是一种持续关注的能力，是一种对信息敏感性的把握，主要表现在对市场的精准感知、对关键要素的精准识别、对要素间关系的精确判断。创业者通过专注于敏感信息，从而增加在市场环境异动中觉察到潜在商业机会的可能性。创业者的创业警觉越高，识别创业机会的可能性就越高。

创业者先前经验的知识结构属性会影响创造性思维。创业者拥有的知识适合不同的领域，他们拥有的知识量级在不同的领域之间存在差异。不同类型的信息蕴含着创业者等待识别的机会，创造性思维是整合不同类型信息的过程，它可以集成专业领域中引发创业行为的知识域。因此，创造性思维作为创业警觉、先前经验、社会关系网络与创造性创业活动的联结点，起到了一定的传导作用。

（二）创业机会识别的方法

在很多机会发现过程中，灵感和创造力都是其中的关键性影响因素，但是创业者在实

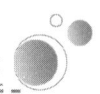

际发现和评价创业机会过程中的艰苦努力和所采取的正确方法同样不容忽视，那么对于创业机会识别的具体方法，可以从以下六个角度去思考。

1. 正确处理顾客的抱怨或建议

一个好的创业机会也许就隐藏在顾客的抱怨或建议中。如果顾客认为其需要没有得到满足或没有很好地得到满足，就会基于对自己需求的认知，发出各种各样的抱怨，甚至对可以采取的各种形式提出建议。有些抱怨、建议可能是很简单的、非正式的，有些建议则可能是具体的，并有十分详尽的资料和说明来为其建议提供支持。现实生活中，某些组织积极主动地向供应商"逆向营销"他们的需求，并向供应商提出需求要求满足。

2. 在偶然中寻找机会

索尼公司董事长盛田昭夫喜欢一边打网球，一边听音乐，因此，他必须在球场上装麦克风、扬声器及唱盘。他想，总该有一个较好的方法来解决这个麻烦。随身听就是在这种需求下产生的，这是索尼公司自创建以来最具革命性与利润性的产品。

3. 善于捕捉意外发现

普强（Upjohn）制药公司在开展降低高血压固态晶片的反应测试时，意外地发现该药物不仅可以控制高血压，还有促进头发生长的效果。因此，他们积极改良开发生发剂的市场。

4. 变不利为有利，在有害的偶然事件中寻找机会

汤姆·休士顿（Tom Houston）是一位出色的水管装配工。1979年，他不幸从鹰架上摔落，腰部以下瘫痪。在友人雷·莫兹格（Ray Metzger）的协助下，休士顿利用他的技巧，发明了一种能让他站立起来的轮椅。利用这个轮椅，他甚至能够与他的孙子打排球。之后，他的公司推出了以HiRier命名的"步行轮椅"在市场上销售，每辆售价高达1.15万美元。

5. 问题分析法——提出问题，解决问题

埃德温·兰德（Edwin Land）跟女儿在新墨西哥州闲逛时，女儿问她："为什么我不能马上看到你刚刚为我拍摄的照片？"兰德灵光一闪，1小时后，拍立得相机和软片的创意与构想浮现在她的脑海中。她迫不及待地前往当地拍立得公司的专利律师处，描述她的新产品。5年后，拍立得公司推出拍立得照相机。

6. 启发式方法

启发式方法与创业者的创造性联系最为密切。首先，是分析，即选取一个特定的市场或产品领域，并弄清楚与这一领域相联系的概念；其次，是综合，即将这些概念以一种提供一个新视角的方式归结到一起。这个过程是相互作用、相互启发的，每一个分析到综合的循环都改进了对机会的洞察，并使之更加清晰。

课堂阅读

十个"最笨"的网上创业点子

1. 百万美元网站

相信很多人都知道这个点子，把网页分割成100万个像素，每个像素卖1元钱，当然都得买10×10以上的像素才能看得到，很多人将会买更多的像素。在这个网站诞生之前，恐怕对大多数人来说，这个主意听起来够蠢的，谁会买呀？可是发明这个概念的21岁的年轻人已经变成百万富翁，他的100万个像素在很短的时间内全部卖光。现在有很多人在模仿。

2. 圣诞老人的信

假设你在南极写信，假如你是圣诞老人，给小孩写信并送个圣诞礼物，当然这些孩子的家长要付费，10元钱一封，听着就像开玩笑似的，可是已经卖了20万封。

3. 狗用的风镜

做一些给狗戴的风镜，然后在网上卖。这事听起来挺玄，可是发明者已经成了百万富翁，还开了很多实体店铺呢！

4. 激光修道士

修道士开了一个网站，卖打印机、墨盒之类的耗材。毫无疑问，是真正的修道士运营这个网站，这就是他们的特色，后来他们的销售额达250万美元。

5. 天线球

卖汽车天线上装饰用的小玩具球之类的东西，而且是在网上卖。现在还有人用这个东西吗？看起来有些令人匪夷所思，可是又一个百万富翁因此诞生了。顺便说一句，这些天线球都是中国生产的。

6. 健身扑克牌

设计一套扑克牌，每张牌上印上一套健身方法，然后在网上卖，一副牌售价18.95美元，谁会买呀？可是一个健身教练在一年内卖了价值470万美元这种牌。

7. 和艾滋病患者约会

和一个艾滋病患者约会，这个主意怎么样？如果你不是艾滋病患者，可能想都不敢想。但如果你是一名艾滋病患者，这个主意听起来就不一样了，这个目标市场找得真够精准！

8. 专用尿布背包

很多母亲都要带好几块尿布出门，在路上的时候方便给孩子换，但一般女士用的背包或是手提包不一定适合。于是，有人建立了一个网站，卖尿布专用背包，还分成了22个大类。这个网站刚开张，就卖了18万美元。

9.游戏控制杆

专门设计制造一种用起来比较舒服、能吸汗、手不累的游戏控制杆在网上卖。这个产品不但非常受欢迎，而且打入了超市。

10.许愿骨

西方人有一个传统，感恩节的时候拿一根火鸡的骨头两个人拽，谁拽到比较长的那一段，谁的愿望就能实现。可火鸡的骨头一年能得到几块呢？有人就在网上卖塑料的许愿骨。谁买这玩意儿？可是生产者现在一天生产3万根。

（三）创业机会识别的过程

在成功创业的路上，如何识别创业机会是创业者首先要解决的问题，好的创业机会，必然具有特定的市场定位，专注于满足顾客的需求，同时为顾客带来增值的效果，创业需要机会，机会需要发现，而对创业机会的识别也需要一个过程。因此，创业者应学会识别以下创业机会。

1.现有市场机会和潜在市场机会

现有市场机会是指市场机会中那些明显未被满足的市场需求，往往发现者多，进入者也多，竞争势必激烈。潜在市场机会是指那些隐藏在现有需求背后的、未被满足的市场需求，不易被发现，识别难度大，往往蕴藏着极大商机。

2.行业市场机会和边缘市场机会

行业市场机会是指在某一个行业内的市场机会，发现和识别的难度系数较小，但竞争激烈，成功的概率低。边缘市场机会是指在不同行业之间的交叉结合部分出现的市场机会，处于行业与行业之间"夹缝"的真空地带，难以发现，需要有丰富的想象力和大胆的开拓精神，一旦开发，成功的概率较高。

3.目前市场机会与未来市场机会

目前市场机会是指那些在目前环境变化中出现的机会，未来市场机会是指通过市场研究和预测分析其将在未来某一时期内实现的市场机会。若创业者提前预测到某种机会会出现，就可以在这种市场机会到来前早做准备，从而获得领先优势。

4.全面市场机会与局部市场机会

全面市场机会是指在大范围市场出现的未满足的需求，在大市场中寻找和发掘局部或细分市场机会，见缝插针，拾遗补阙，创业者就可以集中优势资源投入目标市场，这样有利于提高主动性，减少盲目性，增加成功的可能性。局部市场机会则指在一个局部范围或细分市场出现的未满足的需求。

第三节　创业风险评价

在创业者队伍中有句行话："对于创业企业来说，除了风险，没有什么是确定的。"这句话说明一个什么问题呢？自主创业存在的风险是必然的。一个没有风险的企业也不会是一个能产生利润的企业。

一、创业风险的内涵与特征

一般情况下，风险是指由于环境的不确定性、客体的复杂性、主体的能力与实力的有限性而导致某一事项或活动偏离预期目标的可能性。所谓创业风险，是指企业在创业过程中存在的风险，或者说，是由于创业环境的不确定性，创业机会与创业企业的复杂性，创业者、创业团队与创业投资者的能力与实力的有限性，导致创业活动偏离预期目标的可能性。概括地说，风险就是一种不确定性。

每个企业都是在风险中经营的，对于那些没有经营经验的创业企业来说，风险更是如影随形，尤其创业初期，企业规模偏小，而且由于创业企业经营者新手多，缺乏经验，风险造成的经济损失是极大的，相对而言，风险对小企业来说远远超过大企业。小企业虽然"船小好掉头"，但由于它"本小根基浅"，故只能"顺水"，不能"逆水"，不能左右风险的发生。

创业风险种类繁多，贯穿并交织于整个创业过程，这些风险具有以下共同特征：

1）客观性。创业本身就是一个识别风险和应付风险的过程，风险的出现是不以人的意志为转移的，所以，创业风险的存在是客观的。

2）不确定性。由于创业所依赖和影响的因素具有不确定性，这些因素是不断变化和发展的，甚至是难以预料的，这就造成了创业风险的不确定性。

3）双重性。创业有成功或失败两种可能性，创业风险具有盈利或亏损双重性。

4）可变性。随着影响创业因素的变化，创业风险的大小、性质和程度也会发生变化。

5）可识别性。根据创业风险的特征和性质，创业风险是可以被识别和划分的。

6）相关性。创业风险与创业者的行为紧密相连。同一风险，采取不同的对策，将会出现不同的结果。

二、创业风险成因

由于创业的过程往往是将某一构想或技术转化为具体的产品或服务的过程，在这一过程中，存在几个基本的、相互联系的缺口，创业环境的不确定性，创业机会和创业过程的复杂性，创业者的能力、实力及创业资源的有限性是缺口产生的主要来源，也就是说，创业风险在给定的宏观条件下，直接来源于这些缺口。

（一）融资缺口

融资缺口存在于学术支持和商业支持之间，是研究基金和投资基金之间存在的断层。其中，研究基金通常来自个人、政府机构或公司研究机构，它既支持概念的创建，也支持概念可行性的最初证实。投资基金则将概念转化为有市场的产品原型。创业者可以证明其构想的可行性，但往往没有足够的资金实现商品化，从而给创业带来一定的风险。通常，只有少数基金愿意鼓励创业者跨越这个缺口，如天使投资基金、专业风险投资基金进行早期项目的风险投资，以及政府资助计划等。

（二）研究缺口

研究缺口主要存在于仅凭个人兴趣所做的研究判断和基于市场潜力的商业判断之间。当创业者最初证明一个特定的科学突破或技术突破可能成为商业产品基础时，他仅仅停留在自己满意的论证程度上。然而，这种程度的论证后来则不可行，因为在将预想的产品真正转化为大批量生产的产品，即具备有效的性能、低廉的成本和高质量的产品过程中，在从市场竞争中生存下来的过程中，需要大量复杂且可能耗资巨大的研究工作，而这种研究工作有时需要几年时间，这就形成了创业风险。

（三）信息和信任缺口

信息和信任缺口存在于技术专家和管理者（投资者）之间。也就是说，在创业中，存在两种不同类型的人：一种是技术专家；另一种是管理者（投资者）。这两种人接受了不同的教育，对创业有不同的预期、信息来源和表达方式。技术专家知道哪些内容在科学上是有趣的，哪些内容在技术层面上是可行的，哪些内容根本就是无法实现的。在失败类案例中，技术专家要承担的风险一般表现在学术、声誉上受到影响，以及没有金钱上的回报。管理者（投资者）通常比较了解将新产品引进市场的程序，但当涉及具体项目的技术部分时，他们不得不相信技术专家，可以说，管理者（投资者）是在拿别人的钱冒险。如果技术专家和管理者（投资者）不能充分信任对方，或者不能够进行有效的交流，那么这一缺口将会变得更大，并带来巨大风险。

（四）资源缺口

资源与创业者之间的关系就如颜料和画笔与艺术家之间的关系。没有颜料和画笔，艺术家即使有构思也无法实现，创业也是如此。没有所需的资源，创业者将一筹莫展，创业也就无从谈起。在大多数情况下，创业者不一定也不可能拥有所需的全部资源，这就形成了资源缺口。如果创业者没有能力弥补相应的资源缺口，要么创业无法起步，要么在创业中受制于人。

（五）管理缺口

管理缺口是指创业者并不一定是出色的企业家，不一定具备出色的管理才能。开展创业活动主要有两种：一是创业者利用某一新技术进行创业，他可能是技术方面的专业人才，却不一定具备专业的管理才能，这就形成了管理缺口；二是创业者往往有某种"奇思妙想"，可能是新的商业点子，但在战略规划上缺乏出色的才能，或不擅长管理具体的事务，从而形成管理缺口。

【小故事】

彩色钥匙经营实录

时尚的装饰品遍及生活的方方面面，钥匙也成了时尚大做文章的载体。彩色钥匙，既保留了传统钥匙的实用功能，又具有时尚绚丽的外表，它是不是一个绚丽的商机呢？王强看准了彩色钥匙这个小本经营项目，经过认真的考察和细致的分析之后，选择了一个叫千色的彩色钥匙品牌，成为千色彩色钥匙的加盟商。王强认为，作为主要卖点的彩色涂层是每个消费者首先关心的问题，在图案花色相差不大的情况下，相对于那些甚至可以用指甲刮脱表层图案的产品，选择一个质量有保证的品牌，对于在消费者接受这个产品的过程中建立起他们的消费信心。首次进货必须在3000条钥匙坯以上，王强走访了一些钥匙点，找好常用的钥匙型定了货，又向千色公司进了一些钥匙包、钥匙扣等小精品，付了加盟费和货款共计1.2万元，接下来又在市中心最旺的商业步行街租下了一间约6平方米的小店铺，月租金2800元，押金是2个月的租金，租期为半年。王强预计每天的营业额在400元左右，产品成本和销售费用约230元，净利润可达每月5000元，5个月即可收回全部投资。

在开业之前，王强请人到各学校、商业旺区有目的地派发了宣传单，宣传单上标明了店铺地址和开业日期，因此开业那天，店里人气很旺，可配了一些钥匙出去后，出现了顾客回家开不了锁的情况，王强请人检查了2台钥匙机才知道，其中那台卧式钥匙机的精度不准，需要调校，另一台立式钥匙机更是需要修理后才能使用。原来，千色公司为了压缩成本，购买的是价格低廉的劣质钥匙机器，其精度差到了无法使用的程度。而且为了保护所谓的商业机密，公司删除了生产配钥匙机厂家的地址和联系方式，想请求厂家维修或者调换能够正常使用的机器根本不可能。万般无奈之下，王强又花800元重新购买了2台配钥匙机。

最令王强头疼的是因为没有专业技术，无法做到以相似的钥匙型改制成所需钥匙型。此外，彩色钥匙的材质是超强硬度的合金，不但对配钥匙机有相当严重的磨损，而且对于加工者的技术要求更高，即使请熟练的配钥匙师傅也无法避免配出的钥匙开不了锁的情况。特别是配置电脑钥匙、防盗钥匙以及特种钥匙时经常会出现这种情况，修正和重配都不能解决的就只好退款。

三、创业风险的类型

1. 按创业风险产生的原因划分

按风险产生的原因，创业风险可分为主观创业风险和客观创业风险。

1）主观创业风险，是指在创业阶段，由于创业者的身体与心理素质等主观方面的因素导致创业失败的可能性。

2）客观创业风险，是指在创业阶段，由于客观因素导致创业失败的可能性，如市场的变动、政策的变化、竞争对手的出现、创业资金缺乏。

2. 按风险产生的内容划分

按风险产生的内容，创业风险可分为技术风险、市场风险、政治风险、管理风险、生产风险和经济风险。

1）技术风险，是指由于技术方面的因素及其变化的不确定性而导致创业失败的可能性。

2）市场风险，是指由于市场情况的不确定性导致创业者或创业企业损失的可能性。

3）政治风险，是指由于战争、国际关系变化或有关国家政权更迭、政策改变而导致创业者或企业蒙受损失的可能性。

4）管理风险，是指因创业企业管理不善产生的风险。

5）生产风险，是指创业企业提供的产品或服务从小批试制到大批生产的风险。

6）经济风险，是指由于宏观经济环境发生大幅波动或调整而使创业者或创业投资者蒙受损失的风险。

3.按风险对资金的影响程度划分

按风险对投资的影响程度,创业风险可分为安全性风险、收益性风险和流动性风险。创业投资的投资方包括专业投资者与投入自身财产的创业者。

1)安全性风险,是指从创业投资的安全性角度来看,不仅预期实际收益有损失的可能,而且专业投资者与创业者自身投入的其他财产也可能蒙受损失,即投资方财产的安全存在危险。

2)收益性风险,是指创业投资的投资方的资本和其他财产不会蒙受损失,但预期实际收益有损失的可能性。

3)流动性风险,是指投资方的资本、其他财产以及预期实际收益不会蒙受损失,但资金不能按期转移或支付,造成资金运营的停滞,存在使投资方蒙受损失的可能性。

4.按创业过程划分

按创业过程,创业风险可分为机会的识别与评估风险、准备与撰写创业计划风险、确定并获取创业资源风险和新创企业管理风险。创业活动需经历一定的过程,一般而言,可将创业过程分为4个阶段:识别与评估机会,准备与撰写创业计划,确定并获取创业资源,新创企业管理。

1)机会的识别与评估风险,是指在机会的识别与评估过程中,由于各种主客观因素,如信息获取量不足,把握不准确或推理偏误等使创业一开始就面临方向错误的风险。另外,机会风险,即由于创业而放弃了原有的职业所面临的机会成本风险,也是该阶段存在的风险之一。

2)准备与撰写创业计划风险,是指创业计划的准备与撰写过程带来的风险。创业计划往往是创业投资者决定是否投资的依据,因此,创业计划是否合适将对具体的创业产生影响。创业计划制订的过程中各种不确定性因素与制定者自身能力的限制,也会给创业活动带来风险。

3)确定并获取创业资源风险,是指由于存在资源缺口,无法获得所需的关键资源,或即使可以获得,但获得的成本较高,从而给创业活动带来了一定的风险。

4)新创企业管理风险,主要包括管理方式,企业文化的选取与创建,发展战略的制定、组织、技术、营销等方面管理中存在的风险。

5.按创业与市场和技术的关系划分

按创业与市场和技术的关系,创业风险可分为改良型风险、杠杆型风险、跨越型风险和激进型风险。

1)改良型风险,是指利用现有的市场、现有的技术进行创业所存在的风险。这种创业风险最低,经济回报有限,即风险虽低,但要想生存和发展,获取较高的经济回报也比较困难:一方面,会遭遇已有市场竞争者的排斥或进入壁垒的限制;另一方面,即使进入,想要占有一定的市场份额也非常困难。

2）杠杆型风险，是指利用新的市场、现有的技术进行创业存在的风险。该风险稍高，对一个全球性公司来说，这种风险往往是地理上的，常见于挖掘未开辟的市场，如彩电行业利用原有技术进入农村市场。

3）跨越型风险，是指利用现有市场、新的技术进行创业存在的风险。该风险稍高，主要体现在创新技术的应用方面，往往反映了技术的更代，是一种较常见的情况，常见于企业的二次创业，领先者可获得一定的竞争优势，但模仿者很快就会跟上。

4）激进型风险，是指利用新的市场、新的技术进行创业存在的风险。该风险最大，如果市场很大，可能会带来巨大的机会，对于第一个行动者而言，其优势在于竞争风险较低，但是知识产权保护力度很弱，市场需求不确定，确定产品性能有很大风险。

四、不同时期创业风险的防范

（一）创业前期的风险防范

1.谨慎选择项目，避免盲目跟风

目前，大学生创业的项目选择多集中在高科技领域和智力服务领域，如软件开发、网络服务、家教中介、设计工作室，此外，快餐、零售等连锁加盟店也是大学生青睐的创业项目，但是，大学生往往并不了解市场需求，大多是凭自己的兴趣和想象来决定投资方向。一般来说，大学生创业者要客观地分析自身的创业条件，更要冷静地分析创业环境，立足于技术项目尽量选择技术含量高、自主知识产权明确的项目，并在技术创新的基础上做好产品市场化工作。在选择过程中切忌盲目跟风，还要做熟不做生，选择自己最熟悉、最擅长、最有经验、资源最丰富的行业来做。

2.合理组建团队，避免随意搭伙

在风险投资商看来，再出色的创业计划也具有可复制性，而团队的整体实力是难以复制的，因此，他们在投资时，往往更看重有合作能力的创业团队，而非那些异想天开的单干者。团队对于创业是否成功至关重要，志同道合的搭档是你事业成功的无价之宝。因此，创业者组建创业团队时要考虑专业互补、能力互补、性格互补，要使组建的团队有战斗力，避免随意搭伙。

3.注重实践磨炼，回避准备不足

经验不足，缺乏从职业角度整合资源、实施管理的能力，将大大影响大学生创业的成功率。要想成功创业，最好先经历实践的磨炼，利用业余时间创立一些投资少、见效快、风险小的实体，培养自立自强的创业能力和适应社会的能力，通过实践增加创业体验，熟悉社会环境，提高社交能力。同时，对创业的决策要科学，要深思熟虑，做到心中有数，估计到可能的困难，回避准备不足，以克服决策的随意性。

（二）创业中期的风险防范

1. 强化内部管理，培养骨干队伍

一个企业要想持久地保持活力，除了具备不断的创新意识、敏锐的市场观察能力外，严格的管理制度也是必不可少的。当出现问题时，应该严格按照制度处理。创业中期是管理风险集中爆发的阶段，解决风险的重点是核心人才队伍的建设和培养。核心岗位人员配置时建议采用制衡式，这种方式可充分发挥"相互帮助、相互协调、相互监督、责任共担"的团结协作优势，可以增强核心岗位决策和执行当中的正确性，避免风险的发生。

2. 积极参与竞争，杜绝急功近利

没有春天的播种，哪来秋天丰收的喜悦？对于创业的思考来说也是一样，需要一个由小到大、由不成熟到成熟、由弱到强的过程。创业过程中，创业者要积极参与竞争，逆境中要坚韧，顺境中要冷静。作为一个大学生创业者，必须做好与风险和困难作斗争的思想准备。创业不是一件小事情，应该克服急躁情绪，端正心态，采取稳扎稳打、步步为营、积小胜为大胜的策略。可以说，任何浮躁和急功近利的举动，都对创业者有害无益，甚至会令其前功尽弃。

3. 加强内涵建设，创建企业文化

创业中期，创业企业要适应市场变化，采用"内抓管理，外塑形象"的战略思想。要注重强化内涵建设，挖掘内部潜力，充分调动员工的主动性、积极性和创造性，用企业文化凝聚人心。同时，企业的经营需要实施正确的品牌经营战略，用品牌来支撑企业的成长。企业品牌经营以客户为中心，不断创新，以优质产品和服务满足客户的需求，尤其是开发客户潜在的需求，并以独到的产品和服务满足客户的这种需求，这样企业发展才有后劲。

（三）创业后期的风险防范

1. 建立激励机制，凝聚创新人才

人才是企业发展的关键，人才资本是企业的核心资本。在创业过程中，创业者与员工承担着巨大的风险，需要风雨同舟、共渡难关。创业成功后，创业者关注的是未来的更大回报，而员工更关注现在的既得利益。随着企业的扩大，新员工的不断加入，加入企业对他们而言更多的是一种职业选择。这时，创业者需要考虑建立有效的激励机制来留住优秀员工。有效的激励机制既能保障老员工和合伙人的既得利益，又能真正凝聚创新人才，使企业得以稳步发展。

知识延伸

大学生抵御创业风险的措施

1. 创业准备要充分

有了创业意向,前期的工作一定要准备充分,盲目决定创业将会埋下风险隐患。应当通过政府政策扶持、高校创业指导,结合地方区域经济特点、社会发展需要,选择适合大学生创业者特点的项目。

大学生创业者在创业初期一定要做好市场调研,也可委托专业机构进行可行性研究,在了解市场的基础上创业。在创业之前,首先,可以在企业打工或者实习,积累相关的管理和营销经验,以便为自己日后的创业积累人脉;其次,积极参加创业培训,积累创业知识,接受专业指导,为自己充电;最后,还可参加各类创业大赛,模拟创业,以提高创业的成功率。以上各种途径,可以减少大学生创业的盲目性,降低创业失败的风险。

2. 资金管理要科学

资金是企业生存与发展的基础,是企业进行经营活动的血脉,没有资金,再好的创意也难以转化为现实的生产力。在获取资金前做好预算,首先清楚自己需要多少资金,如何获得资金,资金的来源渠道如何。在创业初期,大学生要开拓思路,多渠道融资,除了依靠银行贷款、自筹资金、民间借贷等传统途径外,还可充分利用风险投资、天使投资、创业基金等融资渠道。企业创办之后,必须考虑是否有足够的资金维持企业的日常运转。同时,还必须建立健全资金的内部控制制度,加强企业资金的管理,确保企业资金的安全完整、正常周转和合理使用,减少和避免损失和浪费。要建立健全行之有效的内控制度,应针对企业经营活动中的各项风险,对业务流程重组,按照"职能分割,制约监督"的原则,建立业务管理、风险管理、财务管理"三位一体"的管理控制平台,完善事前防范、事中控制和事后监督的控制体系。

3. 创业技能要精通

创业能力是一种以智力为核心的具有较高综合性要求的能力。智力技能创业,这是大学生创业的特色之路。一些风险投资家往往因为看好大学生所掌握的先进技术而愿意对其创业计划进行资助,因此,他们要求创业者要具有深厚的专业技术基础和较好的管理能力。身处高新科技前沿阵地的大学生,在这一领域创业拥有近水楼台先得月的优势,网易、腾讯等大学生创立企业的成功,就是得益于创业者的技术优势。

4. 社会经验要丰富

良好的社交能力是创业成功的加速器。大学生思想比较单纯,涉世不深,经验缺乏,资源不足。在当今提倡合作双赢的时代,过去那种单枪匹马的创业方式已越来越不适应时代需求。平时多参加各种社会实践活动，扩大自己人际交往的范围，通过朋友掌握更多的信息、寻求更大的发展，日益成为成功创业的捷径。同时，由于很多创业者将大部分精力投入在产品研发上，对所处的社会、政治、政策、法律环境了解不深，对突发事件缺乏敏锐性和应变能力，对紧急事件的处理不够恰当或者失误将会直接导致创业活动的失败。所以，创立企业并不是一个孤立的生产单元，要认识到它与周围世界的联系，注意观察相关法律、政策信息，及时制定和调整企业生产策略。

5.勇于创新

创业的过程就是不断创造与创新的过程，没有创新，企业只会陷于激烈的竞争中，面临生存的考验。尤其是大学生创业，经验缺乏、资源不足是硬伤，更要以创新来弥补，一定要注意技术创新，开发具有独立知识产权的产品。产品创新、技术创新、盈利模式创新、营销方式创新，只有不断地创新，才能使企业立于竞争的不败之地。

6.心理素质要提升

创业者开始创业，必须对自己有信心，相信自己能成功，能做好，否则就难以坚持下去。创业是一份挑战自信心的工作，只有不断相信自己，才能不断战胜不可能。如果在创业过程中，出现不自信的心理状况，创业的效果就会打折，会受到阻碍；创业者遇到困难需要冷静，不能随意急躁，浪费创业机会。在实际创业中，遇到难题是很正常的，如果一味放弃，将会一败涂地，因此，沉稳冷静的心态是很重要的。在冷静下来之后，还要善于思考；创业者要能吃苦，不怕吃苦，才能制胜。有很强的嫉妒心理，就会心胸狭窄，做事情就不能踏实肯干；多疑是不良的情绪，容易产生悲观心理，造成团队人心涣散、工作执行力和效率下降。

7.健全企业管理制度

大学生创业者容易仅凭一腔热情和一项技能而忽视企业管理的重要性。一个企业能够正常运行，不仅要选定好的项目、良好的资金保证，还必须有一批高素质的企业管理者。这批管理者不能仅仅依靠书本上学过的企业管理和经营知识，更重要的是要投身企业管理的实践。

企业管理分为：员工的招聘管理、营销管理、生产管理、财务管理，任何一个环节出现纰漏都可能导致企业跌入低谷甚至倒闭。一个企业要想持久地保持活力，除了要有不断的创新意识、敏锐的市场观察能力外，严格的管理制度也是必不可少的，无论合作伙伴是谁，在企业的管理制度面前都是平等的，当出现问题时都应该严格按照制度处理。

2.尝试权力授予，完善组织治理结构

在创业过程中，创业者主要通过集权来实施管理。创业取得初步成功后，创业者应该尝试授权：一是管理问题变得又多又复杂，创业者不堪重负；二是员工渴望分享权力，希

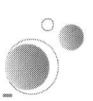

望得到更多的空间与舞台来展示自己。通过将一些日常性的、非核心的工作授权给中层管理人员，创业者可以把自己从繁重的事务工作中解脱出来，把更多精力集中在战略性问题的思考上。同时，创业成功后，企业为了更好地发展，必须建立一整套完善的组织治理结构来有效地执行决策，有计划地完成企业的既定目标。企业的组织结构需要根据企业的目标和发展阶段来进行调整，创业者应该尝试围绕工作本身来完善组织，力图通过企业组织来实现自己的管理决策和管理理念。

3.逐步合理扩张，健全约束机制

创业取得初步成功后，随着企业规模的增大和实力的增强，个人追求财富欲望的膨胀，再加上市场环境日渐规范和竞争日趋激烈，创业者执着的个性开始显示出脱离实际的倾向，企业行为也围绕个人的喜好而波动，从而盲目扩张，造成企业不能与自身能力、市场需求相协调的局面，这是极其危险的，稍不注意就可能血本无归。因此，创业企业要有计划、有步骤地逐步合理地扩张，建立健全相应的反馈机制与调控机制，完善各项规章制度，对权力进行必要的制衡，这样才能使创业企业稳步地成长壮大。

知识拓展

我国为大学生创业提供的环境支持

1.小老板培训班

在我国各城市基本上都开设创业培训班。这类培训班主要是为了帮助大学生和下岗职工自主创业，内容包括政策介绍、产品选择、市场分析以及财务管理。讲课的老师有心理分析师，各方面的专家，工商局、税务局、银行的相关人员等。课后还开展了各种活动，如可以上"老师"那里办手续，并可得到"售后服务"；与老师面对面地交流，进行创业心理测试；模拟应聘；搭建与工商税务部门打交道的"临时舞台"；带领学员到样板小企业去实地考察实习；等等。

2.创业服务中心及孵化器建设

进入创业服务中心乃至孵化器是走向创业的重要一步。它既是开展创业的教育培训者，也是实际创业的直接支持者。所谓孵化器，就是为一些创业者提供一个得以破壳而出的温暖的"窝"，一般由科技创业服务中心管理，在企业起步时被给予较为优惠的政策和良好的信息环境、技术环境、资本环境、人才环境和市场环境，以扶持和培育创业者成长。孵化器的作用就在于有政策优势。

3.留学人员创业园区

此类园区是为留学生回国创业而提供的创业支持，主要由中央及地方政府、大学、民间科技机构创办。各园区具有政策措施大致相同、可以减免地方税和享受房租优惠、各类设施综合服务齐全、服务态度好等特点；是培育留学人员高新技术企业的孵化基地，企业达到较大规模后将搬出创业园继续发展；在一定程度上起到凝聚优秀科技人才的作用。

4.大学孵化器

在复旦大学、同济大学、华东理工大学、上海交通大学等重点高校周围建有孵化器。此举为高校教授兼顾教学、科研、开发提供了方便，为大学生创业提供了实习的机会，加快了高校科技成果向产业的转化。例如，上海交通大学创建的硅谷科技孵化基地，已为近百个高科技企业服务。大学生既可以单独去孵化基地创业，也可以和老师合伙创业，充分发挥高校在智力资源、信息资源和开发研究方面的优势，促进技术创新。

5.其他孵化器

例如，北京京海科技企业孵化器主要面对全国大学生创业，强调入驻企业必须是由大学生创办的，必须涉及高新技术领域及从事科技成果的转化；又如，中国第一家互联网专业孵化器——上海互联网创业投资有限公司，位于上海浦东的张江高科技园，其不仅具有孵化器的一般功能，而且能够整合技术、信息、资本、市场等各种资源，为互联网领域的创意和企业注入全新动力。

案例分析

商业天才迈克尔·戴尔

迈克尔·戴尔是戴尔公司首席执行官，是全世界公认的年轻首富。但在此之前，没有人把戴尔和他的戴尔公司放在眼里，可是今天，计算机芯片大王英特尔董事长葛鲁夫会主动约他共进晚餐，目的是向他讲解英特尔处理器的未来；而大名鼎鼎的比尔·盖茨会坐专机前来拜访，与他讨论戴尔公司刚刚萌芽的服务器生意以及公司网址的所有事情。

戴尔在19岁的时候，既不懂技术，也没有雄厚的资本，更缺少经验和阅历，他只是一个生物学的大一新生。后来，他辍学办公司，搞计算机直销。戴尔说："在戴尔公司历史上，有8年的发展速度是80%，有6年的发展速度是60%，近两年的发展速度是45%，我们曾经在一年内从180亿美元一下子增长到260亿美元。"今天的戴尔公司打败了惠普，并紧逼康柏公司，自戴尔公司上市以来，戴尔公司的总销售额年均增长率为54%。那么，他的赚钱秘密武器到底是什么呢？

戴尔当初投资的1000美元做个人计算机生意，获得了成功。如果他今天手里握有1000美元，他又会投资哪个方向呢？戴尔说："我会在中国互联网方面进行投资。"其实，戴尔公司已经开始对互联网工具进行投资，这些互联网工具为ISP和ASP提供服务，现在它利用互联网做生意的业绩在全球仅次于网络第一大厂商——思科公司。

分析：戴尔公司之所以取得如此大的成功，其根源就在于戴尔能够嗅到商机，在紧跟时代发展潮流的同时，把握住机会进行创业及投资。通过这一案例，也启示着即将毕业的大学生，在进行创业时要把握住每一次发展的机会，对自己的实际情况进行透彻的分析，对创业环境进行一定的考察，只有这样，才可能实现创业梦，实现个人的人生价值。

真实情境演练

创业想法和创业思路的产生

下面的训练帮助你想出尽可能多的有趣的创业想法和创业思路，但不要对它们进行评价。

1.你需要什么？做一张表，围绕自身需要、客户抱怨或未满足的需求，提出你的创业想法和创业思路。

创业想法	创业思路

2.将列表扩展一下，考虑你的个人兴趣、渴望的生活方式、你的价值观，列出你最想实现的一个创业想法和创业思路，说明你能做好的事情及你最愿意作的贡献。

3.请至少3个熟悉你的人看一看你的列表及相关说明，然后修改你的列表，看看本次交流能否产生新的想法和思路。

4.记录出现在你创业想法和创业思路里的见解、观察及结论，包括你的兴趣及自身亟须解决的问题。

网络情境演练

大学生创业网（http://www.studentboss.com）致力于为大学生及更多年轻创业爱好者提供一个学习交流的平台，并依托中国大学生创业网站联盟，目前开通了创业政策、创业指导、创业故事、创业资金、创业项目、创业大赛、创业园区、创业家园、创业论坛、职业生涯规划、人才频道、家教兼职等板块，利用互联网的信息传播优势，为更多的热血青年宣扬创业理念，提供创业项目、资金、指导方面的资讯信息，全心全意为大学生创业和就业服务。

图书推荐

《创业维艰：如何完成比难更难的事》

作者：[美]本·霍洛维茨
译者：杨晓红、钟莉婷
出版社：中信出版社
出版时间：2015年2月
ISBN：978-7-5086-4664-0
开本：16开
装帧：平装

内容简介：

在《创业维艰：如何完成比难更难的事》一书中，本·霍洛维茨——硅谷令人敬佩的企业家之一，就如何建立和经营一家创业公司给出了实用性建议。他从自己的创业经历讲起，以自己在硅谷20余年的创业、管理和投资经验，对创业公司（尤其是互联网公司）的创立、经营、人才选拔、企业文化、销售、CEO与董事会的关系等方方面面，毫无保留地奉上自己的经验之谈。他还谈到了与比尔·坎贝尔、安迪·拉切列夫、迈克尔·奥维茨等硅谷CEO和投资人的交往经历，从他们身上学到的宝贵经验，以及他和马克·安德森这对拍档如何能够一起奋斗近20年仍合作得这么好。大多数管理书都是告诉你如何做正确的事，不把事情搞砸，而本·霍洛维茨还会告诉你：当事情搞砸时，你该怎么办。

编辑推荐：

本·霍洛维茨，他是互联网先驱，与网景之父马克·安德森搭档18年，带领公司在互联网泡沫中存活下来，最终以天价卖给了惠普；他是眼光独到的投资人，其风投公司A16Z

在短短3年内便融资27亿美元，让世界惊呼"疯子"；他是马克·扎克伯格等众多硅谷年轻创业家的贴身导师，投资见证了一代硅谷新贵的崛起。今天，他将20余年的创业心得和宝贵经验写进《创业维艰：如何完成比难更难的事》一书，毫无官话废话，字字干货，毫无保留。《创业维艰：如何完成比难更难的事》中文版刚刚出版，便引发中国创业者和企业管理者的集体阅读风潮，被奉为"在商学院都学不到的实战宝典"。

第三章　创业者与创业团队

创业要找最合适的人，不一定要找最成功的人。

——马云

每一项事业都从创业开始。

——威廉·福克斯

导语

创业对于个体来讲，是对自我的一种挑战，对于社会来讲，在很大程度上成为推动社会进步的动力。创业对于大多数人而言，是一件极具诱惑的事情，同时也是一件极具挑战的事情。不是人人都能成功，但也并非想象中那么困难。任何人如果想要创业梦想成为现实，则必须知道创业需要策划、技术和创意的观念，以及创业团队的力量，那么成功也就指日可待了。对于大学生来讲，要想成功创业，不仅要对自我及周边环境有一个准确的认知，还要找到一些志同道合的朋友，组建一个默契感十足的创业团队，这样才有可能实现自己的创业梦想。

第一节　创业者概述

创业家是一些具备创业特质和创业精神的创业者，是人类社会最稀缺的资源之一。正如熊彼特所言，创业家是经济发展的发动机，是经济发展的力量源泉。从企业发展的角度来看，任何一家充满活力和竞争力的企业背后，都离不开一位杰出的创业家，如通用汽车公司的强大得益于杰克·韦尔奇的改革才能；微软公司的兴盛得益于比尔·盖茨敏锐的洞察力；松下电器的辉煌则得益于松下幸之助杰出的领导才能。在一定程度上讲，企业的发展就是创业家才能作用的结果。因为创业的主体是创业家，创业家是企业创业及其不断成长的灵魂，所以创业家承担着创造性决策的职责，经济创新的角色，科学管理的职能，资源配置的责任。

一、创业者的定义与特质

杜尔哥和萨伊认为创业者不同于资本家，创业者承担风险或不确定性，通过获得并组织生产要素来创造价值。熊彼特认为创业者的职能就是创新，创新能够克服自由市场经济的内在矛盾并使之延续。

目前，研究者们倾向于认为，创业者是发现和利用机会，负责创造新价值（一项创新或一个新组织）过程的个体。综合以上观点，可将创业者定义为：具有敢于冒险的创业精神，能发掘机会、整合资源、提供市场新价值的事业催生者与创造者。

创业者区别于一般人的特质表现在以下几个方面。

1.成就需要

创业者希望把事情做好，而做好主要不是为了获得社会承认或声望，而是为了达到个人内在自我实现的感觉的满足。创业者希望承担决策的个人责任，在解决问题、确立目标和通过个人能力实现这些目标时个人负有责任；喜欢具有一定风险的决策；对决策结果感兴趣，不喜欢单调的重复性工作。

2.控制欲

控制欲是指人们相信他们自己能够控制自己人生的程度。研究表明，创业者相信通过自己而不是他人来决定自己的命运，他们经常有很强的控制欲，总是希望把命运掌握在自己手中。和控制欲相关的是创业者的个人独立性。创业者往往喜欢独立思考和行动，渴望独立自主。

3.自信

创业者不仅相信自己，而且相信他们正在追求的事业，不仅能在失败之后振作起来，还能从失败中吸取教训，以增加下一次成功的机会。坚信自己的创业团队有能力在激烈的竞争中获得胜利，以坚韧不拔的毅力和满腔的热情去争取成功。因为新创企业在发展过程中肯定会出现各种危机和困难，越是危急关头，就越需要他们付出更大的热情和勇气，自我勉励，坚持下去闯过难关。成功的创业者普遍都有很强的自信心，有时甚至表现出咄咄逼人的气势。他们相信自己的判断、相信自己的决定。创业者以积极的心态充满活力地不断创新。自信对创业者非常重要，因为他们走的是其他人不敢走或者没有走过的路，只有自信才能顶住压力，坚持自己的目标，最终获得创业的成功。

曾经有记者问搜狐CEO张朝阳："你在IT产业的成功，让中国的年轻人看到了实现从一无所有到拥有巨大财富的梦想的活生生的典范。当年，你能说服美国风险投资家把美金押在你这样一个名不见经传的'小卒'身上，你认为是你身上什么样的东西打动了他们？"张朝阳回答说："自信，对自己的成功有坚定的信念，使他们对我和我的商业计划产生了信任。"自信让张朝阳获得了美国风险投资家的资金支持，也是他以后创业一步一步走向成功的基石。

4.开放的心态

创业者要认识到自己的局限性和改进的必要性，意志坚定但不拒绝改变，意识不僵化。必要时勇于变革和敢于承担责任。现代社会新事物层出不穷，开放的心态可以使我们有更多的机会发现机遇，产生创业冲动。

5.风险承担倾向

由于创业者希望在同行业中脱颖而出，很多工作是自己以前没有经历过甚至没有完全经历过的，创业征途中充满了各种风险。创业者要有冒险精神，要能承受风险和失败。只有敢于承担风险，创业者才能大胆创新，"铤而走险"，实现自己的创业梦想。创业需要冒险，但冒险有别于冒进。无知的冒进只会使事情变得更糟糕，而且会浪费时间和财力。

6.创业精神

创业要发扬创业精神，没有创业精神的创业不会成功，也不能称之为创业。创业精神是创业团队集体的精神状态和对事业所持的态度。组织无论规模大小，归属哪个经济部门，创业精神始终与某些普遍适用的行为特性相关联。创业精神主要表现为：耐心和牺牲精神、开拓精神和敬业精神、气度和包容精神、创新精神等。

课堂阅读

创业者需要孤独

"如果你觉得寒冷与孤独，这很正常，创业者就是这种感觉。"英特尔投资中国区总监卜君全用"只有偏执狂才能生存"这句名言来鼓励创业者。

孤独是一种力量，会造就一个人从脆弱走向强大。具有责任感的决策者是孤独的，孤独是实现宏伟梦想的过程中必需的修炼，是社会对特立独行者的考验。

当你可以与自己对话，慢慢地储蓄一种情感、酝酿一种情感时，便不会感到孤独；而在创业的路途中，慢生活的状态不容存在，于是你跑得越快，孤独追得越紧，永远都是孤独的状态。

一个成熟健康的社会，应该拥有足够多的面向与可能。应当鼓励特立独行，让每一种特立独行都能找到自己存在的价值，当群体对特立独行实行压抑时，生命价值的多元性便无法彰显。如果活不出孤独感，如果做不到特立独行，创业何以进行？

对创业者来说，要谈的不是如何消除孤独，而是如何完成孤独；如何给予孤独；如何尊重孤独。

蒋勋的《孤独六讲》中有这样一段话，或许我们可以与创业者们共勉：孤独和寂寞不一样。寂寞会发慌，孤独则是饱满的，是庄子说的"独与天地精神往来"，是确定生命与宇宙间的对话，已经到了最完美的状态。

二、创业动机

人类从事任何活动总会指向一定的主观意愿的满足，如同吃饭穿衣为基本生存保障，求学上班为求知温饱一样简单。我们把导向种种目的的意念或愿望叫作动机。恩格斯说过："绝不能避免这种情况：推动人去从事活动的一切，都要通过人的头脑，甚至吃喝也是由于通过头脑感觉到的饥渴引起的，并且是由于同样通过头脑感觉到的饱足而停止。"

（一）创业动机的概念

创业动机是指引起和维持个体从事创业活动，并使活动朝向某些目标的内部动力。它是鼓励和引导个体为实现创业成功而行动的内在力量。通俗地说，创业动机就是有关创业的原因和目的，即为什么要创业。行为心理学认为："需要产生动机，进而导致行为。"创业的直接动机就是需要。

创业活动是一种综合性很强的社会实践活动，其源于人的强烈的内在需要，这种内在需要是创业活动最初的诱因和动力。如果没有创业的需要，就绝不可能产生创业行为。仅有创业需要也未必有创业行为，只有当创业需要上升为创业动机时，才能形成创业者竭力追求和获得最佳效果和优异成绩的心理动力。创业动机就是推动创业者从事创业实践活动所必备的积极的心理状态和动力。创业者一旦拥有了这一积极的心理状态和动力，并将其付诸实践，就会坚持不懈，勇往直前。

（二）创业动机的分类

1.自由意志

每个人对生活和工作都有自己的理解和追求，可是目前以及未来相当长的时间里，对很多人来说，在一个机构里做一般职员甚至高级职员，受支配和循规蹈矩的工作仍然是基本的选择。虽然有较高的薪资和比较舒适的办公环境以及较好的福利，但是必须按照统一步调进行日复一日、年复一年的工作，无论你是否喜欢这样做，为了生活你都不能失去这份工作。

选择创业基本上可以选择开创自己喜爱的事业，按照自己喜欢的方式去做自己喜欢的事。创业可以不受别人的支配，在工作和生活上充分发挥个人的自由意志：自由支配自己的时间；自由选择自己的空间；自由安排自己的工作；自由实现自己的创意；自由选择自己的生活。

做一个创业者，可以独立经营，自主决策。没有上司对你指手画脚，告诉你什么是错的，应该怎么做等。你不必再为"一个绝好的创意居然不被采纳"这样的问题而困惑和沮丧。在快速、喧嚣和动荡的现代经济生活中，高级职员这一身份给人带来的安全感，可能是一个危险的错觉。与此相反，创业给创业者带来无穷的快乐，同时也将伴随着许多烦恼，但对很多人来说选择这样做是值得的，因为这意味着自由。

2.追求自己的创意

有些人天生机敏，当认识到新产品或服务创意时，他们就渴望将这些创意快速实现。在现存企业环境下进行创新的公司创业者，常常具有使创意变为现实的意念，然而，现存企业经常阻碍创新。当这种情况发生时，雇员则带着未实现的创意离开企业。因为对创意的激情和承诺，一些雇员决定离开雇用他们的企业，开创自己的企业并将其作为开发创意的途径。这种情况也可能发生在企业以外的背景下。例如，有些人通过爱好、休闲活动或日常生活，认识到市场中有未被提供的产品或服务需求。如果创意非常可行且能够支撑一个企业，他们就会付出大量时间和精力将创意转变为一家兼职经营或全职经营的企业。

资料链接

发明家和创新家

创业的世界有两类人：发明家和创新家。

发明家专注于探索未知世界，给世界带来全新的技术，但不会过于关注发明带来的经济回报。因此，如果你希望创业，那么最初你就应当确定自己的动机是什么，强项是什么，是发明还是创新。

一些初次创业者错误地认为，他们不是创业者，因为他们从未发明过任何东西，也没有想出足以建立一家公司的新起点。即便如此，很多人仍是创业者。

发明家通常只能获得商机中的一小部分财富，因为他们专注于发现突破，而非最终的经济回报。此外，由于个性原因，他们往往缺乏合适的技能和需求，将创新的点子转化为能自我支撑的企业。这推动他们设计并创造出最优秀的技术，但往往不会以用户为中心，不会以产品为导向，而后者是最终决定产品成功或是失败的最关键因素。

3.获得财务回报

创业是摆脱贫困的重要途径。摆脱贫困可以说是创业最朴实的动机，20世纪70年代末80年初我国涌现出大批创业者，当时被称为个体户，他们多为农村人口或城镇无业人员，一般文化素质都不高，经营方式大多为个体户经营，创业内容集中在餐馆、小商店、加工业和长途贩运等。当时的创业活动与其说是创造事业不如说是为了摆脱贫困。从世界范围来看，许多创业者最直接的动机就是摆脱贫困。马斯洛的需求层次理论也告诉我们，人们只有满足了吃、穿、住、行等基本的生理需求，才可能进行其他社会活动。例如，松下幸之助少年时家贫如洗，摆脱贫困也就成了他最初的创业动机。

创业还是追求财富的重要途径。目前，追求财富已成为众多创业者选择创业的重要原因。他们认为打工只能赚到极其有限的薪酬，很难富裕起来，很少有人通过为别人工作而变得富有。自己经营一家企业至少提供了赚更多钱的机会，至于能否富裕起来，这取决于能否将企业做成功，如果企业发展很好，相对于打工角色而言，创业者获得更高的收入及其他额外收益等都是可以实现的。大企业都是由小企业发展而来的，如果新的小企业发展起来了，创业者就会考虑使企业公开上市而增加企业价值，或通过出售而获得大量利润后成功隐退。

创业者不寻求回报的想法虽然是天真的，但是金钱并不是大多数创业者创建企业的根本原因。

知识延伸

不可取的创业动机

每个创业者都应深知自己的长处和短处以及为什么选择创业这条路。对于创业者来说，即便是最棒的商业机会，如果动机是错的，也可能失败。

有数据显示，50%的创业在5年内会失败，许多幸存者最后也是失败。如果你不想成为其中一员，考虑其他途径，特别是有以下观点的。

1."我厌倦了一直要努力工作，压力很大。"

创业比找工作更累，压力更大。你需要仔细考虑，健康和个人问题不会因创业而消失。

2."我绝望了，因为我找不到合适的工作。"

现在经济衰退，工作是不好找，但别忘了商业衰退率也很高。绝望的人不会成功，他们没有创业的资源和毅力。

3."我家是商业世家，所以我有遗传天赋。"

成功的企业家似乎有内在天赋，但能否自动传给后代就不得而知了。

4."我继承了一些钱,创业是不错的投资。"

创业不能没有资本,但有资本不意味着要创业。学费又贵,还危险。不如把钱投给有经验的人士,或干脆存入银行。

5."我有空闲时间,我需要额外收入。"

创业不是兼职。创业是额外开销而不是额外收入。想挣钱最好还是找份兼职。

6."我讨厌当小职员,被老板管。"

别因为想得到权力而创业。顾客、供应商、赞助商、合作伙伴和很多人都将是你的"新老板"。这些人可能比现在的老板更难应对。

7."我的朋友都拥有热门产业,似乎做得不赖。"

不要相信道听途说之事。不要贸然进入你不了解的潮流产业。你的好友可能在成功前付出了很多艰辛。

8."我想致富,所以我要创业。"

抱着致富的梦想创业肯定会让你失望。创业不一定比其他职业更赚钱,可以肯定的是,创业的失败风险更高。

9."我的首要目标是奉献社会。"

这话值得称赞,但在你成功之后说会更有分量。一味地想改变世界而不考虑钱,那么经营公司会拖垮你。对于想创业的人,我建议开始先与有经验的商业个人和组织合作,之后再单飞。多问问题,尽可能确保你在用正确的初衷做正确的事情。

三、创业者的素质与能力要求

创业者素质与能力是指创业者在创业过程中所表现出来的自身独特的品质和能力。它是随着创业活动的深入而不断提高和逐步完善的,创业者的素质在一定程度上决定了创业企业的成败。

(一)创业者的基本素质要求

1.心理素质

创业心理素质如同创业大厦的基石,是创业成功的奠基石。心理素质是指创业者的心理条件,包括个人的自我意识、气质、性格、情感等心理构成要素。作为一名创业者,他的自我意识特征应自信和自主,性格应刚强、坚持、果断和开朗,情感应更丰富、更趋于理性。在创业过程中难免遇到这样或那样的苦恼、挫折、压力,甚至失败,这就要求创业者必须具备承受挫折、适应变化、迎接挑战的心理素质,而这些素质的培养就是靠增强自己的创业信心。对创业者来说,必须树立这样一种理念:自己一定会赢。困难、挫折乃至失败,都是暂时的,关键是如何吸取教训继续前进。

2.身体与行为素质

几乎所有的企业家都认为良好的身体素质是成功创业的第一大前提。在创业之初，受资金、环境和社会关系等条件的限制，许多小事都需创业者亲力亲为，创业者要不断地通过思考来改进工作方法，当面对巨大的风险与压力时，若无充沛的体力、旺盛的精力及敏捷的思路，必然力不从心，难以承受创业重任。身体健康与创业发展兼顾，对创业者也是一个挑战。

创业者在行为素质方面，要具有勤学好问、执着、灵活应变、吃苦耐劳、脚踏实地、雷厉风行、良好的商业道德和责任感等素质。

1）勤学好问。创业者不满足于现状，经常意识到他们能将事情做得更好，渴望并从不放弃学习和改进的机会。现代社会需要学习型企业，创业团队在创业初期更需要学习行业内的领先企业、标杆企业。创业团队成员也需要学习精神。学习是保持先进性的重要手段，学习为企业的发展提供了源源不断的智力源泉。只有不断地学习，才不会落后于社会。

2）执着。执着是指对自己的创业目标和信念坚持不懈，永不放弃。因为在创业领域没有捷径可走，只有专心致志、锲而不舍，才能克服通往成功道路上的危机和障碍。著名的发明家爱迪生曾说过，成功等于99%的努力和1%灵感之和。他认为，连续的失败是不断尝试错误的探索性实验，是成功的创新的过程之一。

3）灵活应变。灵活应变指的是创业者对创业方法和路径的选择，要求一切从实际出发，根据环境的变化对创业活动做出相应的调整。

4）吃苦耐劳。创业的成功需要坚韧不拔、顽强的毅力、吃苦耐劳的执着精神、甘于奉献的献身精神。只有具备吃苦的精神，创业者才能挺过创业的艰辛，取得创业的成功，否则就会半途而废。

5）脚踏实地、雷厉风行。创业者一旦萌发好的创业念头，就要通过实际行动将其变成现实。巴顿将军（George S. Patton）曾经说："一个好的计划现在就去执行要比下周执行一个完美的计划好得多。"如果只有好的创业点子，没有行动一切就是空中楼阁。1949年的一天，井深大到日本广播公司办事，偶然看到一台美国制造的磁带录音机，当时这东西在日本还不普遍，但井深大和盛田昭夫马上意识到这种产品拥有巨大的潜在市场，就立即买下了产品专利。对他们来说，录音机的电子技术并不复杂，但磁带需要自己制造。他们通过勤奋努力，仅仅用了一年时间，就推出了自己的新产品。然而，起初的市场销售状况不好。但井深大和盛田昭夫在困难面前继续改进产品并积极推销。他们走遍了日本的各所中小学，耐心向老师讲解录音机的使用方法和好处，最后，功夫不负有心人，录音机成为人们生活中重要的一部分，井深大和盛田昭夫也凭借脚踏实地、雷厉风行的作风获得了创业的成功。

6）良好的商业道德。诚信、诚实、诚恳是一个企业生存和发展的根基。没有良好的品德，时刻只为自己的个人利益，肯定不能创立起企业；即使能够创立起企业，最终也难免昙花一现，生命力不强。只有企业对顾客、对社会、对员工诚信，顾客、社会和员工才会为企业的发展锦上添花，企业的发展才有土壤。诚信、诚实、诚恳是创业团队的道德要求。

7）责任感。把承诺变成行动就是责任，责任就是坚定不移的信念。负责任是一种态度，态度决定一切。责任感使创业者认识到其他人带给企业的价值，意识到自己对其他人的责任，提供给其他人做好工作所需要的支持；责任感也能使他们正确地行使权力和对待金钱。虽然权力和金钱是创业的动机之一，但他们负责任地运用权力，也不仅仅为金钱所激励。他们主要从事业成功中体验快乐，而不把追逐权力和财富作为目的；他们主要受成就动机驱使，同时又为实现物质财富方面的富裕。负责主要体现在向社会、顾客提供满意的产品或者优质的服务，重视环境保护，重视员工的成长和发展。随着社会的进步和人类文明的发展，企业的社会价值是企业发展的高级目标，社会责任也成为企业的道德标准。重视环境保护，重视企业的发展和员工职业生涯的共同发展成为企业发展的重要目标之一。优秀的创业者应该有很强的社会责任感，在创业的同时回报社会。

资料链接

成功创业者的十大素质

《科学投资》通过对上千位成功创业者的案例研究，发现他们具有许多共同特性，以下总结出最为明显、最为重要的10种，即"中国创业者十大素质"。

（1）欲望——创业成功的内在动力。

（2）忍耐——创业成功的必备品质。

（3）眼界——创业成功的前提。

（4）明势——创业成功的基础。

（5）敏感——创业成功的必备心理。

（6）人脉——创业成功的保障。

（7）谋略——创业成功的法宝。

（8）胆量——创业成功的精神支柱。

（9）与他人分享的愿望——创业成功的明智选择。

（10）自我反省的能力——创业成功的后劲。

3.文化素质

文化素质体现在思想道德修养和专业知识上。所谓道德修养，是指创业者对待客户、对待社会的态度，创业者以诚实守信、优质的产品、真诚的服务来赢得客户的忠诚。创业不管大小，都要遵循市场规律。大学生创业也要懂法律、会管理、懂销售、懂财务。因此，创业者的知识结构在创业过程中起着举足轻重的作用。这些知识包括：

1）国家关于创业的政策、法律方面的知识。为鼓励大学生创业，国家、政府出台了一系列优惠政策，颁布和完善了相关法律、法规，在登记注册、税收减免、员工待遇等方面为大学生创造了便利。此外，《中华人民共和国公司法》《中华人民共和国合伙企业法》《中华人民共和国个人独资企业法》等相关法律的出台为大学生创业提供了法律保障。

2）专业知识。创业者一般会选择自己熟悉的行业。创业者一进入这个行业，就应该尽快掌握这个行业的专业知识，熟悉这个行业的情况，了解这个行业所必需的从业能力和技能，对专业领域的发展动态熟悉和敏感，以提高创业的成功率。

3）管理知识。创业者应学习企业制度管理、人力资源管理、营销管理、财务管理、战略管理等管理学知识。

4）相关的商业知识。创业者无论选哪一行进行创业，都要谙熟商业知识和经营之道。例如合法开业知识：有关私营及合伙、有限公司的法律法规，怎样进行验资，怎样申请开业登记，哪些行业不允许私营，哪些行业的经营需办理管理手续，怎样办理税务登记，如何购买和使用发票，如何进行财务票证管理等。营销知识：市场预测与调查知识、消费心理、定价知识和策略等。资金及财务知识：财务会计基本知识、资金筹措知识、资金核算及记账知识等。

5）商务礼仪知识。在创业过程中，经常会涉及商务活动，因此创业者应了解宴请礼仪、电话礼仪、举止谈吐礼仪等方面的知识，这些细节也会展示创业者的教养与素质。

（二）创业者应具备的能力

对从事创业活动而言，能力比知识和素质更重要。因为知识和素质都是潜在的，它们只有转化为能力，才能变成从事创业活动和实现创业目标所必须具备的本领，才能在创业实践中真正发挥作用。创业者需要具备的能力虽然是多种多样的，但总体来说，它主要包括以下4方面能力，即创新能力、决策与执行能力、经营与管理能力和人际关系能力。

1.创新能力

创业和创新密不可分，可以说，创新贯穿于创业的全过程。无论是寻找创业机会、产生创业点子、撰写创业计划、组建创业团队，还是筹建企业、经营管理企业，都离不开创新。因此，创新能力是创业能力的重要组成部分。

所谓创新能力，就是创业者运用知识和理论，构想创意，完成创新过程，实现创新价值的能力。通俗地说，创新能力就是能够想出他人没有想出的"新点子"，走出他们没有走过的"新路子"的能力。创新与创意能力是推动创业行为的内驱力，是产生创业行为的前提和基础。很难想象，一个墨守成规、循规蹈矩的人能成为一个成功的创业者。

2.决策与执行能力

决策能力是创业者根据主客观条件，正确地确定创业的发展方向、目标、战略以及具体选择实施方案的能力。创业者的决策能力，具体包括分析能力和判断能力，即创业者能够在错综复杂的现象中，通过分析厘清事物之间的联系，进而判断把握事物的发展方向。从某种意义上说，创业者的决策能力就是良好的分析能力加上果决的判断能力。

好的决策必须得到好的执行才能变成现实。创业者与梦想者的最大区别就在于创业者不但具有发现商业机会的眼光，而且能够果断地决策和坚定不移地执行。好的执行能力首先是一种行动能力，不能光想、光说，不去做，而是有了想法就马上去做，正所谓心动不如行动。好的执行能力还是一种能够克服重重困难执行到位的能力，遇到困难就放弃不是好的执行，执行不到位等于没有执行。

3.经营与管理能力

经营能力是创业成功的关键。做创业者首先，要做一个出色的经营者。其次，经营者要有浓厚的经营兴趣。对经营有兴趣不仅是做经营者的先决条件，而且是经营中始终应该具备的素质。兴趣激发工作热忱，而有了热忱几乎等于成功了一半。有了经营兴趣，即使再累再苦都能轻松应对。经营活动是将创业计划变成现实的手段。创业的成功在于把创新思路及计划付诸实践，最后转化为现实。实施能力是创业者实现创业梦想的手段。

管理能力主要包括战略管理能力、营销管理能力和财务管理能力等。战略管理能力是指整体地考虑企业经营与环境，理解如何适应市场，如何创建竞争优势的能力。创业者需要根据企业的优、劣势并结合外部环境的机会、挑战正确地制定企业发展的战略目标。只有确定了正确的战略目标，企业才能走得更远。营销管理能力是指洞察企业提供的产品和服务及其特性，理解它们如何满足顾客的需要和如何使顾客认识其吸引力的能力。创业者需要根据行业发展状况、竞争对手的缺陷，细分市场，找到自己的产品、服务的顾客目标群。同时，也可以为自己的产品创造市场。财务管理能力是指管理企业资金，能够保持对支出的跟踪和监控现金流，以及根据其潜力和风险评价投资的能力。投资创业必须会理财，"有钱无计划，花钱如流水"不是创业者的品格。创业者必须懂得基本的财务知识，懂得如何融资理财，具备资金的时间价值观和机会成本意识。很多创业者有风险意识，但是缺乏资金的时间价值观和机会成本意识，不知道今天的一元钱比明天的一元钱更值钱。

4.人际关系能力

一个创业企业需要来自组织内外诸如员工、股东、顾客、政府、供应商和投资者等的支持，有些服务性企业还需要所在社区的支持。为此，创业者需要具备与这些利益相关者融洽相处的能力。人际关系能力包括激励能力、沟通能力及谈判能力等。激励能力是指唤起人们的热情，使他们全身心地投入正在进行的工作的能力；沟通能力是指运用口头和书面等语言表达思想和传递信息的能力，在当今信息社会，随着电子商务的推广和信息技术的普及，网络成为沟通的重要形式；谈判能力是指能够权衡利弊、随机应变，确认双赢方案和对方达成协议的能力。

以上对成功的创业者的素质要求，单个创业者难以完全具备，每个创业团队成员也不可能都具备。这表明了组成创业团队的必要性和重要性，也表明了在选择创业团队成员时要考虑其是否具备这些素质，特别是团队成员之间的互补性。

第二节　创业团队组建及管理

一、创业团队组建

俗话说："一个篱笆三个桩，一个好汉三个帮。"在创业初期，拥有一个好的创业团队，对于企业迅速站稳脚跟和发展壮大起到至关重要的作用。创业团队的凝聚力、合作精神、立足长远目标的敬业精神都有助于新创企业渡过难关，加快成长步伐。另外，团队成员之间的互补、协调以及与创业者之间的补充与平衡，也对新创企业起到了降低管理风险、提高管理水平的作用。

（一）创业团队的内涵及作用

1.创业团队的内涵

20世纪90年代，卡姆等学者呼吁："团队创业普遍存在且具有独特的绩效优势，要剖析创业行为过程的内在规律，必须重视解析创业团队。"随后，多位学者从不同角度丰富创业团队的概念。艾森哈特和斯洪霍芬较早地界定了创业团队，他们认为创业团队由一群在创业过程中担任管理职位的个体组成。我国学者张玉利认为创业团队具有两个主要特征：一是创业团队成员必须是创业初期加入的，全身心投入新企业创建活动，在新企业核心决策中发挥积极且关键的作用；二是是否拥有新企业所有权是判断创业团队成员的关键标准，但拥有所有权的比例并不构成判断创业成员的依据。在综合国外学者观点的基础上，张玉利提出，创业团队是指由两个或两个以上具有一定利益关系的，彼此间通过分享认知和合作行动以共同承担创建新企业责任的，处在新创企业高层主管位置的人共同组建形成的有效工作群体。他指出，狭义的创业团队是指有着共同目的、共享创业收益、共担创业风险的一群创建新企业的人；广义的创业团队不仅包括狭义创业团队，还包括与创业过程有关的各种利益相关者，如风险投资家、专家顾问。

迄今为止，虽然创业团队尚无一个权威且统一的界定，但从总体上说，创业团队可以理解为由两个以上具有一定利益关系、共同承担创建新企业责任的人组建形成的工作团队；是创业者在创业过程中组建的以实现创业目标、满足共同的价值追求为共同目的，甘愿共同承担创业风险和共享未来收益并紧密结合的正式或非正式的工作团队。

2.创业团队的作用

创业团队的作用体现在以下四个方面：

1）创业团队是一种特殊群体。创业团队首先是一种群体，创业团队成员在创业初期把创建新企业作为共同努力的目标。在现实中，大多数企业是由两人或两人以上共同创立并拥有的。大量研究表明，创业团队在创建新企业过程中起着关键性作用。一个企业创业之初，企业的运作一般都由创业团队来支撑。他们在集体创新、分享认知、共担风险、协作进取过程中，培养了特殊的情感，创造出了高效的工作流程。

2）创业团队工作绩效大于所有个体成员独立工作时的绩效之和。虽然个体创业团队成员可能具有不同的特质，但他们相互配合、相互帮助，通过坦诚的意见沟通形成了团队协作的行为风格，能够共同对拟创建的新企业负责，具有一定的凝聚力。曾有研究得出这样的结论：工作群体绩效主要依赖于成员的个人贡献，而团队绩效则基于每一个团队成员的不同角色和能力而产生乘数效应。

3）创业团队对创业成功具有重要的价值。一方面，因为团队创业有利于分散创业风险；另一方面，通过创业团队成员之间的技能互补可以提高企业家驾驭环境不确定性的能力，从而降低新创企业的失败风险。更为重要的是，团队创业能够形成更强的资源整合能力，同时从多个融资渠道获得创业资金。

4）创业团队是高层管理团队的基础和最初组织形式。创业团队处在创建新企业的初期或小企业成长早期，而高层管理团队则是创业团队组织形式的继续。虽然在高层管理团队中既可能存在部分创业时期的成员，也可能所有创业元老都不在其中。

（二）组建创业团队的策略

无论在创业管理理论界，还是在创业管理实践中，组建创业团队的策略都有很多。在这里，笔者从选择创业伙伴或创业合伙人过程中的"理性情感"维度，将组建创业团队的策略分为两种，即理性组建策略与非理性组建策略。

理性组建策略是指在选择创业伙伴时，创业者首先要理性分析创业所需的资源和能力，其次选择能力和资源能够弥补创业者自身能力缺陷的创业伙伴。这种组建策略是将创业伙伴的加入作为弥补创业者自身能力缺陷的一种方式，目的是通过整合更多的资源和人才以推动创业活动的开展。例如，携程创业团队的季琦和梁建章最初提出了创办一个旅游网站的概念，接着他们找到融资专家沈南鹏和酒店管理专家范敏，共同组成了携程的"梦幻四人组合"。

非理性组建策略是指在选择创业伙伴时，更多的是考虑创业者之间的人际吸引力，比如，双方是否具有共同的兴趣、是否具有共同的创业梦想和愿景、是否具有相似的工作经历、是否值得信任等，而不是团队成员拥有哪些资源和能力。这种非理性策略强调的是团队成员之间的信任和直觉，因为在大多数情况下，志趣相投、工作经历相似的创业者之间信任感更强，团队更有凝聚力和合作精神，能够避免团队的内耗，从而取得成功。比如，微软公司的比尔·盖茨和童年的伙伴保罗·艾伦，阿里巴巴的"十八罗汉"团队，希望集团的刘氏兄弟等。

创建一个优秀的创业团队，是长久创业之路的开始。然而，对于创业团队组建方式的选择也不可不重视。组建方式的选择，直接决定着创业团队合作水平的高低和整体能力的强弱。选择以理性逻辑来组建创业团队，则创业团队会分析创业所需要的资源和能力，并将其与自己所拥有的资源和能力相比较，将组建创业团队视为弥补自身能力空缺的一种方法，目的是整合优秀的资源来推动创业成功。若选择非理性逻辑来创建创业团队，则创业团队更重视团队成员凝聚力的建设，又或者创业团队看重的不是团队成员拥有什么资源和能力，而是看重团队成员对自身的人际吸引力。

选择理性逻辑还是非理性逻辑取决于创业者看重的是创业的客观要求还是创业者主观偏好。所依据的逻辑不同，团队结构便会存在一定的差异。遵循理性逻辑组建的创业团队平均规模更大，团队成员之间因强调技能互补性而异质性更强，但彼此之间的熟悉程度也相对较低，沟通和交流更加谨慎。遵循非理性逻辑组建的创业团队平均规模相对较小，团队成员之间因物以类聚而同质性更强，彼此之间的熟悉程度也相对较高，沟通和交流更加顺畅。

（三）组建创业团队的程序及其主要工作

1. 完成市场调查，确定总的目标与阶段性任务

创业团队建立的第一步就是要明晰自己的市场有多大，这个市场是否长久，从而保证这个团队的发展壮大。在总目标确定之后，为了推动团队最终实现创业目标，要将总目标加以分解，设定若干可行的、阶段性子目标。

2. 制订创业计划

在确定了一个个阶段性子目标以及总目标之后，紧接着就要研究如何实现这些目标，

这就需要制订周密的创业计划。创业计划是在对创业目标进行具体分解的基础上，以团队为整体来考虑的计划。创业计划确定了在不同的创业阶段需要完成的阶段性任务，通过逐步实现这些阶段性目标来最终实现创业目标。

3.招募合适的人员

关于创业团队成员的招募，主要考虑两个方面：一是考虑互补性。一般而言，创业团队至少需要管理、技术和营销3个方面的人才，而这3方面的人才的性格可以说是各有千秋：管理人员应该情商较高，有大局观念，为人谦和但不失魄力，心思缜密、处事公正；科研技术人员则认真负责，勤勤恳恳，有耐心，而且要有创新精神；对于营销人员来说，乐观开朗是必备的基本素质，懂得与客户沟通的策略，不轻易放弃，当然，良好的口才更能锦上添花。二是考虑适度的团队规模。适度的团队规模是保证团队高效运转的重要条件。团队成员太少则无法实现团队的功能和优势，团队成员过多又可能产生交流的障碍，使团队分裂成许多较小的团体。

知识延伸

合适员工招募

合适员工是企业核心能力的主要创造者，有研究表明，80%以上的企业价值和利润是由最核心的20%的员工创造的。这些员工是企业生产运营和发展壮大的动力源。

在企业中，合适员工一般拥有专门的技术，掌控企业核心业务，控制企业关键资源，洞悉企业商业机密，具体包括高层管理者、研发骨干等知识创新者、高级技术工人等。

合适员工最主要的特点是高度的劳动力稀缺性，具体表现为劳动力市场上同类人才的数目相对较少，可替代性差，其招聘成本要高于一般员工。因此，如何有效地招聘合适员工以确保企业核心员工的稳定成为许多企业人力资源管理工作亟待解决的问题。

要想有效招募到核心员工，企业HR应该做到：

（1）塑造良好的企业形象。

（2）制订完善的招聘规划。

（3）设置合理的招聘团队。

（4）选择合适的招聘渠道。

（5）设计科学的采访。

（6）面试环境与氛围的营造。

4.职权划分

创业团队的职权划分就是根据执行创业计划的需要，具体确定每个团队成员所要担负的职责以及相应所享有的权限。团队成员间职权的划分必须明确，团队的领导者要想方设法进行疏导，既要避免职权的重叠和交叉，又要避免无人承担造成工作上的疏漏。此外，由于还处于创业过程中，面临的创业环境又是动态复杂的，会不断出现新的问题，团队成员可能不断出现更换，因此，创业团队成员的职权也应根据需要不断地进行调整。大学生创业者或多或少都有一些权力欲，既要尊重人正常的心理需求，又不能使其影响到日常的管理。

5.构建创业团队制度体系

创业团队制度体系体现了创业团队对成员的控制和激励能力，主要包括团队的各种约束制度和各种激励制度。一方面，创业团队通过各种约束制度（主要包括纪律条例、组织条例、财务条例、保密条例等）指导其成员避免做出不利于团队发展的行为，实现对其行为的有效约束，保证团队秩序稳定；另一方面，创业团队实现高效运作需要有效的激励机制（主要包括利益分配方案、奖惩制度、考核标准、激励措施等），使团队成员看到随着创业目标的实现，其自身利益将会得到改变，从而达到充分调动成员的积极性、最大限度发挥团队成员作用的目的。

6.团队的调整融合

完美组合的创业团队并非创业一开始就能建立起来，很多时候是在企业创立一段时间随着企业的发展逐步形成的。随着团队的运作，团队组建时在人员匹配、制度设计、职权划分等方面的不合理之处会逐渐暴露出来，这时就需要对团队进行调整融合。由于问题的暴露需要一个过程，团队调整融合也应是一个动态持续的过程。团队调整融合过程中，最为重要的是，团队成员间要经常保持有效的沟通与协调，培养强化团队精神，提升团队士气。

（四）创业团队成员的沟通规则

1.沟通的唯一原则就是工作目标

被誉为"管理学大师"的彼得·德鲁克在他的《卓有成效的管理者》一书中曾指出，工作沟通的根本就是目标沟通。当公司高管与项目负责人目标不一致的时候，这个原则体现得淋漓尽致。

一个公司一定存在不同利益的人，不同知识结构的人，不同办事方法的人，不同性格的人，不同喜好的人，甚至是个人关系相互独立的人。然而我们正是要让这样一个群体，去协同并共同完成一件工作。因此，所谓目标沟通，就是让大家对于工作的结果达成一致，对共同的利益达成一致，至于各个分立的小团队，方法并不是最关键的。

在管理沟通中，矛盾的产生往往是由于大家对于方法的认识不同。纠结于方法的对错对于工作的完成毫无意义，工作沟通的最根本的目的是我们要达到什么结果，而不是我们要采取什么样的方法。

2.沟通的方式——态度沟通、方法沟通、工具沟通

沟通离不开双方互相认可的态度，否则所有沟通都是无效的，因此，态度是沟通的前提。沟通方法的第二个层面，是彼得·德鲁克指出的一个沟通原理，就是所有沟通凭借的是语言，但是沟通的根本，需要传递一种体验，而体验是语言难以表达的，因此，在沟通中就需要一定的方法。这种方法就是我们常讲的，设身处地地换位思考，用对方可以理解的场景去传递信息，如打比方、讲故事。

沟通方式的第三个层面也是管理中非常重要的东西——沟通工具。为什么一个管理良好的公司会有各式各样的表单？为什么管理良好的公司会采用ERP系统？这些表单流程，就是我们所说的管理工具，这些工具将我们的沟通行为抽象化、规范化，最终达到管理沟通的结果。

3.会议沟通的核心原则——一切围绕中心展开

有些管理者在主持会议的时候，让下属把事先写在文本上的工作汇报再念一遍。还有许多会议形式大于实质，仪式感大于解决实际问题。

不得不指出，会议就是用来协调工作、解决问题的。例如，在互联网网站领域，销售工作会议就是要切实解决客户服务的问题，编辑工作会议就是要解决如何做内容的问题，离开这些会议的应有目标，会议将成为浪费团队时间的巨大黑洞。

因此，学会开会，首先要问自己，"我要通过会议解决什么问题？达到什么结果？"问自己如何通过会议解决团队的协调问题，解决团队的摩擦问题，解决团队的利益分配问题，最终，将团队的目标统一，细节到位，责任到人。

4.不同岗位之间的沟通原则——找准接口

在互联网公司，我们经常看到这样的沟通方式，一位程序员会问提出需求的产品经理，我的数据库将采用A方案或者B方案，你认为应该如何选择？

我们还会看到一位销售员见客户的时候，反复强调他手上拥有一个什么样的产品，循循善诱地向客户介绍这些新知识、新理念。

处理这些问题其实并不困难，我们只需要学会换位思考，用对方能听得懂的语言去描述，用对方所关心的利益去诱导，对方很容易理解我们所表达的意思。

5.部门之间的沟通原则——均衡利益

有人的地方就有摩擦，不同的团队拥有自己不同的利益。遗憾的是，当我们身处一个环境的时候，我们经常会为了自己的利益而忽略配合部门的感受，甚至将其他部门的不配合举动归为人品问题。

一般而言，高层管理者更容易深受其害，当一个部门很激烈地抨击另一个部门的行为并进行私下投诉时，他一旦立即冲动地采取措施，将会破坏这两个部门之间的合作关系。

因此，部门之间的沟通仍然是目标沟通，即为了达到这个目标大家的付出与收益是什么，归根结底就是利益的均衡。

正确的做法就是当面说，开会说，不要背后说。高管应采取的方式是，对于冲突保持沉默，在公开情况下，对双方进行裁决。

6.合伙人之间的沟通原则——相互理解、相互约束、相互帮助

你的合伙人会不会对你充满热情的一项提议不闻不问，或者保持沉默？这种隔阂来自什么？——知识层面、体验层面、责任层面、分工层面。

可是，当你的合伙人拥有类似的知识背景，在每一项决策面前都保持高度一致时，你就必须承担公司的另一个风险，也就是有马达无刹车，在这种情况下公司会非常危险。另一种情况更令合伙人痛苦，就是明明看着合伙人往火坑里跳，你却无能为力。我们要知道，合伙人必须是性格互补，知识互补，能力互补。同时，合伙人必须学会对对方的工作予以关注与体验，当你缺乏对对方工作的体验时你将无法理解对方提议的重要性，出现鸡对鸭讲的局面。当合伙人往火坑里跳的时候，你只好做最坏的打算以及弥补的准备。

二、创业团队管理

（一）创业团队的生命周期管理

创业团队发展一般经历五个阶段。

1.成立期：员工能力低，依赖管理者权威

团队刚组建，成员的士气高昂，对自己、公司的未来充满希望，每一位成员在新的团队都表现得那么热切、那么投入，团队成员之间表现得彬彬有礼，很亲切，但由于都是新员工，没有经过培训，他们的工作能力很低，在工作中，表现出对管理者权力的依赖。在这个阶段，员工往往不能发现有什么需要解决的问题，自己心里没有明确的目标，对工作的标准也不清楚，希望先在工作中了解情况。

作为管理者，需要通过召开小组会为成员创造沟通机会与场合，为团队制定发展目标，制订员工技能培训计划，提升成员的各方面能力，接受新的挑战，制订团队的各项规则。

2.动荡期：期望与现实差距大，员工士气低

团队发展的第二个阶段是动荡期。这时候，团队成员感觉心中的期望与现实之间存在很大差距，对眼前的现实感到不满，所以他们士气低落，有的甚至难以坚持下去，团队成员开始流失。

由于存在利益冲突,团队成员之间开始争夺职位和权力,团队中出现"小团队"。团队成立以来,新员工对领导的依赖逐渐减弱,领导者的威信开始下降,团队成员感到很迷惑,无法战胜一些困难,这时他们士气低落,还没有培养起来。

资料链接

职场中常见的五大争执

类型一:专业争执

常见情景:常见于不同专业领域、不同部门的人,对同一问题不同的看法,各执己见,互不相让。

处理原则:我可以不同意你的观点,我誓死捍卫你发表观点的权利。

类型二:工作争执

常见情景:专业争执,其实多数是为了真理或者为了术业尊严,而工作争执则是为了利益的争执,这涉及谁少做一点、谁多拿一点的问题。

处理原则:大家都是为了工作,对事不对人。

类型三:正面冲突

常见情景:两人各自叉腰,宁静的办公室里突然传来犀利的"高八度",以及凝眉怒目的神情,迫使胆小的人远远驻足,生怕被流弹击中。

处理原则:表现出相当高姿态,淡然一笑而去。

类型四:上司向下属发难

常见情景:老板因为某事或某人的错误行为或触犯自己底线而恼羞成怒,大声指责、呵斥下属。

处理原则:不能把发脾气当成沟通方式。

类型五:下属向上司挑衅

常见情景:当上司给下属的压力达到一定程度,下属认为自己的尊严和利益受到过多侵犯时,会指着上司的鼻子大骂,然后拂袖而去,留下呆若木鸡或者暴跳如雷的上司。

处理原则:三思而后行。

综上,这个阶段的明显特征就是:员工对团队的现状抱听之任之、消极的态度,认为是"大浪淘沙"的过程。有的人选择离开,有的人选择继续坚持战斗。

对于团队管理者,需要把控全局,确立与维护规则,同团队成员一起进行讨论,鼓励团队成员就有争议的问题发表自己的看法,让大家懂得"游戏规则"。对积极的现象及时给予表扬和肯定,对团队中出现的消极的、不利的方面应给予及时纠正,使团队建立起良好的文化氛围，和团队成员实现共同的目标。引导团队成员正确认识成员之间的性格差异，并允许这种差异在团队成员中存在，利用这种差异有意识地培养团队中的各种角色，尽快提高团队成员的工作能力。

3.稳定期：团队冲突和派系出现

这是团队发展的第三个阶段，人员基本上稳定，成员也具备一定的工作能力，开始为公司创造效益。

这时候，团队的冲突和派系开始出现，团队领导对团队中的派系表现出倾同性。团队成员的工作能力开始显现，团队领导把主要精力从关注团队成员转移到督促团队成员创造工作业绩上，团队领导自身的缺点开始暴露。

稳定期的管理者认为，公司已经步入正轨，于是只抓业务而放松了对人的管理，这种做法是错误的，正确的做法是：管理者要树立良好的个人形象，让团队成员学习良好的沟通方式，消除团队中的"不和谐之音"，尽可能多地授权给团队成员，学会激励团队成员。

4.高效期：管理者自满情绪蔓延

高效期可以说是团队的黄金时期，这时候，团队成员能够胜任自己的工作，团队士气空前高昂，团队成员对团队的未来充满信心。团队成员关系和谐，派系观念淡化甚至基本消除，团队成员之间开始合作，团队成员的能力也达到期望。团队成员能为领导分担工作，团队处于巅峰的状态。

管理者看到企业欣欣向荣的景象，于是骄傲自满起来，认为团队已经管理得很好，没有任何问题。生命的周期有高潮，也有低谷，过于沉迷于自己的成就，接下来可能会跌得很惨。这时候团队领导与团队成员需要共同研究制定更高、更具挑战性的目标，使团队成员能够看到新的希望，感觉有奔头。设法留住优秀员工。帮助制订个人发展计划，鼓励员工发展、对成员工作成绩给予积极肯定，兑现许下的承诺，及时发现"高产期"表面下的矛盾与问题。

5.转变期：团队缺乏共同的目标

第五个阶段是转变期，团队业绩下滑，未来没有多少发展空间。团队成员业绩得不到及时的肯定，成员不满足目前的处境，想得到更高的回报，团队成员之间在利益层次上出现矛盾。有些团队成员个人的发展速度远超过团队的发展速度，团队领导不再关心团队成员。

团队领导不能从自身找问题，不能正确看待现实，客观分析问题，怨天尤人。这个时候，需要重新制定队目标，重新调整团队的结构和工作程序，消除积弊。

（二）创业团队的激励机制

创业团队成员本身具有分离倾向，团队管理稍有松懈就可能导致团队绩效的大幅下降。如果说缺乏有效的激励，团队或者组织的生命难以长久，那么有效激励是企业长久保持团队士气的关键。有效激励要求给予团队成员以合理的利益补偿。利益补偿分为两种形式：一是物质条件，如钱、工作环境；二是心理收益，如工作成就感和地位，感受到尊重、承认和友爱。

1.团队文化的激励

团队文化是固化剂，团队凝聚力的培养离不开团队文化建设。团队文化激励对团队建设的积极作用主要表现在团队文化通过营造一种积极向上、相互尊重、相互信任的文化氛围来协调企业内外的人际关系，通过调动成员的积极性、主动性和创造性来增强团队的凝聚力和竞争力，使团队成员与整个团队同呼吸、共命运，把领导者、团队成员与团队整体紧紧联结在一起。

团队文化的精髓就是强调合作精神，只有团结合作才能成就共同的目标，从而满足团队成员的各自需求为团队营造一种快乐工作和积极进取的氛围。要形成真正良好的氛围，关键在于彼此的信任。没有信任就没有尊重，也就没有相互关怀和支持。按照心理学家的观点，可以把信任描述成为"组织生命中的产生奇迹的因素———一种减少摩擦的润滑油，把不同部件组合到一起的联结剂，有利于行动的催化剂，它对工作的作用无可替代"。一般而言，信任定义为其他个体所形成的整体的信心。创业团队成员之间信任程度，将在一定程度上决定他们沟通程度，进而影响整个团队的凝聚力。

2.经济利益的激励

创业企业的产权一般比较明晰、机制灵活，所以，对创业团队成员，可以把期权激励作为经济激励的一项重要内容来实施，把传统的以现金为代表的短期经济激励和以期权为代表的长期经济激励结合起来，体现人力资源的价值。此外，建立鼓励团队合作的奖励机制。将个人的一部分报酬，尤其是浮动薪酬与团队成果有机地结合起来。同时，在进行年度固定薪酬调整时，也会考虑个人在团队合作方面的表现，如在个人全部工资中，75%为固定薪酬，25%为浮动薪酬。在浮动薪酬中，其中，70%与个人业绩挂钩以奖励创业团队成员在个人业绩以及坚持团队价值观和团队文化等方面的出色表现；另外30%与团队成果挂钩，只有团队达成既定目标，个人才能得到这部分浮动薪酬，以此鼓励队员协同作战，将个人利益与团队利益有机地结合在一起，为实现团队的共同目标而努力。

3.权力与职位的激励

通常，创业者具有极强的进取精神，创业团队又通常是高知群体。他们不仅仅为追求经济利益，也为了得到成就感以及权力和地位上的满足而进行创业活动。对于有成就和权力需要的人来说，从成就和权力中得到的激励作用远远超过物质激励的作用。另外，从团队的生命周期来看，团队发展到追逐权力的阶段，团队冲突增加，矛盾加剧，团队效率降低，部分核心成员选择离开团队。研究表明，约有80%的团队在"争权夺利"这个阶段停止了发展。对于创业企业来说，此时的生存和发展可能会面临着重大危机。

如何突破这个"瓶颈"，实现团队自我超越是创业团队建设应考虑的关键议题，因此随着企业的发展，创业团队管理者要注重发展权力和地位的激励机制，将创业成员的工作成效和职业生涯发展、地位提升有效地结合起来，建立并维护好团队的运作原则，使团队成员之间相互尊重和信任，能够倾听彼此的意见。基于不同的工作情景和分工，团队成员可以共享领导角色，在各自的领域中发挥领导作用。

（三）创业团队的绩效评估

大学生创业团队绩效评价指标体系的设计需要遵守以下基本原则，即以人为本的原则，科学性原则，实践性原则，创新性原则，系统性和综合性原则，定性分析和定量分析相结合原则，并主要从以下几个方面来对大学生创业团队的绩效进行评价。

1.财务方面

财务因素是反映大学生创业团队绩效最直观、最重要的因素。结合大学生创业团队的特点，可以选择以下指标来评价大学生创业团队财务方面的绩效：

1）企业变现能力方面，通过流动资产周转率来衡量。流动资产是企业资产中必不可少的组成部分，是指企业可以在1年或者超过1年的一个营业周期内变现或者运用的资产。流动资产周转率是指企业一定时期内主营业务收入净额同平均流动资产总额的比率，流动资产周转率是评价企业资产利用率的重要指标之一。

2）资产管理能力方面，通过存货周转率来衡量。存货周转率是指企业在一定时期内主营业务成本占平均存货余额的比率。存货周转率反映企业存货的周转速度，反映企业存货的流动性及存货资金占用量是否合理，该指标促使企业在保证生产经营连续性的同时，提高资金的使用效率，增强企业的短期偿债能力。

3）企业负债水平方面，通过资产负债率来衡量。资产负债率是反映公司总资产中负债所占的比率，是评价公司负债高低的综合指标。其反映企业利用举借的资金进行经营活动的指标。

4）盈利能力方面，通过净资产收益率来衡量。净资产收益率，是净利润与平均股东权益的百分比，是公司税后利润除以净资产得到的百分比，该指标反映股东权益的收益水平，用以衡量公司运用自有资本的效率。指标的值越高，说明投资带来的收益越高。

5）现金流状况方面，通过销售现金比率来衡量。销售现金比率等于企业经营活动现金流量净额除以企业销售额得到的百分比。其反映企业每份销售收入得到的现金流量净额，其数值越大越好，这表明企业的收入质量越好，资金利用效果越好。该指标反映企业的赊销情况，也是判断是否虚假销售的关键因素。

2.客户方面

客户方面的指标对于大学生创业团队的绩效评价有非常重要的作用，结合对大学生创业团队的调查研究以及大学生这个特殊的创业群体的特点，可以选择以下因素来衡量大学生创业团队的绩效：市场份额、顾客满意度、从客户处获得的利润率。

1）市场份额，是指一个企业产品的销售量或服务的接受度在市场同类产品或服务中所占的比重，其直接反映了消费者和用户对企业所提供的商品和劳务的认可程度，表明企业的商品或者劳务在市场上所处的地位。市场份额是企业产品在市场上所占的份额，也就是企业对市场的掌控能力。市场份额越高，表明企业经营、竞争能力越强。

2）顾客满意度，是指顾客的需求或期望被满足的程度的感受。满意度是顾客心理状况的反映，它是顾客对产品或者服务性能，以及产品或者服务本身的评价。

3）从客户处获得的利润率，顾名思义，指的是企业通过出售产品或者提供服务而获得的来自客户的利润率。从客户处获得的利润率，结合财务数据和企业的市场情况，可以体现消费者对企业产品或服务的支持度。该指标还体现了顾客对企业产品或服务的认可，有利于衡量大学生创业团队的绩效水平。

3.内部运营方面

内部运营对于企业来说好比人的大脑，它统筹企业的运营，无论是企业财务方面的目标、顾客层面的支持，还是企业的学习与成长因素，都与内部运营息息相关。因此，大学生创业团队的绩效需要通过内部运营来衡量。大学生作为一个特殊的创业团体，在内部运营方面有很大的特殊性，他们有自己的个性、运营经验不足、涉世经验不足等特点，导致其内部运营与其他主体有很大不同，因而，衡量大学生创业团队绩效的内部运营因素具有特殊性、创新性和难以量化性。

知识拓展

十大防骗术

在创业过程中，创业者遭遇骗子的概率很大。如何防止被骗，方法不尽相同，我们选取了创业成功人士的十大防骗术，以使创业者保持一种警惕心。

1.看资质证书

各类资质证书是企业发展水平的标志，绝大多数骗子没有或者不全，当然也有骗子的证书是全的，但有真有假，如果有必要应该去有关部门了解一下。

2.看身份证

绝大多数骗子不敢出示真的身份证等有效证件，注意识别真假证件。

3.看产品

是不是和合同上订的样品一样，价值和价格是不是相等。

4.看眼睛

眼睛是心灵的窗口，撒谎的人说话的时候，绝大多数不敢正视对方的眼睛。

5.想一想

想一想对方做生意的目的，有没有骗人的可能。

6.查金融机构和汇款的真假

先查金融机构的真假，主要是通过对方的银行监管局、人民银行查，现在有骗子用伪造的银行名称去电信部门登记电话号码，如果你通过电信部门直接查假银行和汇款，那么你就上当了。

7.试探

不妨用语言试探对方，例如，我同行的朋友是公安部门的经济警察或者是某某方面的行家，骗子自然就会感到害怕。

8.防调包

最好是自己运输，收货后人不能离开货物，特别要防止骗子在瞬间用相同或是相近的运输工具调包。

9.陷阱合同

主要有承诺农副产品高价回收却不回收、只骗回扣；加工的工贸产品被苛刻回收、故意把活的变成死的、把好的变成坏的、把及时的变成不及时的等。

10.异地交货

骗子往往不在双方所在地交货，所以对选择异地交货的生意要少做或者不做。

案例分析

马化腾是如何创建创业团队的

马化腾毕业于深圳大学电子系计算机专业，他与其同学张志东"合资"注册了深圳计算机系统有限公司，之后又吸纳了3位股东：曾李青、许晨晔、陈一丹。这5位创始人的QQ号，据说是从10001到10005。为避免彼此争夺权力，马化腾在创立之初就和4个伙伴约定清楚：各展所长、各管一摊。马化腾是CEO（首席执行官），张志东是CTO（首席技术官），曾李青是COO（首席运营官），许晨晔是CIO（首席信息官），陈一丹是CAO（首席行政官）。直到如今，这5人的创业团队还基本保持这样的合作阵形，不离不弃。

目前其注册用户超过10亿，活跃用户超过7亿，成为名副其实的商业帝国。如今4个创业伙伴还在公司一线，只有COO曾李青挂着终身顾问的虚职退休。工程师出身的马化腾从一开始对于合作框架的理性设计功不可没。

从股份构成上来看，5个人一共凑了50万元，其中马化腾出资23.75万元，占了47.5%的股份；张志东出了10万元，占20%；曾李青出资6.25万元，占12.5%的股份；其他两人各出5万元，各占10%的股份。虽然主要资金都由马化腾所出，他却自愿把所占的股份降到一半以下，占47.1%。"要他们的总和比我多一点点，不要形成一种垄断、独裁的局面。"同时，他自己又一定要出主要的资金，占大股。"如果没有一个主心骨，股份大家平分，到时候也肯定会出问题，同样完蛋。"

保持稳定的另一个关键因素就在于搭档之间的"合理组合"。马化腾非常聪明，但也非常固执，注重用户体验，愿意从普通用户的角度去看产品。张志东是脑袋非常活跃、对技术很沉迷的一个人。马化腾技术上也非常好，但是他的长处是能够把很多事情简单化，而张志东更多的是把一件事情做得完美化。许晨晔和马化腾、张志东同为深圳大学计算机系的同学，他是一个非常随和而有自己的观点，但不轻易表达的人，是有名的"好好先生"。而陈一丹是马化腾在深圳中学时的同学，后来也就读深圳大学，他十分严谨，同时又是一个非常张扬的人，他能在不同的状态下激起大家的激情。如果说其他几位合作者都只是"搭档级人物"的话，只有曾李青是5个创始人中最爱玩、最开放、最具激情和感召力的一个，与温和的马化腾、爱好技术的张志东相比，是另一个类型。其大开大合的性格，也比马化腾更具攻击性，更像拿主意的人。或许正是因为这一点，导致他最早脱离了团队，单独创业。

马化腾最开始也考虑过和张志东、曾李青3个人均分股份的方法，但最后还是采取了5人创业团队，根据分工占据不同的股份结构的策略。即便是后来有人想加钱、占更大的股份，马化腾也说不行，"根据我对你能力的判断，你不适合拿更多的股份"。因为在马化腾看来，未来的潜力要和应有的股份匹配，不匹配就要出问题。如果拿大股的不干事，干事的股份又少，矛盾就会产生。当然，经过几次稀释，最后他们上市所持有的股份比例只有当初的三分之一，但即便是这样，他们每个人的身价都还是达到了数十亿元人民币，是一个皆大欢喜的结局。

可以说，在中国的民营企业中，能够像马化腾这样，既包容又拉拢，选择性格不同、各有特长的人组成一个创业团队，并在成功开拓局面后还能依旧保持着长期默契合作，是很少见的。

分析：由此案例可以看出，马化腾之所以能够成功地组建创业团队，其主要原因就是他在正确认识自己的同时，准确分析出其他几个伙伴的性格特征，这也是成功创业者要具备的特质。当然，还有马化腾对于创业团队股份持有的巧妙分配，在于团队成员之间的"合理组合"，并且根据分工占据不同的股份结构的策略，而且在未来发展过程中的潜力也要和应有的股份匹配，这同样是其成功组建团队的原因。因此，对于刚步入社会的创业者来说，在组建创业团队时，要学习马化腾这种既包容又拉拢、选择性格不同、但各有特长的人，只有这样，才能保持创业团队的稳定发展。

真实情境演练

创业者如何选择创业合作伙伴

1. 你处于人格五大维度的什么位置

大量研究表明，人格五大维度既是基本的，也是重要的，这些要素对其行为包括创业成功都会产生重要影响。那么，你处在人格五大维度的什么位置呢？为了发现它，可以由非常熟悉你的人根据以下每一个项目对你进行打分。他们应当采用7分制对这些项目进行打分，1分表示最低，7分表示最高，他们所提供的得分是非常粗糙的指标，表明你在人格五大维度中每一项所处的位置（注意：由于它是非正式练习，请用一种谨慎的健康心态去解释结果）。

人格五大维度练习

维度	相关问题（请让非常熟悉你的人来回答）
尽职性	可信赖的程度 对工作熟练和有条理的程度 完成工作的认真程度
外向性/内向性	容易兴奋的程度 乐意结识新朋友的程度 令人愉快的和友好的程度
友好性	别人对你的信任程度 对别人的友好程度 与人合作的程度
情感稳定性	担忧的程度 情绪激动的频率 自信和安全可靠的程度
经历的开放性	喜欢变革的程度 所具有的好奇心程度

2.自我评价

对你自己在以下每一个维度作出等级评价，尽可能诚实和准确些。对于每一个维度，请选择数字1~5（1=很低，2=低，3=中等，4=高，5=很高）

a.与你新创企业相关的经验（填写1到5的一个数字）

b.与你新创企业有关的技术知识

c.人际技能（与人相处、劝说他人等方面有用的技能）

d.成就的动机

e.对新创企业的承诺

f.适合做一位创业者的个人属性

g.不适合成为一位创业者的个人属性

3.列出你对创业合作伙伴的需求

考虑到第一部分中的等级评价，列出你需要从创业合作伙伴那里得到什么。例如，如果你在技术知识方面的等级评价是低的，你对合作伙伴需要的就是这种知识；如果你在人际技能方面的等级评价是低的，你就需要这方面技能较高的合作伙伴，等等。

a._____

b._____

c._____

d._____

e._____

4.测试你是否擅长社会感知

"你能够准确地评价他人吗？"为了回答这一问题，请指出下列每一项陈述是正确的还是错误的程度？根本不正确（1分）；不正确（2分）；既不正确也不错误（3分）；正确（1分）；十分正确（5分）。

a.我能够很容易地发现其他人什么时候在说谎。

b.我能够推测其他人的真实感受，如果他们试图对我隐瞒的话。

c.我能够识别出他人的弱点。

d.我是其他人的一位好裁判。

e.我通常能够通过观察其他人的行为，准确地识别出其他人的特点。

把你的答案相加，如果你的得分为2分或者更高，你可以把自己确认为擅长社会感知的人。为了发现这一结论是否准确，可以请对你很熟悉的人对这些项目作出评价，换言之，变换这些项目，就成为："能够很容易地发现别人在说谎"（横线上填写你的名字）。如果他们的评价与你的相一致，那么，就要祝贺你啦。你不但擅长评价他人，也擅长评价自己。

5.结果分析

许多新企业是由两个或更多的人创建的,所以,创业者选择一位好的合作伙伴(或者是多个合作伙伴)是一项重要的任务。为了做出正确的选择,你需要获得三个方面的基本信息:

(1)清晰地自我评价(在技术、能力、知识等相关方面,列出你能够带来什么)。

(2)清楚地描述出你从需要的潜在合作伙伴中想要获得的是什么。

(3)准确地评估他人的能力,以便你能够知道他们是否具备你所需要的东西。

网络情境演练

创业邦(http://www.cyzone.cn/)作为全维度创业者服务平台,致力于成为中国创业者的信息平台和服务平台,帮助中国创业者实现创业梦想。创业邦为中国创业者和风险投资人提供各种创业类的最新资讯和实用知识手册,搭建创业者和投资人交流沟通的桥梁,让创业者在了解最新创业资讯的同时,开办一系列创业培训,帮助创业者学会如何组建创业团队,挑选创业团队成员,为创业者实现创业梦想打好坚实的基础。

图书推荐

《给你一个团队,你能怎么管?》

作者：赵伟
出版社：江苏文艺出版社
出版时间：2013年3月
ISBN：978-7-5399-5893-4
开本：16开
装帧：平装

内容简介：

作者用他参与海外上市公司与国内民营企业管理的亲身经历，分享团队的建设与管理经验。他通过简洁有趣的描述，翔实动人的案例，为我们揭示管理的真相，告诉你应该如何建设和管理一个团队，内容富有系统性与针对性，简单易懂，容易上手，尖锐深刻。

团队管理，这是一个简单直接但又令许多人困惑的命题。说它简单，是因为团队无非只需具备三个条件：自主性、思考性和协作性。只要你的下属充分具备这三大要素，一个合格的团队就建立了，它随着你的指挥棒冲锋陷阵，无所不至。但让很多管理者困惑的是，在实际执行中，人们会陷入诸多现实而无奈的困境，会发现情况并非如此，原来还有这么多潜在的未知问题。人性的种种缺陷，往往让团队的组建和管理面临无穷大的风险，不管你领导的是一家无足轻重的小公司，还是世界500强企业，他们的中高层领导者及员工本身都有这种苦恼，即：你明明身在团队，却感受不到一支成熟强大的团队的支撑，经常孤军奋战，陷入苦斗，多倍付出，却只能得到可怜微少之回报。

本书的主要目的，就是解决这种普遍存在于各种组织中的"团队之惑"。书中的内通俗易懂，有非常清楚的定位，适合中国的中高层管理者学习参考，同时又具有很强的总结性，告诉你如何管理一个团队，如何突破自我，为初创业者和有志于从事管理岗位的人，提供了丰富的经验。

编辑推荐：

《给你一个团队，你能怎么管？》是MBA商学院最受欢迎的团队管理课程，手把手教你打造企业中的尖刀团队！一看就懂，一学就会，目标、执行、创新、激励一个都不可缺少！这本书会让你少走5年弯路，提高10倍效率，通用电气、丰田、联想、苹果、微软……全球500强企业都在运用的"少人高效"法则！

本书将重点描述：团队管理者所要坚守的四大原则；保证执行到位的10个步骤；激励团队的6大关键；实现关键性成长的3个方法；放权的3大原则和10个障碍；管理中容易走错的11条弯路；团队成员的12个需要；伟大领导者的10个特征……

第四章　创业资源与创业融资

创业就应该做一件天蹋下来都能够赚钱的事情。

——李嘉诚

这个世界并不在乎你的自尊，只在乎你做出来的成绩，然后再去强调你的感受。

——比尔·盖茨

导语

"巧妇难为无米之炊。"在创业过程中，如果没有足够的创业资源，即使遇到了大好的创业机会，创业者也难以迅速抓住并有效利用，只能眼睁睁地错失良机。优秀的创业者需要了解创业资源的重要作用，需要不断地开发和积累创业资源，还要借助企业内外部的力量对各种创业资源进行组织和整合。因此，大学生要想成功创业，就必须合理利用手中所拥有的创业资源，并且在创业过程中，学会融资，选择正确的融资渠道也是至关重要的。

第一节　创业资源

一、创业资源概述

（一）创业资源的概念

从管理学角度讲，资源就是企业作为经济实体，在向社会提供产品或服务的过程中，所拥有或能够支配的实现公司战略的各种要素和要素组合。在创业过程中，新创企业同样需要各种生产要素和支持条件，只有将这些要素和条件有效地组合，形成产品或服务，才能创造出新的价值。这些生产要素和支持条件就是创业资源的主要成分。创业资源是创业者在创业过程中必须时刻放在最重要的位置，反复估量权衡的要件。

> **知识延伸**

创业资源与一般商业资源的异同

从管理学的角度来说，商业资源就是企业作为一个经济实体，在向社会提供产品或服务的过程中，所拥有或者能够支配的实现公司战略目标的各种要素以及要素组合。关于一般的商业资源，在现有的研究中已经讨论得相当详细。而针对创业成长所需的创业资源，还没有得到充分的关注。

和一般的商业资源不同，新创企业发展所需的创业资源有其独特性，它们所涵盖的内容侧重点也与一般的商业资源有所不同，需要从创业成长的视角进行分析，来把握新创企业的创建与成长中最为关键的要素。

创业资源中组织资源无疑是较为薄弱的部分；而人力资源是创业时期中最为关键的因素，创业者及其团队的洞察力、知识、能力、经验及社会关系影响到整个创业过程的开始与成功；同时，在企业新创时期，专门的知识技能往往掌握在创业者等少数人手中，而此时的技术资源事实上和人力资源紧密结合，并且上述两种资源可能成为企业竞争优势的重要资源。在物质资源中，创业时期的资源起初主要为财务资源和少量的厂房、设备等。

可以说，创业资源是一种特殊的商业资源。政策资源、信息资源、科技资源等商业资源要素对于创业成长的影响更多的是提供便利和支持，对创业起到一种间接作用；资金资源、管理资源、人才资源则是直接参与创业的资源要素。

（二）创业资源的种类

创业资源是新创企业成长过程中必需的资源，按照资源对企业成长的作用，我们将其分为两大类：对于直接参与企业日常生产、经营活动的资源，称为要素资源；未直接参与企业生产，但其存在可以极大地提高企业运营的有效性资源，则称为环境资源。如表4-1所示。

表4-1　创业资源的分类

资源分类		资源内容
要素资源	场地资源	场地内部的基础设施建设，便捷的计算机通信系统，良好的物业管理和商务中心，以及周边方便的交通和生活配套设施等

续表

资源分类		资源内容
要素资源	资金资源	及时的银行贷款和风险投资，各种政策性的低息或无偿扶持基金，以及写字楼或者孵化器所提供的便宜的租金等
	人才资源	高级科技人才和管理人才的引进，高水平专家顾问队伍的建设，合格员工的聘用等
	管理资源	企业诊断、市场营销策划、制度化和正规化企业管理的咨询等
	科技资源	对口的研究所和高校科研力量的帮助，与企业产品相关的科技成果以及进行产品开发时所需用到的专业化的科技试验平台等
环境资源	政策资源	允许个人从事科技创业活动，允许技术入股，支持海外与国内的高科技合作，为留学生回国创业解决户口、子女入学等后顾之忧，简化政府的办事手续等
	信息资源	及时的展览会宣传和推介信息，丰富的中介合作信息，良好的采购和销售渠道信息等
	文化资源	高科技企业之间相互学习和交流的文化氛围，相互合作和支持的文化氛围，以及相互追赶和超越的文化氛围等
	品牌资源	借助大学或优秀企业的品牌，借助科技园或孵化器的品牌，以及借助具有社会影响力的人士对企业的认可等

（三）创业资源的作用

创业者获取创业资源的最终目的是组织这些资源追逐并实现创业机会，提高创业绩效和获得创业成功。无论是要素资源还是环境资源，无论它们是否直接参与企业的生产，它们的存在都会对创业绩效产生积极的影响。

1.要素资源可以直接促进新创企业的成长

（1）场地资源

任何企业都要有生产和经营的场所，高科技创业企业也不例外，这是企业存在的首要条件之一。例如为科技人员提供舒适的研究开发环境和高速网络通信系统，为市场人员提供便捷的商务中心和配套设施等，将有助于新创企业更快、更好地成长。

（2）资金资源

充足的资金将有助于加速新创企业的发展。高科技新创企业无论是进行产品研发还是生产销售，都需要大量的资金。而且，新创企业往往由于资产不足而缺乏抵押能力，很难从银行得到足够的贷款，这更使得资金资源成为企业高速发展的"瓶颈"。因此，如何有效地吸收资金资源是每个创业者都极为关注的问题。

（3）人才资源

人才对于高科技企业的成长和发展越来越重要。事实上，当代企业管理中的人才已经由传统的"劳动力"概念转变为"人力资源"的概念。高素质人才的获取和开发，成为现代企业可持续发展的关键；而对于高科技企业来说，因为其更大的知识比重，人才资源则更为重要。

（4）管理资源

高科技企业的创业者大多是科技人员出身，他们本身具备较强的科研能力，但是对于企业管理知识往往有所欠缺，很多高科技创业企业都失败于管理不善，这意味着拥有一套完整而高效的管理制度是新创企业的宝贵资源。当然，当企业缺乏这一资源时，专业的管理咨询策划将有助于提高新创企业的生产和运作效率。

（5）科技资源

高科技新创企业主要是研发和生产科技产品，科技资源的重要性不言而喻。积极引进寻找有商业价值的科技成果，加强和高校科研院所的产学研合作，将有助于加快产品研制和成型的速度，缩短产品进入市场的时间，为企业的市场竞争提供有力支持。

2.环境资源可以影响要素资源，并间接促进新创企业的成长

（1）政策资源

从中国的创业环境看，发展高科技企业需要制定相应的扶持政策，只有在政策允许和鼓励的条件下，新创企业才能获得更多的国内外人才、贷款和投资、具有明确产权关系的科技成果、各种服务和帮助以及场地优惠等。当然，政策资源是公共资源，所有同质的高科技企业都可以享受，但新创企业更应该重视政策资源。

（2）信息资源

专业机构对于信息的搜集、处理和传递，可以为创业者制定研发、采购、生产和销售的决策提供指导和参考。对于高科技新创企业来说，由于竞争十分激烈，更加需要丰富、及时、准确的信息，以争取到更多的要素资源。这种信息如果由创业者通过市场调研分析获得，成本可能过高，因此，常常由专业机构提供。

（3）文化资源

文化资源是企业发展中重要的一环，对于新创企业来说，文化资源尤为珍贵。硅谷成功的一个很重要原因是那里文化氛围浓厚，如鼓励冒险、容忍失败。文化，对于创业企业和创业者都有极大的精神激励作用，使新创企业以更强的动力和能力有效组合要素并创造价值。

（4）品牌资源

创业企业所置身的环境也具有一定的品牌效应。例如，优秀的孵化器能为高科技创业企业提供品牌保证，还可以提高政府、投资商和其他企业对在孵企业信誉度的估价，有助于提升新创企业获取资金、人才、科技、管理等资源。创业者要善于利用品牌资源，扩大新创企业和品牌之间的互动，以增强社会影响力。

(四)创业者自身的重要资源

1. 人力资本

尽管有许多争议,但以往的经验研究还是倾向于支持人力资本和创业活动之间存在正相关的关系。需要明确的是,个人的人力资本,即个人知识水平的提高不仅是正式教育(如大学教育)的结果,也是非正式教育(如工作经验和职业教育)的结果。工作经验、在工作中学习、非传统正式教育机构的专门课程训练,这些从理论上来说,都可以增强人力资本。经验研究显示,正式教育对于创业活动的影响,不如非正式教育的影响大,而创业者的工作经验、管理经验和以前的创业经验与创业活动呈显著相关。

2. 机会识别能力

认知科学的研究指出,人们将现有概念和信息整合成为新观念的能力是因人而异的。有研究指出,成功的创业者在其他人看到风险的情况下看到机会。也有研究发现,创业者比其他人更可能发现机会,这是因为他们很少进行反事实的思考,例如在特定情况下,很少花时间和精力来设想"本应该如何如何",很少对失去的机会表示遗憾,很少受无作为的惯性影响。创业者进行决策的过程有异于常人,他们更多地进行探索性决策,决策中有明显的偏向性,而这种具有非理性特征的决策模式有助于创业者在信息有限、资源有限、风险不确定的情况下迅速做出决策。

3. 社会资本

社会资本涉及主体从社会结构、网络和成员关系中获取利益的能力。社会资本能成为有用的创业资源,原因之一在于,其可以将主体结合在一起增强组织内部的信任,并为了提供资源而对外部网络产生支持作用。原因之二在于,社会资本能为创业提供诸如信息等资源的联系,这是一种支持性(包含性的)润滑剂。美国著名社会学家马克·格兰诺维特在其经典著作中,强调了维护一个为了获得资源(关于潜在工作的信息)的弱联系的延伸网络的重要性。从创业者的角度来说,社会资本提供的是便于发现创业机会以及识别、收集和配置资源的网络。社会资本也通过提供和扩散关键信息以及其他一些重要资源对创业机会利用过程产生积极影响。尤其是在我国,社会网络作为一种特殊的创业资源,常常对创业机会获取和开发有重要影响。

二、创业资源整合

伴随着创业实践活动在世界范围内的蓬勃开展,诸多新成立的创业型企业不断涌现。由于成立时间短、规模小、实力弱,新创企业在成长过程中更易受外界环境影响,抗风险能力较差。

此外,我国新创企业还普遍存在资源短缺问题,导致创业者无法获得足够的资源推动企业发展。与成熟企业相比，新创企业的资源整合过程更具复杂性。因此，如何在复杂环境中突破发展"瓶颈"，顺利实现资源整合，将企业做大做强，是新创企业在发展进程中面临的重要课题。

（一）资源整合对新创企业的重要意义

从系统论角度看，资源整合就是将企业资源进行有机重构的过程，其目的是通过一系列管理、运作、协调和重新安排，提升企业竞争力。资源整合是一个复杂的过程，既有对原来资源的分析、重构和利用，又是一个构建新资源的过程；既要消除原有系统中的冗余，又要将新系统有机糅合形成一个互动的整体，最终达到"1+1＞2"的效果。对企业而言，资源整合的过程还是提升核心竞争力的过程。

资源整合对于新创企业具有重要意义。获取资源仅仅是新创企业资源整合的第一步，如何将获得的资源转化成能力则是新创企业面临的最大挑战。新创企业的资源整合历经获取、匹配和合理利用等一系列过程，对系统内的资源进行重构，使资源布局更合理、更具柔韧性和可挖掘性，最终形成适应新创企业发展的新的资源体系。高效的资源整合，将使新创企业的发展获得至关重要的战略优势。

对任何企业而言，资源的地位毋庸置疑，企业成长的过程也是资源获取的过程。资源是新创企业创建、成长乃至扩张的基础，其中，企业的异质性资源、独特的创新能力是企业成长的关键因素。在新创企业成长过程中，若创业者不能整合相关创业资源，新创企业将难以生存，做大做强的目标也只是空中楼阁。

【小故事】

合肥荣事达集团公司正式兼并重庆洗衣机总厂。经过不到2年的经营，在重庆地区，两家"荣事达"与"三峡"品牌市场占有率由40%上升至70%以上，平均毛利率比上年同期增长82.57%。探究其成功之路，无不得益于兼并后荣事达集团的有效人力资源整合管理。兼并之初，集团不减人员、不动班子，承担全部员工、保留原厂级领导职位，集团只派3人出任公司副总经理、总工程师和财务总监助理，并决定把当年利润用于增加员工工资和奖励管理者。一段时间后，组建了新班子，并由新班子对公司进行管理和机构改革，新机构将原来的16个处室、3个车间调整为6处1室、4个车间，精减中层和机关管理人员63人。这些措施把荣事达引上了成功之路。

(二)资源整合能力对创业不同阶段的影响

创业研究关注企业生命周期的前期活动,探讨新企业在创建、成长及稳定阶段的创业行为。创业生命周期以企业生命周期理论为基础,极大地丰富和拓展了管理理论的内容和范畴。本文将创业过程划分为新企业创建、生存型成长和稳定型成长三个阶段。

1.对新企业创建的影响

创业机会研究是创业研究的焦点问题。在新企业创建时期,资源整合能力主要影响创业者对创业机会评估与开发,同时帮助新企业摆脱资源约束的束缚。资源整合能力对创业者做出是否创业的决定起着非常重要的作用。资源整合能力影响创业者对所需资源的获得,也影响初始创业资源的配置结构,包括创业资源之间的协调、互补与杠杆关系。资源可获得性影响对机会的评估,还对机会的开发策略产生显著作用。当创业资源的获得性差或资源整合能力弱时,创业者可能忽略这个机会,或者承担更大的风险来开发这个机会。初始资源对新企业的机会开发过程产生重要影响,资源整合能力能针对不同类型的初始资源,将其与不同的创业资源战略相协调,从而构建企业的竞争优势。

有关资源整合能力对新企业创建初期的影响研究为数较少,相关的研究关注新企业创建初期资源开发问题,一方面,相关学者分析了新企业创建阶段通过对资源的集中、汲取、整合与转换等方式来开发创业资源,同时还关注各种方式之间的特征。这种对资源整合过程与方式的研究包含于资源整合能力研究中。创业者的初始资源禀赋、社会网络和资源整合的创新性最终影响初创期创业者的资源整合能力。另一方面,创建期新企业更加关注对创业资源的识别与获取,以及创业是创业者利用手上很少的资源实施从无到有的创造性过程。基于此,相关研究重点关注新创企业在创建初期对创业资源的可获得性和所采取的资源战略等问题。

2.对生存型成长阶段的影响

一旦新企业存活下来,生存型成长阶段也是新创企业的快速发展期,这时新企业需要筹措更多资源来满足自身的发展。创业者的资源整合能力会对新企业的成长过程的战略决策与组织执行能力产生重要影响,进而影响创业绩效。快速成长期,创业者资源整合的深度与广度将保障组织运作的持续性。

创业战略是一种以消耗资源来保障新企业高速发展的策略,这就需要新企业在成长初期获取大量的资源。资源整合能力不仅为创业行为的顺利开展提供支撑,还协调组织内部资源与能力之间的关系,促进组织资源向企业能力的转化。而战略预见能力也使新企业在快速成长期能够很好地应对外部环境的不确定性以及组织内部所存在的管理问题,有针对性地配置资源,提高资源使用效能,最终提高创业绩效,获得快速成长。

3.对稳定型成长阶段的影响

创业资源并不能自动产生出竞争优势，要想使资源发挥效用，形成核心竞争力，就需要新企业对资源具有高效整合的能力。在持续不断的资源整合中，提升新企业的竞争优势。市场竞争优势往往只属于那些善于进行资源整合的企业，资源与能力之间是不完全对称的。竞争优势真正的来源是新企业对资源的整合能力，而不在于初期拥有很多资源或花巨资来开发新资源。对资源的整合过程所形成的资源整合能力属于企业的动态能力，这种动态能力能够适应外部环境的变化，使企业获得持续的竞争优势。

稳定型成长期，新企业必须更加高效地利用已获取的资源，对其进行科学合理的配置，优化资源结构，并通过资源配置将资源结构与新企业的创业战略进行匹配。通过战略预见能力使新企业发展目标与外部环境相协调，使企业面对的风险降低，企业所受的威胁减少。好的创业战略还需要配合较强的战略执行力，而资源整合能力就对其起着支撑的作用。

资源整合能力对创业过程不同阶段的影响作用表现在：在新企业创建期，资源整合能力影响创业者对创业机会的评估与开发，主要是战略预见能力帮助新企业识别与获取所需资源，摆脱资源约束的束缚。在生存型成长期，资源整合能力通过对创业战略的支撑，获取大量的资源以保障快速成长的需求。其对创业绩效也发挥着明显的作用。在稳定型成长阶段，资源整合能力通过提高新企业的资源竞争力，高效地组织与协调，增强企业的持续竞争优势，使企业获得稳定性成长。

（三）资源整合环境下新创企业发展策略

第一，提高资源识别能力和储备能力。很多新创企业成立之初，都处于复杂的创业环境下，为了让企业做大做强，亟需引进先进技术和优秀人才，此时企业无论从资金实力还是管理经验来看，都处于比较弱的地位，所以更需要谨慎投资，提高资源识别能力和储备能力。对于一些稀缺和独特的资源，新创企业应积极获取以求得更好的企业效益；对于一些风险性大、市场方向不明朗的资源则需要持谨慎态度，尽量规避企业发展面临的风险，促进企业的健康和持续发展。

第二，充分利用资源整合提升企业的核心竞争力。稀缺和有价值的创业资源是新创企业获取资源的首选对象，这类资源往往具有匹配性特征，即和新创企业自身的企业发展目标和储备资源存在对接点，能够契合并提升新创企业的创新能力，使新创企业在复杂的资源环境中保持核心竞争力，巩固市场地位，消除复杂环境对新创企业带来的不利影响，以降低风险。所以，新创企业必须将资源整合和自身运行特点相结合，强化对稀缺资源的控制，深入对资源的利用，维持在市场中的创新优势，保持核心竞争力。

第三，通过资源整合提升自身学习能力，提高企业成长效率。资源整合的过程也是企业一系列管理、运作、协调和安排重新设计的过程。在此过程中，既要充分吸收新资源，又要对原有资源进行重构和调整，这个过程既是知识传递的过程，也是学习知识的过程。新创企业应根据自身特质改变原来的观念、动机和行为，摒弃阻碍企业发展的陋习，提高新创企业创新的效率。在动态的、复杂多变的市场环境下，新创企业的发展效率决定了其是否能够挖掘到发展的突破点，是否能够抢占市场先机。这是关系新创企业生死存亡的重要因素，所以，必须通过知识的学习和消化提高发展效率。

（四）创业者如何整合优势的战略资源

创业者能否成功地开发出机会，进而推动创业活动向前发展，通常取决于他们掌握和整合到的资源，以及对资源的利用能力。许多创业者早期所能获取与利用的资源都相当匮乏，而优秀的创业者在创业过程中所体现出的卓越创业技能之一，就是创造性地整合和运用资源，尤其是那种能够创造竞争优势，并带来持续竞争优势的战略资源。

尽管与发展成熟的大公司相比，创业型企业资源比较匮乏，但实际上创业者所拥有的创业精神、独特创意以及社会关系等资源，同样具有战略性。因此，对于创业者而言，一方面，要借助自身的创造性，用有限的资源创造尽可能大的价值；另一方面，要设法获取和整合各类战略资源。

1.善用资源整合技巧

创业总是和创新、创造及创富联系在一起。一位创业者结合自身创业经历提出了这样的观点：缺少资金、设备、雇员等资源，实际上是一个巨大的优势。因为这会迫使创业者把有限的资源集中于销售，进而为企业带来现金。为了确保公司持续发展，创业者在每个阶段都要问自己，怎样才能用有限的资源创造更多的价值？

（1）学会"拼凑"

很多创业者都是拼凑高手，通过加入一些新元素，与已有元素重新组合，形成在资源利用方面的创新行为，进而带来意想不到的惊喜。创业者通常利用身边能够找到的一切资源进行创业活动，有些资源对他人来说也许是无用的、废弃的，但创业者可以通过自己的独有经验和技巧，加以整合创造。例如，很多高新技术企业的创业者并不是专业科班出身，可能是出于兴趣或其他原因，对某个领域的技术略知一二，却凭借这个略知的"一二"敏锐地发现了机会，并迅速实现了相关资源的整合。

整合已有资源，快速应对新情况，是创业的利器之一。创业者善于用发现的眼光，洞悉身边各种资源的属性，将它们创造性地整合起来。这种整合很多时候甚至不是事前仔细计划好的，而往往是具体情况具体分析、"摸着石头过河"的产物。而这正体现了创业的不确定性，并考验创业者的资源整合能力。

（2）步步为营

创业者分多个阶段投入资源并在每个阶段投入最有限的资源，这种做法被称为"步步为营"。步步为营的策略首先表现为节俭，设法降低资源的使用量，降低管理成本。但过分强调降低成本，会影响产品和服务质量，甚至会制约企业发展。比如，为了求生存和发展，有的创业者不注重环境保护，或者盗用别人的知识产权，甚至以次充好。这样的创业活动尽管短期可能赚取利润，但长期而言，发展潜力有限，所以，需要"有原则地保持节俭"。

步步为营策略表现为自力更生，减少对外部资源的依赖，目的是降低经营风险，加强对所创事业的控制。很多时候，步步为营不仅是一种做事最经济的方法，也是创业者在资源受限的情况下寻找实现企业理想目标的途径，更是在有限资源的约束下获取满意收益的方法。习惯于步步为营的创业者会形成一种审慎控制和管理的价值理念，这对创业型企业的成长与向稳健成熟发展期的过渡尤其重要。

2.发挥资源杠杆效应

尽管存在资源约束，但创业者并不会被当前控制或支配的资源所限制，成功的创业者善于利用关键资源的杠杆效应，利用他人或者其他企业的资源来达到自己创业的目的，用一种资源补足另一种资源，产生更高的复合价值，或者利用一种资源撬动和获得其他资源。其实，大公司也不只是一味地积累资源，他们更擅长资源互换，进行资源结构更新和调整，积累战略性资源，这是创业者需要学习的经验。

对创业者来说，容易产生杠杆效应的资源，主要包括人力资本和社会资本等非物质资源。创业者的人力资本由一般人力资本与特殊人力资本构成。一般人力资本包括受教育背景、以往的工作经验及个性品质特征等；特殊人力资本包括产业人力资本（与特定产业相关的知识、技能和经验）与创业人力资本（如先前的创业经验或创业背景）。调查显示，特殊人力资本直接作用于资源获取，有产业相关经验和先前创业经验的创业者能够更快地整合资源，更快地实施市场交易行为。而一般人力资本使创业者具有知识、技能、资格认证、名誉等资源，也提供了同窗、校友、老师以及其他连带的社会资本。

相比之下，社会资本有别于物质资本、人力资本，是社会成员从各种不同的社会结构中获得的利益，是一种根植于社会关系网络的优势。在个体分析层面，社会资本是嵌入、来自并浮现在个体关系网络之中的真实或潜在资源的总和，它有助于个体开展目的性行动，并为个体带来行为优势。外部联系人之间社会交往频繁的创业者所获取的相关商业信息更加丰富，从而有助于提升创业者对特定商业活动的深入认识和理解，使创业者更容易识别出常规商业活动中难以被他人发现的顾客需求，进而更容易获得财务和物质资源——这正是其杠杆作用所在。

3.设置合理利益机制

资源通常与利益相关,创业者之所以能够从家庭成员那里获得支持,就是因为家庭成员之间不仅是利益相关者,更是利益整体。既然资源与利益相关,创业者在整合资源时,就一定要设计好有助于资源整合的利益机制,借助利益机制把包括潜在的和非直接的资源提供者整合起来,借力发展。因此,整合资源需要关注有利益关系的组织或个人,要尽可能多地找到利益相关者。同时,分析清楚这些组织或个体和自己以及自己想做的事情有利益关系,利益关系越强越直接,整合到资源的可能性就越大,这是资源整合的基本前提。

利益关系者之间的利益关系有时是直接的,有时是间接的,有时是显性的,有时是隐性的,有时甚至还需要在没有的情况下创造出来。另外,有利益关系并不意味着能够实现资源整合,还需要找到或发展共同的利益,或者说利益共同点。为此,识别到利益相关者后,逐一认真分析每一个利益相关者所关注的利益非常重要,多数情况下,将相对弱的利益关系变强,更有利于资源整合。

然而,有了共同的利益或利益共同点,并不意味着就可以顺利实现资源整合。资源整合是多方面的合作,切实的合作需要有各方面利益真正能够实现的预期加以保证,这就要求寻找和设计出多方共赢的机制。对于在长期合作中获益、彼此建立起信任关系的合作,双赢和共赢的机制已经形成,进一步的合作并不困难。但对于首次合作,建立共赢机制尤其需要智慧,要让对方看到潜在的收益,为了获取收益而愿意投入资源。因此,创业者在设计共赢机制时,既要帮助对方扩大收益,也要帮助对方降低风险,降低风险本身也是扩大收益。在此基础上,还需要考虑如何建立稳定的信任关系,并加以维护。

第二节 创业融资

创业是富有创新精神的高层次劳动,是创业者全面素质和综合职业能力的体现。但创业者普遍面临着一个共性问题,那就是资金短缺。能否快速、高效地募集资金,是创业企业能否站稳脚跟的关键。从创办企业来看,资金具有极端重要性,主要表现在:一是在企业开办过程中,创业者需要较多的资金才能启动;二是在市场开拓方面,创业者需要较多的资金才能运转;三是在产品开发方面,也需要创业者投入较多的资金才能维持。

一、我国中小企业融资难的原因

从狭义上讲,融资是一个企业筹集资金的行为与过程,也就是企业根据自身生产经营状况、资金拥有状况、未来经营发展的需要等,通过科学的预测和决策,采用一定的方式，从一定的渠道向企业的投资者或债权人筹集资金，并组织资金的供应，以保证正常生产需要以及经营管理活动需要的理财行为。

从广义上讲，融资也叫金融，就是货币资金的融通，是当事人通过各种方式到金融市场上筹措或寻求贷放资金的行为。从现代经济发展角度看，企业比以往任何时候都需要更加深刻全面地了解金融知识、金融机构、金融市场，因为企业的发展离不开金融的支持，企业必须与之打交道，创业企业更应如此。

我国中小企业在整个国民经济中的地位日益显著。我国99%的企业是中小企业，中小企业在扩大就业、活跃市场、促进社会稳定和国民经济结构布局等方面起着难以替代的作用。一方面中小企业迅速发展，另一方面中小企业在迅速发展的同时又面临着许多困难，正处于举步维艰的境地。特别是深受资金短缺的困扰，融资难成为制约中小企业发展的一个重要因素。

1. 直接融资渠道不通畅、间接融资渠道狭窄

我国企业融资的主渠道是银行信贷支持，中小企业贷款困难重重。我国一直缺乏向中小企业融资倾斜的金融政策支持者，中小企业受资产规模、竞争实力、自有资金、经营风险、有效抵押等的约束，加上银行审查、审批环节复杂等，一般很难获得银行信贷支持，外源融资非常困难。

2. 信息不对称是造成中小企业融资供给约束的最主要原因

信息不对称是指交易双方的一方拥有相关的信息而另一方没有，或一方比另一方拥有更多的相关信息，从而对信息劣势者的决策造成不利影响。与大企业相比，由于对中小企业的信用登记、评估、监督等方面的机制不完善，银行很难了解和掌握其真实信息，特别是中小企业发展起点低，管理不规范，相当一部分企业为避税，做虚假报表，银行很难从其报表上的数字评价其实际财务状况和经营成果。总之，信息不对称问题严重导致银企关系疏远，是影响中小企业贷款难的重要原因之一。

3. 大多数中小型企业经营不稳定，风险大，存在高比率的倒闭率和违约率

中小企业自身存在不利于融资的因素：中小企业经营状况普遍较差，银行风险大主要体现在银行对中小企业实际的经营状况和将来的盈利前景难以做出准确判断。部分中小企业管理水平低，财务管理水平与贷款条件差距大，中小企业贷款需求的特点决定了银行贷款经营成本较高的单位贷款的交易成本远高于大型企业。与一般企业相比，中小型企业具有经营灵活、提供个性化专业化服务的优势，但灵活性也意味着不确定性，在一定条件下，优势也有可能转化为劣势。不确定性意味着产品和市场的频繁转换，缺乏自己的品牌和稳定的主营业务等，对于稳健的投资者来说，这些灵活性特征将直接导致其投资预期收益的不确定性，即风险增加。加上资产少、底子薄、抗外部冲击的能力弱，中小型企业有较高的倒闭率或歇业率。

4.抵押品和担保的缺乏

相关法律、法规的不完善使我国银行对抵押品的要求条件较为苛刻。除了土地和房地产外，银行很少接受其他形式的抵押品。银行接受抵押品的偏好主要依赖于抵押品是否能顺利出售以及抵押品的价值是否稳定。我国银行之所以对抵押品的要求比较苛刻，首先归因于我国的资产交易市场不够发达；其次归因于我国信用制度不够完善；最后是因为银行缺乏对其他资产如机器设备、存货、应收账款等的鉴别和定价能力。

二、创业融资过程及渠道

（一）创业融资过程

创业融资在整个创业过程中占据着非常重要的位置。就创业融资自身来说，它不仅是一个技术问题，更是一个社会问题。大学生创业者在实施创业融资之前，务必要明确创业融资的具体流程，这将在很大程度上有助于创业融资的成功。

1.融资准备

俗话说："人无信而不立"，对于一个企业来说更是如此，信用对于国家、企业、个人来说都是一种珍贵资源。在创业融资过程中，信用起到了非常重要的作用。人是一种群体性生物，创业者同样如此。从创业融资的角度来看，信用甚至堪比市场规则，谁违背信用，信息就会在社交群体里通过口碑进行传播。而对于新创企业来说，创业融资的主要渠道是自己的亲人、朋友和同事，如果口碑太差、信任度太低，融资难度就会变得非常大。因此，创业者在平时应注意自己的道德修养，培养良好的信用意识。

有学者认为，中国社会不是个人本位，也不是社会本位，而是关系本位的社会。所以，对于创业者来说，关系网络即为新企业的社会资本。许多研究表明，创业者的人脉关系对创业融资有着直接的促进作用。这些关系在创业过程中，会为创业者带来非常重要的信息、资源、资金等。所以，在校大学生要善于建立良好的同学关系和师生关系，勤于参加社团活动和社会实践，努力构建健康、有益的人脉关系，为以后实现自我之路奠定坚实的基础。

2.融资测算

资本需求量测算是融资的基础。对于创业者来说，首先需要弄清楚创业所需资本的用途。任何企业的经营都需要一定资产，资产以各种形式存在，包括现金、材料、产品、设备、厂房等，创业所筹集的资金就是用来购买企业经营所需这些资产的，同时还要有足够的资金来支付企业的营运开支，如员工工资、水电费。与此同时，创业企业还面临着成长的问题，在成长阶段，单靠初始的启动资本和企业盈利不能满足成长的需要，还要从外部筹集用于扩大再生产的资本，即发展资本。

（1）估算启动资金

企业开始运营，首先要有启动资金，启动资金用于购买企业运营所需的资产及支付日常开支。对启动资金进行估算，需要具备足够的企业经营经验，以及对市场行情的充分了解。

创业者在估算启动资金时，既要足以保证企业运营，也要想方设法地节省开支，以减少启动资金的花费。在满足经营要求的情况下，可以采用租赁厂房、采购二手设备等方法节约资金。

（2）估算营业收入、营业成本、利润

预估营业收入是制订财务计划与财务报表的第一步。创业者可根据实际情况，选择利用购买动机调查、推销人员意见综合、专家咨询、时间序列分析等多种预测技巧，估计每年的营业收入；同时，对营业成本、营业费用以及一般费用按月估计，力争做到不遗漏每一笔支出。在预估第二年及第三年的经营成本时，企业首先应该关注那些长期保持稳定的支出，如果对第二年和第三年销售量的预估比较明确，则可以根据营业百分比法，即根据预估净营业量按固定百分比计算折旧、库存、租金、保险费、利息等项目的数值。

在完成上述项目的预估后，企业可以按月估算出税前利润、税后利润、净利润以及第一年利润表的内容，然后进入预计财务报表阶段。

（3）编制预计财务报表

新创企业可以采用营业百分比法预计财务报表，从而比较便捷地预估出相关项目在营业额中所占的比率，预估出相关项目的资本需求量。但是，由于相关项目在营业额中所占的比率往往会随着市场状况、企业管理等因素发生变化，企业必须根据实际情况及时调整有关比率，否则会对新创企业造成负面影响。

预计利润表是应用营业面积比法的原理预估可留用利润的一种报表。通过提供预计利润表，可以预测留用利润这种内部筹资方式的数额，也可以以预计资产负债表为预测外部筹资额提供依据。

预计资产负债表是应用营业百分比法的原则预测外部融资额的一种报表。通过提供预计资产负债表，可预测资产和负债表及留用利润有关项目的数额，进而预测新创企业需要外部融资的数额。

对于新创企业来说，逐月预估现金流量是非常重要的，如何精确地计算出现金流量表中的项目是一个难题。因此，企业在编制预计财务报表时需要假设各种情境，比如最乐观的估计、最悲观的估计以及现实情况估计。

（4）预估融资需求量

上述财务指标及报表的预估是创业者必须了解的财务知识，即使企业有专门的财务人员，创业者也应该大致掌握这些方法。需要指出的是，融资需求量的确定不是一个简单的财务估算问题，而是一个将现实与未来综合考虑的决策过程，需要在财务数据的基础上，全面考察企业的经营环境、市场状况、创业计划以及内外部资源条件等因素。

3.编写创业计划书

"凡事预则立，不预则废"。做任何事情之前都必须做好计划工作，创业活动也是如此，而并不是像很多人想象的那样。创业者面对的是转瞬即逝的机会，应该赶紧投入到创业活动中去，而不是坐在桌子前勾画创业计划。

很多时候，创业计划书就好比简历一样，是对新企业的一个概述。融资机构通过创业计划书，能很清晰地了解创业者创立企业的整个流程，在一定程度上减小了创业初期的信息不对称。正如一位专家所说的那样，再也没有比不制订详细、广泛调查和可靠的创业计划更能够毁掉融资机会的方法了。企业的创业计划书对筹集资金有举足轻重的作用，同时也给借款人和投资者留下对公司的第一印象，资金所有者在对创业机会的价值、创业团队的合作能力和支撑企业运行的资源状况有全面了解的基础上，对是否予以资金支持作出决策。有时候，即便是面对家人，一份书面的创业计划书也比交谈来得重要。

4.确定融资来源

测算完融资的需求量之后，接下来的工作就是确定资金的来源，即融资的渠道和融资的对象。此时，创业者需要对自己的人脉关系进行一次详尽的排查，初步确定可以成为资金来源的各种关系。同时，需要搜集各方面信息，以获得包括银行、政府、担保机构、行业协会、旧货市场、拍卖行等各种能够提供资金支持的资料。现在政府出台了很多支持创业的政策，但有些创业者不了解，因而失去了获得有关政策支持的机会。同时，创业者也应对企业股权和债权的比例安排有所考虑。

5.进行融资谈判

无论创业计划书写得多好，与资金提供者谈判时表现糟糕的创业者仍很难完成交易。因此创业者要做好充分准备，事先预想对方可能提到的问题；要表现出信心；陈述时抓住重点，条理清楚；记住资金提供者关心的是他们从投资中能得到什么好处。这些原则对融资至关重要。此外，找有谈判经验的人士进行咨询，翻阅一下关于谈判技巧的书籍，都有助于谈判的成功。

课堂阅读

融资谈判前的四点准备

要获得投资，好的企业项目是基础，另外，一定的融资技巧也必不可少。所以，创业者在和投资人正式对接投资计划之前，需做好4个方面的准备。

1.准备应对各种提问

一些创业者通常认为自己对所从事的投资项目和内容非常清楚，但还是要给予高度重视和做充分准备，不仅自己要预想投资人可能会问哪些问题，更重要的是让别人设身处地地对自己提出问题。创业者可以请一些外界的专业顾问和行家来模拟这种提问过程，从而使自己思考得更全面详细，以便准备充分的材料。

2.准备做出妥协

从一开始，创业者就应该明白，自己和创业投资人的目标不可能完全相同。因此，在正式谈判之前，创业者要做的一项最重要的决策就是：为了满足投资人的要求，能做出多大程度的让步和妥协。

3.准备放弃部分业务

在某些情况下，创业投资人可能会要求放弃一部分原有业务，以使其投资目标得以实现。放弃部分业务对那些业务分散的企业来说的确有必要。在投入有限的情况下，企业只有集中资源才能在激烈的市场竞争中立于不败之地。

4.准备应对投资人对管理的查验

也许你为自己多年来取得的成就而自豪，但是投资人依然会对你的投资管理能力表示怀疑，并会问道：你凭什么能将投资项目做到设想的目标？大多数人可能对此反应敏锐，但是在面对投资人时，这样的怀疑会经常产生，这已构成了投资人对创业企业进行检验的一部分，因此创业者需要正确对待。

（二）创业融资渠道

融资渠道即企业筹措资金的方向和通道，体现了资金的来源和流量。任何创业都需要最基本的启动资金，如产品定金、店面租金。因此，对创业者来说，能否快速、高效地筹集到资金是创业成功至关重要的因素。

1.自我融资

创业是有风险的，但每一个创业者都应该明白，应将自有资金的大部分投入到新创企业中。创业融资面临不确定性和信息不对称等诸多困难，自我融资本身是一种很好的承诺。如果创业者在创业过程中投入自己的大部分资金，对其他投资者而言，本身就是一些信号，投资者花的是自己的钱，一定会谨慎地使用每一分钱；说明创业者对自己认定的商业机会十分有信心，对自己的新创企业充满信心，是全心全意、踏踏实实地干事业；这些信号会给其他投资者一种积极的暗示，适度缓解信息不对称的负面作用，增加其对新创企业投资的可能性。另外，创业虽然有风险，但创业的目的是取得成功。创办新企业是创业者捕捉的商业机会实现价值的过程，创业者在新创企业中尽可能多地持有股份，有利于很好地管控企业，一旦创业成功，将获得最大的创业回报。

当然，创业者个人的资金对于新创企业而言，总是十分有限的。自我融资虽然是新企业融资的途径之一，但它不是根本性的解决方案，特别是当新创企业规模较大时。

> 知识延伸

管理好自有资金——支票的必备常识

支票即见票即付，不得另行记载付款日期，另行记载付款日期的，该记载无效。支票只有短期提示付款制度，没有承兑制度。换句话说，收到支票后赶紧去入账，否则会失效。同城用支票的，支票持有人应当自出票日起10日内提示付款，因为支票代替现金进行支付就是要求迅速结算。异地使用的支票由中国人民银行另行规定其付款提示日期。

在公司资金的日常管理中应加强对票据的管理。票据的遗失被窃往往会给公司带来巨大损失，因此应警惕票据事故。

方法一：专人保管票据，专人负责。每日核对，也就是加强日常管理这是最重要的、最基本的方法。

方法二：租用银行的保管箱。对一些中小企业来说，自己的保安能力有限，与其整天提心吊胆，还不如在银行租一个保管箱，办理业务也方便。

方法三：采用记名支票，少采用空白支票，对空白支票重点管理。

方法四：注意票据背书。

方法五：票据遗失后，花点钱做广告，用一定的报酬支付给拾到票据者，这其实是一个很实用的方法。

方法六：支票丧失，包括被盗和遗失，失票人可以及时通知付款人挂失止付，收到挂失止付通知的付款人（一般为银行）应当暂停支付。不履行这一义务而擅自付款的负有损害赔偿责任。

方法七：《中华人民共和国民事诉讼法》规定，因支票被盗、遗失或灭失的，可以在付款地向基层人民法院申请公示催告。《中华人民共和国票据法》中明确规定："失票人应当在通知挂失止付后3日内，也可以在票据丢失后，依法向人民法院申请公示催告，或者向人民法院起诉。"

多一点法律知识并遵循法律程序，能够避免很多不必要的损失。付款人在收到法院停止付款的通知后，应停止付款，直到公示催告程序或诉讼程序终结。在公示催告或诉讼期间，如果没有利害关系人来申报权利，法院即作出判决，宣告失效。当然，只要支票不是捡到的、偷到的，只要其持有人是合法的权利人，就可以根据法院判决向付款人请求付款。换句话说，公司开出支票后不能仅用公示告催和诉讼来损害通过正当途径得到支票的人的权利。

这种通过法律程序的方法将非法获得票据的人排除在票据权利人之外，让他拾到或偷到了票据也无法从银行取到钱。而止付通知并不具有法律上的意义，止付通知仅是支票权利人要求付款暂不履行支付义务，权利人可能是出票人，也有可能是出票人以外的支票权利人。在这种情况下，付款人的付款权并没有丧失。

2. 向亲朋好友融资

调查显示，企业在初创期75%以上的资金来源于自身积累和民间借贷；在我国以家庭为中心形成的社会网络关系，也就是我们平时说的家庭成员和亲朋好友，对创业融资活动产生重要影响，是创业融资的重要来源，在创业中起着重要的支持作用。家庭成员和亲朋好友由于与创业者的个人关系而愿意给予投资，在某种程度上有助于克服非个人投资者面临的不确定性和信息不对称。在创业初期，投资人往往缺乏正规融资的抵押资产，缺乏社会筹资的信誉和业绩。因此，非正规的金融借贷从创业者的家人、亲戚、朋友处获得创业所需的资金是非常有效、十分常见的融资方法。

3. 风险投资

风险投资起源于美国，一般是高科技企业赢得资本的方式。我国在风险投资方面还没有得到完善发展。风险投资商多关注以高新技术为基础，生产与经营技术密集型产品的投资，比如IT、药业、电子产品制造业等。风险投资的着眼点不在于投资对象当前的盈亏，而在于他们的发展前景，以便通过上市或出售取得高额回报。它是一种流动性较小的中长期投资。创业者往往在创业初期投入资金，经过3~7年才开始取得收益。投资人并不以在某个行业获得强有力的竞争地位为最终目标，而是把它作为一种实现超额回报的手段。

创办高新技术企业的大学生能否受到风险投资基金的青睐主要取决于个人的信用保证以及项目的发展前景。风险投资商除了关心创业者的技术，同样关注创业者本人的素质和新创企业的盈利模式。有这方面意向的大学生可以通过创业大赛、委托专门的风险投资公司、在网上或其他媒体发布寻资信息以寻找投资人。此外，还可以参加创业培训班，在老师的帮助下通过制订科学严谨、可行性强的"创业计划书"来说服风险投资者。

4. 天使投资

天使投资是自由投资者或非正式风险投资机构，对处于构思状态的原创项目或小型初创企业进行的一次性前期投资。天使投资虽是风险投资的一种，但两者有较大差别：天使投资是一种非组织化的创业投资形式，其资金来源大多是民间资本，而非专业的风险投资商；天使投资的门槛较低，有时即便是一个创业构思，只要有发展潜力，就能获得资金，而风险投资一般对这些尚未诞生或嗷嗷待哺的"婴儿"兴趣不大。

在风险投资领域，"天使"一词指的是创业者的第一批投资人，这些投资人在公司产品和业务成型之前就把资金投入进来。天使投资人通常是创业者的朋友、亲戚或商业伙伴，由于他们对该创业者的能力和创意深信不疑，因而愿意在业务远未开展之前就向该创业者投入大笔资金，一笔典型的天使投资往往只有几十万美元，是风险资本家随后可能投入资金的零头。

对刚刚起步的创业者来说，在既吃不了银行贷款的"大米饭"，又沾不了风险投资"维生素"的光的情况下，只能靠天使投资的"婴儿奶粉"来汲取营养并茁壮成长。

5. 创新基金

近年来，我国科技型中小企业的发展势头迅猛，已经成为国家经济发展新的重要增长点。政府也越来越关注科技型中小企业的发展，同样，这些处于创业初期的企业在融资方面所面临的迫切要求和融资困难的矛盾，也成为政府亟须解决的重要问题。

有鉴于此，结合我国科技型中小企业发展的特点和资本市场的现状，科技部、财政部联合建立并启动了政府支持为主的科技型中小企业技术创新基金，以帮助中小企业摆脱融资困境。创新基金已经越来越多地成为科技型中小企业融资可口的"营养餐"。

6. 中小企业担保贷款

一方面，中小企业融资难，大量企业"嗷嗷待哺"；另一方面，银行资金缺乏出路，四处出击，却不愿意贷给中小企业。究其原因，主要在于银行认为为中小企业发放贷款，风险难以防范。然而，随着国家政策和有关部门的大力扶植以及担保贷款数量的激增，中小企业担保贷款必将成为中小企业另一条有效的融资之路，为创业者"安神补脑"。

7. 政府基金

近年来，政府充分意识到中小企业在国民经济中的重要地位，尤其是各省市地方政府，为了增强自己的竞争力，不断采取各种方式扶持科技含量高的产业或者优势产业。为此，各级政府相继设立了一些政府基金予以支持。这对于拥有一技之长又有志于创业的诸多科技人员，特别是归国留学人员来说是一个很好的机会。

三、创业融资选择的策略

（一）不同类型创业企业的融资策略

从创业融资角度看，创业企业可分为制造业型、商业服务业型、高科技型以及社区型等类型，各类型的中小企业的融资特点和融资方式选择各不相同。

1. 制造业型创业企业

制造业型创业企业的资金需求是比较多样和复杂的，这是由其经营的复杂性决定的。无论是用于购买原材料、半成品和支付工资的流动资金，还是购买设备和零部件的中长期贷款，甚至产品营销的各种费用和卖方信贷，都需要外界和金融机构的金融服务。一般而言，制造业型创业企业资金需求量大，资金周转相对较慢，经营活动和资金使用涉及的面也相对较宽，因此，风险也相应较大，融资难度也大一些。可选择的融资方式主要有银行贷款、租赁融资等。

2.商业服务型创业企业

商业服务型创业企业的资金需求主要是库存商品所需的流动资金和促销活动中的经营性开支，其特点是量小、频率高、借款周期短、借款随机性大。但是，一般而言，风险相对其他类型中小企业较小。因此，中小型银行贷款是其最佳选择。

3.高科技型创业企业

高科技型创业企业的主要特点是"高风险、高收益"，此类企业除可通过一般创业企业获得的融资渠道融资外，还可采用吸收风险投资公司投资、天使投资、科技型中小企业投资基金等进行创业。风险投资公司的创业基金是有效支持高新技术产业最理想的融资渠道。创业资本与其所扶持的企业之间是控股或参股关系，风险投资公司可从创业成功企业的股份升值中较快地回收创业投资。

4.社区型创业企业

社区型创业企业，比如餐馆、美容美发、水店、便利超市、家政服务，具有特殊性，它们具有一定的社会公益性，容易获得各项优惠政策，如税收政策、资金扶持政策。对于该类创业企业，应首先考虑争取获得政府的扶持资金。

（二）不同发展阶段创业企业的融资策略

创业企业一般有种子期、创建期、生存期、扩展期、成熟期等阶段，以生产制造型企业为例，这些阶段的收入预见性、稳定性及信誉可靠性大不相同，因此融资策略相异甚大。

1.种子期

在种子期内，企业的创业者们可能只有一个创意或一项尚停留在实验室还未完全成功的科研项目，创办企业也许是一种梦想。此时，似乎未来的一切都是未知数，创意也许压根儿就是空中楼阁，科研开发的成功可能遥遥无期。这时候，创业者们一切大概都得靠自己，需要投入相当的资金进行研究开发，或继续验证这个创意，好在此时所需的资金不太多。但如果这个创意或科研项目非常好，也许可以吸引一些在西方被称为"天使"的个人风险投资者。此外，创业者还可以向政府寻求一些资助。

"天使"投资者通常是较为富有的人士，他们通过自己职业经历积累了足够的财富，可以用于支持一些小型的科研开发项目或创业项目。我们不应小视这些"天使"，尽管他们提供的资金不多，但他们丰富的阅历和经验能够为创业者们提供很好的建议和勾勒未来的蓝图，这一点对于初出茅庐的创业者来说尤为重要。

天使融资方式带有强烈的感情色彩。创业者说服天使的过程常常需要一定的感情基础，或者是志同道合的朋友，或者是有亲戚关系，或者得到了熟悉人士的介绍等。融资的程序非常简单。种子期的主要成果是样机研制成功，同时形成完整的生产经营方案。

2.创建期

一旦产品研制成功,创业者为了实现产品的经济产业价值,一般会着手筹建公司并进行试生产。在这一阶段,资金主要用于购买生产所必需的厂房、设备、生产材料、后续的研究开发和初期的销售,所需的资金是巨大的。靠创业者和"天使"投资者的资金也不能支持这些活动,并且由于无过去的经营记录和信用记录,从银行申请贷款几乎是不可能的。

在这一阶段的融资重点是创业者们需要向新的投资者或机构进行权益融资。如何吸引风险投资是非常关键的,因为此时面临的风险仍然非常巨大,是一般投资所不能容忍的。更为重要的是,由于风险投资机构投资的项目实在太多,一般不会直接干预企业的生产经营活动,因而特别强调未来的企业能严格按现代企业制度科学管理、规范运作,在产权上也要求非常明晰,创业者要想成功地融资必须做充分的准备。需要提醒的是,创业者在选择风险投资时一定要考虑其实力,特别是在未来继续对企业投资的能力。

3.生存期

资金困难一直是企业在这一阶段面临的最大问题。产品刚投入市场,销路尚未打开,造成积压,现金流出经常大于现金流入。为此,企业必须非常仔细地安排每天的现金收支计划,稍有不慎就会陷入资金周转困难的处境;同时还需要多方募集资金以弥补现金的短缺,这时融资组合显得非常重要。由于股权结构在公司成立时已确定,再想利用权益融资一般不宜操作,因此,此阶段的融资重点是充分利用负债融资。

企业负债融资分为长期负债融资和短期负债融资。长期负债融资的来源主要有银行的长期借款和融资租赁等;短期负债融资的来源主要有银行的流动资金短期借款和商业信用形成的应付款项等,因此,如何与银行打交道,同银行实现"双赢"成为融资的中心工作。

4.扩展期

此阶段,企业的生存问题已基本解决,现金入不敷出和要求注入资金局面已扭转。与此同时,企业拥有了较为稳定的顾客和供应商以及良好的信用记录,取得银行贷款或利用信用融资相对来说比较容易。

但企业发展非常迅速,原有资产规模已不能满足需要。为此,企业必须增资扩股,注入新的资本金。原有的股东如果能出资当然最好,但通常情况是需要引入新的股东。此时,企业可选择的投资者相比孕育期增多。

需要提醒的是,这一阶段融资工作的出发点是为企业上市做好准备,针对上市所需的条件进行调整和改进,这次融资实际上是引进战略合作伙伴。

5.成熟期

成熟期的工作重点是完成企业上市的工作,企业成功上市如同鲤鱼跳龙门一般,会发生质的飞跃,企业融资已不再是长期困扰企业发展的难题。因此,从融资角度来说,上市成功应是企业成熟的标志。同时,企业上市也可使风险投资成功退出,从而进入良性循环。

> 知识延伸

创业融资的误区

1. 廉价出卖你的技术或创意

许多创业者急于得到启动或周转资金，往往在融资时急于求成，给小钱让大股份，轻易地贱卖技术或创意，"只要能获得启动资金就行"。在这种思想的指导下，有不少核心技术的拥有者非常廉价地把自己的技术或创意随随便便地出卖了。在公司运营一段时间后，才意识到当初的技术卖便宜了，开始对当初的投资协议不满。这时，有的人会轻率地提出毁约。这样做只会使我们在资本市场上失去商业信誉。

2. 烧别人的钱圆自己的梦

这种对风险投资不负责任使用的情况，相当普遍地存在着。"烧投资者的钱圆自己的梦"的问题，说到底是信用问题、品质问题。持这种思想的人不会成为一个成功的创业者。

3. 没有完善的融资战略设计

跟任何推销过程一样，在筹资和融资过程中，也需要完善的策划和充分的准备，这是取得最佳融资效果的开端。但是，很多创业者只有总的战略策划和设计，却没有关于融资的具体战略设计，这是不应该的。

4. 缺少对融资方案的比较性选择

尽管国内的中小企业融资渠道尚未健全，但还是比较多的，主要有：合资、合作、外资融资渠道；银行及金融机构贷款；政府贷款；风险投资；发行债券；发行股票；转让部分经营权；BOT中小企业融资；民间中小企业融资；通过阿里巴巴和淘宝网利用商业信誉融资。

对以上企业融资渠道进行深入的比较与选择，可以有效降低中小企业融资成本，提高融资成功率。

5. 过度包装或不包装

有些创业企业为了融资，不惜粉饰财务报表甚至造假，进行"包装"融资，这是不应该的。其实，财务数据若是脱离了企业的基本经营状况，明眼人一眼就能看穿，但也有另一种情况，有些创业企业认为自己经营效益好，应该很容易获得融资，不愿意花时间和精力去包装企业。

6. 缺少必要的企业融资知识

很多创业者有很强的融资意愿，但缺少相应的融资知识。真正理解企业融资的人很少，很多融资者总希望托人打电话、找熟人、写商业计划书，就能把钱贷到手，而不注重用心去研究企业融资知识。他们往往把融资简单化、随意化。由于缺乏必要的融资知识，中小企业融资视野狭窄，只看到银行贷款或股权融资。不懂得或不知道除银行贷款和股权融资外，租赁、担保、合作、购并及无形资产输出和转让等方式都可以达到融资目的。

7.只顾扩张不建立合理的公司治理结构

规范化管理是企业自身的一种融资能力。很多民营企业在不断扩张中企业管理却越来越粗放、松散。不注意在企业发展过程中不断完善公司治理结构，增强自身的这种融资能力和规避企业扩张过程中的经营风险的能力。特别是一些创业企业只顾发展，不塑造企业文化，最终导致企业规模做大了，却失去了原有的凝聚力，企业内部或各部门之间缺乏共同的价值观，没有协同能力。

四、大学生创业融资方式的利弊分析

大学生创业者是一个特殊的群体，客观条件决定了并不是每一种融资方式都适合他们，因此，选择适当而有效的融资方式至关重要。在我国，大学生的融资方式分为两种类型：内源融资和外源融资。内源融资原指企业不断将自己的储蓄转化为投资的过程，具有原始性、自主性、低成本和抗风险的特点。外源融资原指企业通过一定方式向企业之外的其他经济主体筹集资金，主要包括：银行贷款、发行股票、企业债券等，此外，企业之间的商业信用、融资租赁在一定意义上也属于外源融资的范围。大学生创业者不存在企业自己的储蓄，所以，以下所介绍的内源融资是指亲情融资，外源融资则主要介绍政策基金、银行贷款、合伙融资、风险投资等方式。

（一）内源融资——亲情融资

由于大学生刚毕业涉世未深，缺乏经验和人际关系网络，而且创业的首笔资金数额一般不会很大，所以向亲友借钱是个人筹集创业启动资金最常见、最简单、最有效的方式。这种融资方式因由情意牵线，所以对于筹资者来说基本不存在中途撤资的风险，而且一般都是一次性支付。其突出的优点在于一般没有利息支出或为低利息支出，筹资成本很低，同时也不需要信用记录或抵押。

尽管从亲友那里获得资金较为容易，但也有缺陷。创业者应全面考虑投资的正负面影响，以公事公办的态度将通过亲情融资取得的资金细节进行整理，最后形成一份正规的协议。如果创业出现问题，无法按时还款，可能会伤及双方感情，以后再借很难。所以，选择亲情融资的创业者，在筹资时应向亲友说明创业计划的可行性与预期收益以及潜在风险，争取让其明白投资所用。

（二）外源融资

1.政策基金

近年来，我国各级政府和社会组织设立了大学生创业基金，为大学生创业者提供资

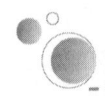

金帮助。这种基金融资一般分贷款和入股两种形式。其中，贷款需要承担还款压力，入股则需要考虑股份的分配和公司控制权的占有率问题。但它们都具有资金链稳定和筹资成本较低的优点。上海市大学生科技创业基金就是公益性的创业"天使基金"，也是培育自主创新创业企业的"种子基金"，其下设两种资助计划："创业雏鹰计划"和"创业雄鹰计划"，它们分别以债权与股权两种方式对青年创业者提供资金上的帮助，并提供相应的后续支持与服务。

在我们采访的几位大学生创业者中，有近一半采用了该种融资方式，而这一半全部采取了贷款这种形式。究其原因，我们得知，同一机构提供的以入股形式的融资金额一般比贷款形式的大。初创企业很少需要这么一大笔资金。另外，多数大学生创业者都是凭自己的兴趣或是为了自己的梦想而创业的，如果有这么一个大股东进入，很可能出现经营理念分歧，公司就无法按照自己的设想进行下去，而是成为单纯的赚钱机器，这样就违背了大学生当初创业的真正意愿。所以，大多数大学生创业者都会选择小额贷款支持。

2.银行贷款

银行贷款被誉为创业融资的"蓄水池"，在创业者中很有"群众基础"。它可进一步细分为担保贷款、抵押贷款、信用贷款、创业贷款等。但很显然，初出茅庐的大学生既没有可靠的担保人或担保机构，也没有贵重的抵押物，更不存在优质的商业信用，因此对于大学生创业者来说，前三种贷款方式形同虚设。

唯一可以考虑的就是创业贷款。创业贷款是近年来银行推出的一项新业务，凡是被认定为具有一定生产经营能力的个人，因创业需要均可申请。这种贷款不仅利率较低，而且有的地区有一定的补贴，一旦申请成功，创业者即可享受较为优厚的条件。但是其门槛很高，对申请企业的要求很严苛。这对于大学生创业者来说，无疑是一个难题。因此，想要获得创业贷款，必须有一个严密可行的创业计划，充分考虑还款压力和还款时间与企业预计经营状况的关系，确定贷款金额。另外，创业者要做好打"持久战"的准备，因为申请贷款还需要经过工商管理部门、税务部门、中介机构等许多关卡，手续烦琐，任何环节都不能出问题。

3.合伙融资

如果新创企业是合伙形式的，那么就可以通过合资来获得企业的首笔资金。合作伙伴之间还可以实现优势互补和人脉资源整合，实现新创企业健康快速的发展。该种融资方式的风险存在于财务和管理两方面。因为合伙企业是无限责任制的，一旦公司出现危机，合伙人必须以全部财产按比例承担责任，这样的条件必然会让初出茅庐的大学生望而生畏。此外，合伙人之间的协调十分重要。创业大学生往往都是一腔热血，有自己的创业理念，这就导致合伙人之间很容易出现摩擦。一位大学生创业者在创业3年间合作伙伴换了又换，最终他得出结论，无论企业初创时有多少人与你并肩作战，在进入正式运营后，公司必须有一个最终决策人，否则极易造成公司管理混乱。

因此，在合伙创业开始之前，创业者要与合作者将权利、义务以及如何经营，如何获取投资收益，如何区分工资所得与股东权益所得等一系列问题谈清楚。合伙融资最应该注意的是合伙人之间是否具有相互信任的基础，如果仅仅是因为资金的缺乏而选择合伙，最有效的措施就是在合伙之前将所有可能发生的问题以法律合同的形式固定下来，以免不必要的麻烦。

知识拓展

利用商业信用筹资

商业信用是企业之间互相提供的、与商品交易直接联系的信用，它包括商品交易过程中各企业间发生的商品赊销、货款预付和借款等形式。

利用商业信用筹资也是以偿还和付息为条件的。但是，由于其商品形态的特点，因而商业信用筹资有一定的局限性。首先，商业信用筹资的规模受到提供信用企业本身所能支配的资金数量的限制；其次，商业信用筹资的范围仅限于有买卖关系的企业之间，由卖方提供给买方且只能用于商品交易。

因此，商业信用筹资不如银行信用应用得广泛，银行信用已渗透到社会的各个领域和所有单位。但是对于企业来说，通过商业信用筹资更为直接，凡是能通过商业信用来解决资金缺乏的问题，就不借助银行信用。

商业信用筹资的方式主要有向其他企业赊购商品及预收购货款或订金等，现分述如下：

首先，赊购商品。这是最为普遍的商业信用筹资形式，当某一企业要出售其产品，而另一企业又因资金周转困难而没有资金购买这些产品时，赊购方式就是一种对双方都有利的解决方法。对于购入者来说解决了资金紧张的问题，对于出售商品者来说扩大了商品的销售量，特别是对于一些滞销商品，赊购方式更为适用。大宗商品的购买采用这种方式的也较多，如购买房地产及成套设备时的分期付款就属于这种筹资方式。

其次，预收购货款。它是指产品的生产者在生产产品之前预先收取一定比例或全部货款。从事于紧俏商品或专业性很强的大宗商品者一般可以采用这种方式。预收款有的要付息，有的不要付息，付息的利率高低也有所不同，如生产成套设备、房地产的经营、船舶的制造，由于专业性强、生产周期长，一般都要预收货款，一方面作为企业的周转资金，另一方面也作为订金以保证合同的履行。

最后，企业之间的资金借贷。企业之间直接进行的资金借贷也属于商业信用范畴。这种信用一般是在相互联系或有特殊关系的企业之间进行的，如主要企业对为其生产配件的企业提供资金，扶助其生产，以保证供货。这种资金的借贷风险性很大，但是，由于不通过银行的中间环节，贷款的利率较低，这一筹资方式对筹资者较为有利。现在，类似这类的资金借贷多采取信托方式，贷出的企业通过信贷机构将资金贷给另一企业。

案例分析

内源融资更需重视

美美科技公司陈总最近正为缺钱着急，依据公司财务预算，要实现更大宣传效果、打造品牌效应、扩大市场份额的目标，需要再次投入300万元资金。可钱从哪里来呢？

美美科技公司是在全国拥有回医特色的中医养生美容连锁机构，在全国拥有近10家连锁加盟商，拥有自己专业的"减肥法""瘦脸技术"等多项独创技术。很多人在缺钱的时候，首先想到的就是向外部借钱，美其名曰为中小企业融资。

陈总刚开始也是这么想的，希望通过中小企业融资得到所需再投资的300万元资金。其实换一个思路考虑，企业经营的原始积累同样可以造就扩大再生产，只要解决好了源头问题，管理也可以出资金，我们不应忽略其巨大作用，这比外部中小企业融资来得更实惠，保障系数也更高，并且可以持续保持水流不断。何乐而不为呢？

通过了解，美美科技有限公司缺乏扩大所需资金的原因实际出在管理上。公司主要管理者陈总经常外出讲学，就其个人而言，已拥有很好的个人品牌。但是一个人的精力是有限的，陈总经常外出讲学，在其个人品牌上肯定是赚了，但这同时导致了他在公司日常经营管理中的精力投入则及其有限，疏忽了公司的经营管理，这才致使公司的经营效益没跟上。若这样继续恶性循环还可能亏损。

分析：从此案例可以看出该公司实际上犯了一个方向性错误，从客观上讲，公司其实并非差钱，而是差人的管理。笔者建议公司主要负责人陈总要倒转过来，调整战略，专心经营好公司，适当外出讲学，能不外出讲学最好不去。这也说明创业者不能三心二意，一定要全力以赴、破釜沉舟将全部精力投入到管理中。创业者钱多并没有用，有"人"才有用。就美美科技目前的情况来说，公司当下要解决的不是获得多少资金的问题，而是要加强管理，整合自身优势资源，以创造出实际的经济效益。

真实情境演练

评估创业项目融资优势

1.每个团队针对所熟悉的小企业采用的金融工具和融资方法,如租赁融资、应收账款质押融资、保理融资,从每种融资方式的概念、特点、适用情况,到操作程序及应注意问题,选择两个具体案例详细介绍与分析。

融资方法一:

融资方法概念

融资方法特点

融资方法适用情况

融资方法二:

融资方法概念

融资方法特点

融资方法适用情况

2.根据训练结果，写一篇不少于400字的训练总结。

网络情境演练

中国风险投资网（http://www.vcinchina.com/）是国内建立最早的风险投资专业网站，网站在深圳市政府、致公党深圳市委员会、深圳大学等多家部门的支持下建立，目标是打造中国第一的网上投融资交易市场，为广大融资企业和投资方建立一个方便、快捷的网上交易平台。网站开设的目的在于引导国内的风险投资行业朝良性方向发展，启发更多人参与到这个充满生机的行业中，为更多的创业者提供资金和发展机会。尤其是对大学生创业者来讲，帮助其对创业融资等有一个基本的认识，推动其创业活动顺利进行。

图书推荐

《世界十大富豪创业史》

作者：丁玎
出版社：中国市场出版社
出版时间：2006年2月
ISBN：978-7-8015-5938-8
开本：16开
装帧：平装

内容简介：

如果我们耐心地探索和研究世界顶级富豪们的创业史，就会发现，若要永久地与财富结缘，还需要与众不同的特质。他们对财富的认识毫不含糊，他们将财富作为一种事业的载体看待，他们对财富的态度非常明确，那就是一丝不苟且毫不居富自傲……所有这些正确对待财富的理念，使他们能够成为财富的真正拥有者。

这些财富英雄还具备超凡的综合能力，他们在制造与销售、组织与融资、发展和满足他人等方面，塑造了社会生活与文化。虽然有人没有读过MBA，甚至没有完整地念过大学，他们却领导着世界一流的企业，拥有最先进的技术、最科学的管理模式、最特色的经营方针、最顶尖的人才。可以说，他们身后的企业成长已与他们自身的发展融为一体、密不可分。

编辑推荐：

我们从《世界十大富豪创业史》一书中解读财富巨人们的经营管理理念、企业文化以及生存竞争的智慧，汲取可贵的营养，从而丰富我们的头脑，充实我们的心灵，拥有比财富更耀眼的人生光彩，开创美好的未来。与此同时，想要创业的大学生从本书中也可以汲取相应的经验，为未来的创业积累理论知识。

第五章　商业模式开发

当今企业之间的竞争,不是产品之间的竞争,而是商业模式之间的竞争。

——彼得·德鲁克

数不清的商业模式创新正在涌现,采用全新商业模式的新兴产业正在成为传统产业的掘墓人。

——亚历山大·奥斯特瓦德

> **导语**
>
> 时代在飞速发展,如今企业之间的竞争,已经不是产品的竞争、人才的竞争、营销的竞争、服务的竞争……而是商业模式的竞争。在这个时代里,谁能持续获得比同行更高的利润,谁就是真正的赢者,所以任何一个企业,尤其是对新企业来讲,更需要一种有效的赢利模式,只有这样,创业的梦想才有可能成为现实,只有这样,才能实现自我人生价值。

第一节　商业模式概述

一、商业模式的内涵及本质

(一)商业模式的内涵

商业模式是企业发展战略的战略,是企业为了取得最大化利润而制定的发展模式,也是衔接在企业发展战略、战略执行、企业发展技术和企业发展的资源组织配置的核心。一个商业模式的运行是否成功，关系着一个企业的发展战略能否落到实处。

商业模式是为实现客户价值的最大化，将企业内部运行的各关键环节要素整合起来，形成一个完整、高效率、具有核心竞争力的运行模式，令企业在竞争中持续实现盈利的目标。在战略和执行之间，商业模式作为企业经营的方法论，是企业参与社会竞争的立足点，决定企业的竞争能力和竞争潜力，决定企业发展的未来。

知识延伸

商业模式与企业战略的区别

商业模式高于并指导于"企业战略"，相比之下，"企业战略"更为短期与显性，"商业模式"更为长期与隐性。企业战略重目标，商业模式重路径、重布局。

例如，麦当劳公司2009年在中国的企业战略是门店数要达到1500家，要进入更多的三线城市，同时要推出咖啡这个新的产品挑战星巴克。这就是它的企业战略，放到哪里，它都愿意去宣传推广。

在过去的20年或在未来的20年，麦当劳的商业模式基本保持稳定不动，变化很小。如果不是花很多时间、精力去研究，是无法洞悉麦当劳的商业模式的，至少它不希望别人彻底把它的商业模式看透。

企业战略重的是目标，更加显性、短期，而商业模式重的是路径，重在怎么去实现这个目标，重的是布局，更加长期，所以，企业家在关注战略的同时，更要关注商业模式，因为它是战略的战略。

优秀的商业模式能带领企业制定出优秀的年度战略。很多人往往给战略卡个时间点，比如年度战略、3年战略、5年战略，能够超过这个时间去制定战略的，基本凤毛麟角，但是商业模式往往能够管控企业未来5年、10年甚至更长的时间。从这个角度来讲，商业模式的重要性不言而喻，我们首先应该解决商业模式的设计问题，再制定企业的战略方向和目标。

（二）商业模式的本质

从商业模式定义的讨论可以看出，商业模式本质上是若干因素构成的一组盈利逻辑关系的链条，是一系列制度结构和制度安排的连续体，其核心是企业组织的价值产生机制。制度结构的连续体意味着商业模式的本质属性就是创新和变革，必然存在动态连续的变革演进。

价值创造是企业组织存在的根本理由和发展的必要条件，也是经营活动的核心主题。

一般有三个来源，即组织自身价值链、技术变革和价值网络。

从静态来看，在组织自身价值链层面，商业模式从制度上决定业务流程，而业务流程又与信息系统密切相关，两者适应与否决定了组织能否实现价值预期；在技术层面，商业模式是技术开发与价值创造之间的转换机制，其成本收益结构也即决定了技术开发成本能够获取的价值收益；随着信息技术和电子商务的发展，组织边界日益模糊，大大增加了交易和协作创造价值网络增值的可能性。

从动态来看，上述三个方面是商业模式在特定时间和空间下的静态实现，但事实是今天的模式也许并不适用于明天，甚至成为发展的障碍。为了使企业组织获得长期的、韧性的核心优势，商业模式必须提供基于制度结构和制度安排的动态连续性，必须始终保持必要的灵活性和应变能力——动态匹配的商业模式才能获得成功。

二、商业模式与战略

随着中国市场和世界市场的经营环境变得越来越复杂，战略性地思考一家企业的定位，从而在竞争中取得成功变得越发重要。商业战略是所采取的旨在达成一项或多项组织目标的行动，其目标就是实现优于竞争对手的绩效和竞争优势。商业战略面向未来，把握企业的总体方向，聚焦于企业的远见和长期目标。

（一）商业模式与战略的联系

1.商业模式与战略具有相同的本质

商业模式与战略是不同的，它们的主要区别在于，商业模式是"价值创造"导向，战略是"建立竞争优势"导向。然而，从商业模式概念的递进过程可以看出，这两种导向应是相互依存和不可分割的。

从目前来看，国外对商业模式的定义大部分属于战略层面。"价值创造"导向是基于经济层面和运营层面的定义而对商业模式的定位，其中经济层面描述的是对企业价值的创造（包括成本控制和收入来源），运营层面描述的是对顾客价值的创造。这两个层面的定义未强调所创造的价值必须具有独特性，不可模仿、不可替代，缺乏这三个特点的价值是不可持续的，这样的商业模式无法持久，是不值得研究的。所以，商业模式的概念进一步发展，出现了战略层面的商业模式定义，即商业模式是符合以上三个特点的价值创造逻辑，能为企业建立竞争优势。可见，战略层面的商业模式的本质，是对能够获得竞争优势的价值创造活动的描述（经济逻辑、运营逻辑、战略方向分别描述了价值活动开展方式及其所遵循的战略原则）。

战略是通过对企业行为的谋划获取竞争优势，而竞争优势来自于企业价值链的某些环节，这些环节能够创造独特的、不可替代的、不可模仿的价值。可以看出，战略的本质是通过对符合以上三个特点的价值创造活动的规划,为企业赢得竞争优势。

通过以上分析可知,商业模式和战略的本质是相同的,从价值活动实施前的角度定义,它们都是对能够获得竞争优势的价值创造活动的规划或设计;从实施后的角度定义,它们就成了对带来竞争优势的价值创造活动的描述。

资料链接

商业模式类别与战略分类研究

把商业模式或战略分为不同的类别,目的在于强调企业行动策略的可选择性。在现有文献中,商业模式类别(子模式)研究为数众多。相比而言,战略分类研究则为数不多,经典的分类有Porter(1985年)的三大基本竞争战略(成本领先、差异化、集中化)、Miles和Snow(1978年)的四种战略类型(探索型、分析型、防御型和反应型)以及Mintzberg(1988年)对Porter三大基本竞争战略的拓展(把差异化战略细分为形象差异化、设计差异化、质量差异化、支持差异化和无差异五类)。除此之外,战略研究文献中还出现过价格与非价格竞争战略以及大、中、小企业战略等类型。相比之下,商业模式类型研究更加丰富多样,特别是互联网企业的新实践引发了更多的子模式研究,如关于电子商务商业模式的研究,很多商业模式很难按照以上战略类别来归类。正如Baden Fuller和Morgan(2010年)所指出的那样,商业模式分类是获取商业模式科学知识的一个重要途径,有助于我们更好地认识和理解复杂多样的商业现象。因此,商业模式类型学研究对战略分类研究是一种有益的补充和拓展,这也是体现商业模式研究价值的一个重要方面。

2.商业模式是对已实施的战略的描述,与战略在内容上高度一致

商业模式的内容可以通过其构成要素或三个逻辑层面来描述,构成要素和三个逻辑层面是完全一致的,它们可以归入不同的逻辑层面。

(1)商业模式是对已实施的战略的描述。我们将价值链上的价值活动方式作为中介(中间变量),来对商业模式和战略的内容进行比较分析。价值活动方式包含价值创造过程中所有的价值活动、结构及价值链中的伙伴关系。

首先,经济逻辑和运营逻辑是对战略措施体系的描述,它们是等价的。价值链各环节由企业的各种职能构成,职能战略是对价值链上所有价值活动的具体规划,实施后的(职能)战略措施体系直接表现为企业价值链上的价值活动方式。根据商业模式的定义,运营逻辑和经济逻辑是对价值活动方式的描述,所以,它们实际上就是对已实施的战略措施体系的描述。运营逻辑和经济逻辑是从已实施的战略措施体系(价值活动方式)中归纳而

来，是战略措施体系本身所具有的。需要说明的是，经济逻辑描述了企业在价值链环节上的盈利方式，而盈利实际上是对企业价值的体现或回报，所以经济逻辑可以看作是对企业价值的创造过程。经济逻辑和运营逻辑包含企业价值和顾客价值创造方式，是对战略措施体系的全面描述，所以它们是等价的。

其次，商业模式中的战略方向描述了战略原则。因为商业模式来自于对价值活动方式的描述和分析，商业模式中的战略方向必然从价值活动方式中得到。尽管价值链活动方式是对战略措施体系的直接体现，但企业战略、业务战略、核心竞争力又体现在战略措施体系上，所以，可以通过可视的价值链活动来察觉这些战略原则。通过对价值活动的分析可能无法察觉所有战略原则，但这并不影响战略方向与战略原则的高度一致性。

（2）商业模式和战略在内容上高度一致。因为商业模式是对战略的描述，两者在内容上必然一致。能够获得竞争优势的商业模式，包含三个方面的8个要素：价值定位（产品或服务内容、目标顾客、基本市场竞争战略）；价值创造和传递系统（资源和能力、价值创造过程、价值链中的定位）；价值获取（收入来源、企业经济）。以国美电器为例，其采购、供应、销售、人力资源管理等职能战略措施，都属于价值活动方式，它们构成了"价值创造过程"。国美在"价值链中的定位"是通过控制终端而占据价值链中的主导地位；产品和服务内容、目标顾客、基本市场竞争战略、资源和能力等要素可在国美的战略定位、低成本战略、核心竞争力等战略内容中完全体现。可以看出，商业模式的构成要素与战略内容一一对应且高度一致。

3.商业模式理论属于战略理论范畴

既然商业模式与战略在本质和内容上是一致的，商业模式理论必然属于战略理论范畴。明茨伯格等人将战略理论归为十大学派。其中，学习学派将战略视为一种模式，模式是对已实施的战略的描述。学习学派认为战略无法提前设计，只有根据变化的环境及不断的试错，即经历持续的学习过程，才能得到一个有效的模式。这些观点将商业模式理论与学习学派联系起来。由于竞争的强化和新技术的不断涌现，新的商业模式层出不穷，为了建立有效或更好的商业模式，不断地试错或学习也是不可避免的。然而，随着商业模式理论的发展，更多的战略理论，如核心竞争力、市场定位等被其吸纳进来，这些都是为了设计具有竞争优势的商业模式的需要，在直观的经济逻辑、运营逻辑基础上增加的。这使得商业模式理论与设计和定位学派等更多的学派产生了联系，并逐渐显示出与这些学派的理论的趋同。总之，所有商业模式理论内容均可从战略理论中寻踪溯源。

（二）商业模式与战略的区别

商业模式与战略的区别主要在于关于它们的理论侧重点的不同。

1.商业模式理论与战略理论研究的侧重点不同

由于新技术（如互联网）、新观念（如价值网络）的不断涌现，企业在制定战略措施体系时可以有更多选择，于是很多别具特色的（职能）战略措施体系应运而生。这引起了人们对战略措施体系及其所呈现的商业模式的研究的兴趣，商业模式理论的主要研究对象或侧重点就是这些别具特色的战略措施体系。

商业模式理论从战略制定的结果处开始研究，着重于对特定（属于某个企业的）战略措施体系的分析，归纳出其包含的各种内在逻辑特别是价值创造逻辑，不同的逻辑呈现出不同的商业模式。商业模式所包含的逻辑关系对企业构建具体的战略措施具有很好的指导作用，这是战略理论所欠缺的。战略理论从战略制定的源头开始研究，主要研究战略制定方法及形成过程，缺少对具体战略措施的研究。

因为战略理论缺少对具体战略措施体系内在逻辑的研究，人们并没有意识到运营逻辑和经济逻辑是战略措施体系本身所包含或应该包含的，所以往往认为商业模式和战略是两回事。

2.商业模式和战略在概念表述上不同

商业模式和战略由于理论研究的侧重点不同，它们在概念表述上自然也不同。商业模式从战略措施层面着手研究，所以在概念表述上，除了战略方向，还包含从战略措施体系中得到的经济、运营逻辑，这与战略的概念表述区别很大。特别是经济层面或运营层面的商业模式定义，不包含战略方向，让人觉得商业模式无任何战略意图。

3.商业模式理论拥有战略理论所不具备的特点

由于难以归类，商业模式常常通过案例来描述，如国美模式、京东模式等，这赋予了商业模式理论的具体性和形象性特点。这些特点使商业模式理论对管理者更具有指导性，更易于接受和产生兴趣。企业可以借鉴这些具体的模式来构建自己的战略措施。另外，由于商业模式的直观性，基于对商业模式的分析和创新可以更好地寻找企业核心竞争力来源。

4.战略理论的很多重要内容是商业模式理论所不具备的

战略理论的很多重要内容是商业模式理论所不具备的，如波士顿矩阵、SWOT分析等分析工具，并未出现在商业模式理论中，另外，很多战略学派的重要战略理论或观点也是商业模式理论所未涉足的。由于以上区别，战略制定过程中，企业应将商业模式理论与战略理论相结合。理论侧重点的不同，并不影响商业模式与战略在内容上的一致，只是内容的形成方法不同而已。

三、商业模式因果关系链条的分解

商业模式的价值主张、价值网络和价值实现等要素之间的不同组合方式形成了不同的商业模式。商业模式是企业创造价值的核心逻辑。商业模式的这一逻辑性主要发现在层层递进的三个方面。

（一）价值主张

明确价值创造的来源，这是对机会识别的延伸。创业者通过可行性分析所认定的创新性产品和技术，只是创建新企业的手段，企业最终的盈利与否取决于它是否拥有顾客。创业者在对创新产品和技术识别的基础上，进一步明确和细化顾客价值所在，确定价值命题，是商业模式开发的关键环节。

绕过价值主张的思维过程，创业者容易陷入"只要我们生产出产品，顾客就会来买"的错误逻辑，这是许多创业实践失败的重要原因之一。

资料链接

小米科技的价值链

小米的英文是"Mi"，代表着移动互联网（Mobile Internet），以手机作为搭载平台，围绕着小米开发的操作系统和应用，形成一个完整的价值链。

雷军的SoLoMo（Social Local Mobile）版图中，MIUI操作系统和这个系统所团结起来的近50万人的网络社区；"米聊"则是被寄予厚望的"熟人社交网络"手机聊天软件。米聊从最初只能发送文字信息的Kiki的复制品，发展成为现在结合WhatsApp和Talkbox，能够发送文字、图片以及语音对讲。"米聊"一开始就和基于QQ庞大用户的微信展开争夺；而移动、联通、电信三大运营商罕见地同时进入"手机对讲机"市场。基于通讯录的即时沟通软件，成为在短信和蓝牙之外，手机必备的功能，也是移动社区的雏形。

（二）价值网络

明确合作伙伴，实现价值创造。新企业不可能拥有满足顾客需要的所有资源和能力，即便新企业愿意亲自去打造和构建需要的所有能力，也常常面临着很大的成本和风险。因此，为了在机会窗口内取得先发优势，并最大限度地控制机会开发的风险，几乎所有的新创企业都要与其他企业形成合作双赢关系，以使其商业模式有效运作。

（三）价值实现

制定竞争策略，占有创新价值。这是价值创造的目标，是新创企业能够生存下来并获取竞争优势的关键，因此是有效商业模式的核心逻辑之一。许多新创企业是新技术或新产品的开拓者，却不是创新利益的占有者。这种现象发生的根本原因在于这些企业忽视了对创新价值的获取与实现。

价值实现的途径有两个方面：一方面是为新企业选择价值链中的核心角色；另一方面是对自己的商业模式细节最大可能地保密。对第一方面来说，价值链中每项活动的增值空间是不同的，哪一个企业占有了增值空间较大的活动，就占有了整个价值链价值创造的较大比例，这直接影响到创新价值的获取。对第二方面来说，有效商业模式的模仿在一定程度上将会侵蚀企业已有利润，因此，新创企业越能保护自己的创意不泄露，就越能较长时间地占有创新效益。

资料链接

养老产业的价值实现

亲和源养老产业项目是一个社区的概念，在养老产业的链条上首先选择的是养老地产和养老服务。

养老服务方面，传统养老机构采用的是将服务纳入自我运营的范围中，而亲和源是整合目前专业化程度较高、符合一定服务理念和标准的资源，组成服务平台。亲和源只是供应商的协调者。项目的运营完全是市场化的。把很多专业服务企业"拉下水"，建立起一个相对庞大完善的服务体系。例如，专业经营老人社区的美国爱玛客公司、提供餐饮服务的法国索迪斯公司、管理健身康体会所的香港美格菲，以及曙光医院、上海老年大学等都参与了亲和源搭建的服务平台。

养老地产方面，入住老人一次性交会费，通过合同拥有房子的使用权（没有买卖权），这些老人可以通过合同买现房屋使用权的转让、继承。但入住后每年还要缴纳3万~7万元的年费，并支付公用事业费和享受各项服务的费用。他们面向市场发行两种会员卡。银杏A卡，即一次性缴付卡费50万元永久使用并可继承、转让，然后每年支付1.5万~5万元年费（根据房型大小）；银杏B卡，即一次性缴付卡费35万~65万元（根据房型大小）供个人终身使用——然后每年支付2万元年费，如果未住满15年，可以折算到月按比例退回部分入会费用。

目前在养老模式、管理模式以及服务模式上的创新，是很多养老企业没有解决的难题，但是亲和源做到了。我相信，养老产业的盈利是一个长远的事情。

一个成功的公司能够找到一种为客户创造价值的方法，即帮助客户完成一件重要的工作，客户价值主张有独特的、可测量的、可持续的特征，正确地建构和传递客户价值主张能够为企业绩效做出重要贡献。价值创造的水平取决于目标客户对新任务、新产品或者新服务的新颖性和专有性的主观评价，即价值创造以客户价值主张为基础。同时，对于企业来说，价值创造过程和价值获取过程是不同的，企业创造的价值不一定能够被企业获取，价值获取过程也是企业商业模式的重要组成部分。因此，企业的主要目的是创造和实现价值，而客户是价值的决断者，客户价值主张、价值创造、价值实现构成了企业商业模式的核心内容。

价值主张、价值网络和价值实现是有效商业模式的三个逻辑性原则，在其开发过程中，每一项思维过程都不能忽略。新企业只有认真遵循这一原则，才能真正开发出同时为顾客、企业以及合作伙伴都创造经济价值的商业模式。

第二节　商业模式的设计与创新

一、商业模式的设计

（一）商业模式设计的思路

商业模式设计是创业机会开发环节的一个不断试错、修正和反复的过程。企业在进行商业模式设计时，必须分析自身的条件和外部的宏观环境以选择具体的模式。

1. 具体分析产业环境

企业所处的产业环境是影响商业模式设计的关键因素，当产业处于不同的发展阶段时，企业行为、产业结构以及市场绩效都不会相同，而且政府在各个时期的宏观政策也会不同，这些宏观环境都是企业进行商业模式选择时须首要考虑的问题。

2. 充分评估企业能力

企业的内部条件是商业模式设计的重要因素，因为任何商业模式的变革都是在企业核心战略指导下进行的，并以核心资源及内部流程重组为基础。因此，企业所处产业环境、企业内部流程变革的程度等因素是企业商业模式变革时考虑的首要因素。除此之外，还需高度重视消费者。

商业模式的设计是一种以市场为导向的创新活动，其本质特征有许多方面与消费者有关，如细分市场、产品定制等。商业模式设计要求企业充分了解自己的消费群体，为消费者创造最大的价值。商业模式设计过程中的环境分析和组织现状分析已经有很多研究工具，如SWOT分析法、波特五力模型。

3.商业模式设计的方向

美国麻省理工学院教授哈克斯和他的团队调查了美国上百家公司,提出了组织商业模式设计的三个方向。

(1)最佳产品模式

该模式的设计思路基于波特的低成本和产品差异化的战略选择理论。企业通过简化生产过程,扩大销售量来获得成本领先地位,或通过技术创新、品牌或特殊服务来强化产品某一方面的特性,以此增加顾客价值。

【小故事】

格兰仕的成本领先模式

广东格兰仕集团有限公司是一家全球化家电专业生产企业,是中国家电业最优秀的企业集团之一。格兰仕的核心竞争力归纳起来就是四个字:规模制造。

格兰仕进入微波炉行业始终坚持总成本领先战略,而它之所以如此频繁地大幅降价,就在于其成本比竞争对手低许多,有足够大的利润空间。

但从严格意义上讲,格兰仕是一个制造型企业,制造规模大,平均成本低。格兰仕曾分别进行的两次降幅在40%左右的大规模降价活动,都是基于规模制造的结果。但是格兰仕在1998年之后的降价风暴有减弱趋势,究其原因,是制造的规模越大,成本下降的空间就越有限,使得降价的潜在优势逐渐衰弱。

---

(2)客户解决方案模式

该模式的设计出发点强调经营战略定位的重心从产品向客户转移,强调给客户带来的价值,以及客户的学习效应,通过一系列产品和服务的组合,最大限度地满足客户的需求,或通过锁定目标顾客、提供最完善的服务,实施手段是学习和定制化。

(3)系统锁定模式

该模式设计视角突破了产品和客户的范围,考虑了整个系统创造价值的所有要素,这些要素中除了竞争对手、供应商、客户、替代品之外,还包括生产互补品的企业,通过联合补充商品厂商一道锁定客户,并把竞争对手挡在门外。

(二)商业模式的设计方法

1.全盘复制的方法

全盘复制商业模式的方法比较简单,即对优秀企业的商业模式进行直接复制,将较为优秀的商业模式全盘拿来为我所用，当然有时也需要为适合企业实际情况略加修正。全盘复制的方法主要适用于行业内的企业，特别是同属一个细分市场或拥有相同产品的企业，更包括直接竞争对手之间商业模式的互相复制。

在电子商务领域，亚马逊公司是电子商务企业中最早采取B2C商业模式的，这种模式具有独立的销售平台，具有成本低、容量大、长尾效益等优点，主要依靠销售商品及服务来盈利，解决了传统零售业面临经营成本偏高、店面过度膨胀、零售利润下滑、经营品种受限等问题。亚马逊公司的主营业务主要在美国，对中国市场并未涉及，这就给了中国企业复制并运用到中国市场的机会。当当网是国内最早复制亚马逊商业模式的企业并取得成功。当当网目前保持国内B2C的领先地位，在当当网之后，卓越网则基本复制了亚马逊和当当网的商业模式，当时也处于中国市场B2C第二位，等亚马逊想进入中国市场时，发现中国市场B2C市场已经被当当网和卓越网垄断，以至于亚马逊为进入中国市场只能直接并购卓越网。在中国网络游戏市场，各主要竞争对手之间的商业模式也是互相复制，盛大将网络游戏的商业模式改为免费游玩，各主要竞争对手随后复制。

全盘复制优秀企业的商业模式有两个注意点：一是需要快速捕捉到商业模式的信息，谁先复制就可能具备先发优势；二是主要进行细节调整，复制不等于生搬硬套，需要针对本细分市场或企业实际情况进行适应性调整。

2.借鉴提升的方法

（1）引用创新点

企业学习和研究优秀商业模式，对商业模式中核心内容或创新概念给予适当提炼和节选，学习这些创新点，比照本企业的相关内容，寻找本企业商业模式与这些创新点的不足。如果这些创新点能够比本企业现阶段商业模式中的相关内容更符合企业发展需要，企业就应结合实际需要将这些创新概念在本企业给予引用并发挥价值。引用创新点学习优秀商业模式的方法适用范围最为广泛，不同行业、不同竞争定位的企业都适用。在实际引用中主要取其商业模式较为创新的一个点，这个点一般会集中在盈利模式，当然，产品模式、业务模式、运营模式的创新点也会被广泛引用。

百度初始的商业模式是通过给门户网站提供搜索技术，获取服务费用，当发现给门户网站提供技术服务难以有较大发展时，百度对自己的商业模式进行了修正，通过出售应用软件与服务获得经济回报，这个商业模式帮助百度度过了艰难的创业期。但是这个商业模式目标人群较小，是对自我技术的出售，不可能做大主营业务和持续发展，百度需要找到能够快速发展和做大的商业模式。2001年，百度确定了现在的商业模式——基于竞价排名的网络推广方式，而这个创新是百度通过借鉴Overture公司的竞价排名，并将竞价排名作为自己的主要盈利模式，通过引用国外商业模式的创新点而使自己成功上市。

腾讯的商业模式是通过增加用户黏性，将长尾效应发挥最大价值，使用户自愿花钱购买腾讯的增值服务。在此指导思想下，腾讯实施混合业务，横跨多个业务领域，并不断借鉴行业内其他比较好的商业模式使旗下业务均能实现盈利。腾讯销售虚拟填充物和装饰品是最为成功的商业模式之一，这是复制一家韩国企业的商业模式。2002年，赴韩国考察当地互联网生态的腾讯员工，被一款名为Avatar的游戏在网络游戏中销售用户虚拟形象的做法触动，这名员工迅速将这个商业模式报告给腾讯总部，这种商业模式很快便在腾讯开花结果，比如，它的博客服务（Qzone）就是通过销售虚拟填充物和装饰品，成为国内最早盈利的博客产品。

虽然引用商业模式中的盈利模式对企业效益的提升较为明显，但是产品模式、运营模式、业务模式的引用也可为企业带来明显的价值，并提升企业的核心竞争能力和支撑盈利模式实施的能力，所以，企业需不断加强对产品模式、运营模式和业务模式的学习和优化，这点需要引起企业领导者的注意。

（2）延伸扩展

一个好的商业模式诞生后，会立刻被竞争对手进行如上文所说的复制，另一种复制模式则有可能另辟蹊径，并且有可能抢占相关市场的先发优势。具体做法是，通过对最新商业模式的了解，寻找使用这种商业模式的企业所在行业及细分市场，通过穷尽分析和专业分析找到同一行业内尚未开发的其他细分市场，将该种商业模式的主体框架率先运用在同一行业不同细分市场，使商业模式的应用范围不断扩展到其他细分市场，当然，商业模式在实际运用中需要针对细分市场进行优化和调整。这种学习方法的优点是借助商业模式的研究，寻找到尚未开发的其他有效细分市场，并有机会构建先发竞争优势，且使用范围更为广泛，并适用于行业内所有企业。如果行业外的企业想多元化发展，寻找新的业务发展机会，也可以直接复制或学习这种商业模式，使其顺利进入该行业。

【小故事】

腾讯改变商业战略，顺应互联网趋势发展

腾讯正式宣布，将进行公司组织结构调整，把原有业务系统变为事业群制，并成立腾讯电商控股公司专注于电商业务。

腾讯领导人在接受记者访问时表示，结构调整的三个总体目标就是：贴近用户、适应未来互联网发展的趋势、更好地实现与合作伙伴的双赢。

> 腾讯确立了微信成为与无线QQ分庭抗礼的产品平台，甚至提升到与QQ相同的地位。腾讯在过去几年一直在尝试业务突破，社交、搜索、视频、电商等业务获得大力拓展，但真正让腾讯领导眼前一亮的还是"微信"。
>
> 在移动互联网大会上，马化腾表示："在过去整整一年的时间，整个移动互联网收集短信发生了天翻地覆的变化，智能终端普及带来了以往时代完全不一样的格局。"此外，用户和互联网联结的时间大大延长，这带来了产业链的变化，这个产业链非常长，未来怎么样值得每个人思考。
>
> 在移动互联网的发展上，腾讯和大部分互联网企业进军手机制造的走向不同，它的策略是"提供可用于多平台、多种设备的应用"。

互联网产业开始时只有获取信息的功能，门户网站当时就满足了大众对于信息获取的需要，互联网后来又延伸出了人际沟通、休闲娱乐、电子商务等几大类其他市场。如果在门户网站盛行之时，将门户网站较为成熟的商业模式复制到其他几大类市场，就有可能构筑先发优势，也可避免2000年门户网站的寒冬。当然，延伸拓展的思路还可以在互联网行业几大类市场内不断细化，如电子商务后来又细分为B2B、B2C、C2C、行业电子商务等市场，如果我们在首先出现B2B的商业模式后，就通过拓展延伸的思维优先进入B2C、C2C等其他细分市场，同样能够取得更为明显的先发优势。当时只需将B2B的商业模式的主体框架略加调整，就极有可能获得成功，这就是淘宝网没有进入B2B市场和阿里巴巴直接进行竞争的高明之处。在传统行业，如产品日益趋同的饮料市场，各企业之间的商业模式基本一致，此时更看重商业模式在细分市场的复制。汇源首先开发了高浓度果汁，统一则延伸开发了低浓度果汁，农夫山泉依据品牌的高端定位开发了高端果汁，而康师傅专注于低价全系列低浓度果汁，业绩证明，果汁市场的延伸拓展思路均取得了较好效果。

延伸拓展具体实施时有两个难点：一是对细分市场的寻找和分析，如何能够找到尚未开发的细分市场；二是原则上进入同一市场内部不同细分市场的商业模式无须做较大的调整，但是如何依据细分市场特点做针对性调整和优化则是关键。

（3）逆向思维

通过对行业领导者商业模式或行业内主流商业模式的研究学习，模仿者有意识地实施反向学习，即市场领导者商业模式或行业内主流商业模式如何做，模仿者则反向设计商业模式，直接切割对市场领导者或行业内主流商业模式不满意的市场份额，并为他们打造相匹配的商业模式。逆向思维的学习方法主要适用于行业内的挑战者，包括处于行业内前五位左右的企业，或某细分市场的领导者。

互联网行业领导者微软公司的商业模式比较传统，主要是卖软件、产品以及许可证的传统商业模式，通过提供产品和技术赚钱。微软的主要竞争对手依据逆向思维的办法制定相反的商业模式，并借此打击微软的垄断定位。比如，谷歌等有实力的企业已经开始尝试在软件业实施开源软件，即消费者不再掏钱购买软件，为消费者免费享受软件打造另一种商业模式，以谷歌为代表的企业已经开始付出行动，并且在商业软件领域已经取得进展。与此相类似的是，中国360杀毒软件也在近期采用了开源模式，消费者可以免费使用杀毒产品，而360的商业模式转向为客户增值的个性化服务。

采取逆向思维的方式学习商业模式时有三个关键点：一是找到行业领导者或行业主流商业模式的核心点，并据此制定逆向商业模式；二是企业在选择逆向制定商业模式时不能简单追求反向，需确保能够为消费者提供更高的价值，并塑造新的商业模式；三是防范行业领导者的报复行动，评估领导者可能的反制举措，并制定相应措施。

3.整合超越的方法

（1）整合创新

基于企业已经建立的优势或平台，依托消费者对本企业的忠诚度或用户黏性，通过吸收和完善其他商业模式进行整合创新，使自己在本领域拥有产业链优势、混合业务优势和相关竞争壁垒。整合创新模式主要适用于行业领导者或细分市场领导者，其余企业尚不具备整合所需的各项能力和要素。

在传统行业，普通游乐园是通过建立游乐设施、出售门票等方式构建商业模式，而迪斯尼则在此基础上，利用世界各地的迪斯尼乐园建立的卡通形象的品牌力量，整合影视、图书、玩具、礼品、服装、商业地产等多种产品，通过品牌形象的多层次深入开发和利用，不但保持了迪斯尼的领先定位，而且实现了迪斯尼品牌在多领域的溢价和永续发展。在互联网行业，腾讯的商业模式造就了超高的用户黏性和超强的竞争壁垒，给它带来了巨大的流量，并借助长尾效应构建商业模式。腾讯顺势借助社区的黏性和流量朝着新闻门户、网络游戏和C2C电子商务三个方向渗透，力争成为中国最大的"在线生活"服务提供商，为更好地打造"在线生活"服务商的商业模式，腾讯从最初的移动增值服务，到后来的QQ秀、网络游戏，再到后来的QQ空间、QQ宠物、品牌广告，无一不是对商业模式的持续整合与创新，腾讯已经具有沟通、门户、商务、搜索和支付5类互联网业务的最佳组合，成为中国Web2.0的领导者。

企业采取整合创新的方式学习商业模式时，需要特别关注企业现有平台是否具备一定优势，能否承担整合平台的重任，否则，整合创新将失去基础，所以这种方法更多地被行业领导者或细分市场领导者所采用。

（2）颠覆超越

借助行业内技术更新换代的时机，围绕技术变革可能出现的新机会，对现有产品的商业模式进行颠覆性创新，打造适合新技术条件下，对现有产品产生替代作用产品的商业模式，使企业凭借新商业模式实现跨越式超越。实施颠覆超越的企业显然需要具备超强的技术研发实力，所以颠覆超越模式主要适用于行业内巨头级企业或在新技术背景下拥有核心技术的企业，普通企业即使明确知晓相关可能性，由于技术上的壁垒也很难实施。

实施颠覆超越学习方法，关键在于对技术未来发展趋势的准确判断，技术发展趋势的判断存在两个关键点：一是新技术是否会出现，当年长虹豪赌等离子产业，忽视液晶技术的替代可能，是其落败的主要原因，而3D时代也面临着专业应用领域向大众领域普及的诸多难题；二是新技术到底来自哪个方向，如果技术储备走错方向，则可能给企业带来不可估量的损失，如当年美国汽车工业将大型车和强劲动力作为产业方向，并依此进行技术研发，忽视了小排量车和经济车的技术开发，导致在油价高涨、金融危机的外部环境下，企业经营集体陷入困境。

二、商业模式的创新

商业模式创新是当今企业获得核心竞争力的关键。沃尔玛、亚马逊、Zara、Netflix、Ryanair航空和ARM等世界知名企业都是因为它们独特而具有竞争力的商业模式异军突起，在各自竞争激烈的行业成为领袖。在过去十年成功跻身于财富500强的27家企业中，有11家都是通过商业模式创新而取得成功。

虽然商业模式创新很重要，但挑战也很大。首先，商业模式是无形的，远不如产品创新那么具体，而且它是一个相对较新的概念。所以，围绕商业模式的讨论缺乏统一性和准确性，造成了很多认识上的误区。例如，有人认为它就是轻资产和取代产品创新的便利方法。事实上，很多总裁对本企业的商业模式都充分缺乏理解，更谈不上创新。下面探讨进行商业模式创新的逻辑及方法。

（一）商业模式创新的逻辑

商业模式创新涉及要素的新组合关系或新要素的增加。企业所处的价值系统面临着各种各样的变化，如技术变革、顾客需求、法律环境、社会环境和竞争压力变化，企业必须不断对自身所处的价值系统的不同环节进行整合，或者改变某些环节，或者改变它们的组合方式，以实现商业模式变革。只有这样，企业才能始终领先于模仿者，使自己处于更有利的地位。

在价值系统中，企业可以通过改变价值主张、目标顾客、分销渠道、顾客关系、核心能力、价值结构、伙伴承诺、收入流和成本结构等因素来激发商业模式变革。

> 课堂阅读

企业商业模式创新的价值链分析

许多国外学者在定义企业商业模式的时候，或多或少地提及到企业的价值链。Rappa（2004年）认为，商业模式规定了公司在价值链中的位置，并指导其如何赚钱，并进一步指出，商业模式明确了一个公司开展什么样的活动来创造价值、在价值链中如何选取上游和下游伙伴中的位置以及与客户达成产生收益的安排类型。Thomas（2001年）认为，商业模式是开办一项有利可图的业务所涉及的流程、客户、供应商、渠道、资源和能力的总体构造。Dubosson（2002年）认为，商业模式是企业为了进行价值创造、价值营销和价值提供所形成的企业结构及其合作伙伴网络，以及产生有利可图且得以维持收益流的客户关系资本。这些对企业商业模式的界定或是论述对我们使用相关的价值链理论解释企业商业模式创新有重大的启示作用。

按照波特的"价值链分析法"，企业的价值活动可以分为基本活动和付诸活动两类。其中，基本活动包括内部后勤、生产作业、外部后勤、商场营销和销售、服务五部分；辅助活动包括企业基础设施、人力资源管理、技术开发和采购四部分。

上述九种企业价值活动中又包含多种细分的价值活动和价值元素，从广义上讲，波特定义的企业价值链囊括了所有能够为企业创造价值的活动和因素，也包括企业组织结构、制度安排、价值理念和企业文化等。波特同时指出，供应商价值链、企业价值链、渠道价值链和顾客价值链构成了整个价值体系，即：企业价值链同时与上游的供应商价值链、下游的渠道价值链和顾客价值链相连，构成一条完整的产业价值链。

价值链理论是以企业基本价值链（波特定义的经典价值链）为基础，运用其在整条价值链上的不同变动方式及其自身基础价值活动的创新来解释企业如何实现商业模式的创新。

由于产业价值链涵盖了企业能够设计的所有价值活动，这种基于价值链的创新能够直观、清晰、全面地对企业商业模式创新进行理论解释。企业可以通过对价值链上的价值活动进行细分，清晰地识别出自身价值活动的优劣势，然后对其内外部价值活动进行优化、重组及创新，最终实现有效的企业商业模式创新。

从本质上讲，企业商业模式是通过对企业全部价值活动进行优化选择，并对某些核心价值活动进行创新，然后再重新排列、优化整合而成的。

关于企业商业模式创新的动力，学者们偏爱经济学理论的经典解释。在微观经济学的假设前提下，企业的最终目标是追求利润最大化，企业的任何行为都是实现其终极目标的铺路石。国内有学者认为，企业商业模式创新行为的内外在驱动力是获得企业经济租金。他们还通过对经济租金的挖掘，论证了"S租金"和"L租金"对企业商业模式创新的重要驱动作用。

"S租金"，即熊彼特租金，是企业通过新商业、新技术、新供应源和新的组织模式的创新来获得的企业经济租金。"L租金"是由企业及其员工系统地运用知识创造新知识的能力或能力要素所获得的一种经济租金，具有不可模仿、不易转移和集中在特定领域的特征。从"S租金"的定义可以清楚地看出，"S租金"恰恰是通过基于价值链创新的企业商业模式创新来实现和获得的。企业进行新商业、新技术、新供应源、新渠道、新营销和组织结构的创新，这正是价值链创新的一部分内容，也可以说是企业商业模式创新的部分内容，事实上，企业商业模式创新的终极目标就是追求经济租金。

企业商业模式可能在一段时间内保持相对稳定，但在经济租金的驱动下，在外部经济、政治、文化和技术环境的影响下，企业商业模式创新会不断地演进。

1）由产业结构、产业吸引力和产业的进入退出壁垒等因素构成的企业外部竞争环境（经济环境）发生对企业不利的变化，企业将面临更大的竞争压力。许多企业都希望通过商业模式的创新将其市场竞争的相对劣势转化为相对优势，以重新获得有利的竞争地位。

2）技术环境的变化对企业商业模式创新也有重大影响。科技的进步，特别是信息技术革命，为企业商业模式创新提供了强大的技术支持。例如，互联网技术的产生使B2B、B2C等电子商务模式成为可能，从而为企业商业模式创新搭建必要的技术平台。

3）企业外部的政治环境、文化环境的变化也会对企业商业模式的创新产生一定影响。一国政策的改变，一个地区或民族的文化、风俗习惯、观念等的冲突，都会制约企业固有的商业模式特别是那些进行跨国经营的企业。因此，企业必须根据政治、文化环境的改变进行适当的企业商业模式创新。

当外部环境（经济、技术、政治、文化环境）发生新的对企业有影响（正、负两种影响）的变化时，在顾客价值的强力驱动下，企业开始寻求商业模式创新。

企业首先对自身现状和能力进行科学、全面、客观的分析，在权衡内外因素的基础上对竞争策略（短期战略）进行调整，而这种策略调整又恰好体现在价值链创新上，如企业的并购或剥离、目标市场的再细分和产品的核心多元化等。企业再对其价值活动进行优化整合，努力寻求一种最优的组合方式，这就促成了有效的企业商业模式创新的实现（这是一个不断进行评价和调整的复杂过程）。

企业通过商业模式的创新能够进一步巩固自身的核心能力体系，增强企业的市场竞争优势，进而实现企业的战略发展目标。同时，也实现企业为顾客创造价值的经营宗旨。当内外部条件再次发生关键性变化时，企业又开始进入新一轮的商业模式创新。通过这样周而复始的循环就形成了企业商业模式创新的不断演进。

（二）商业模式创新的方法

按照IBM商业研究所和哈佛商学院克利斯坦森（Christensen）教授的观点，商业模式就是一个企业的基本经营方法，它包含四部分：用户价值定义、利润方程、产业定位、关键资源和流程。

用户价值定义是为目标用户群提供的价值，其具体表现是为用户提供的产品、服务及销售渠道等价值要素的某种组合。利润方程包括收入来源、成本结构、利润额度等。产业定位是企业在产业链中的位置和充当的角色。关键流程包括企业的生产和管理流程，而关键资源则是企业所需的各类有形和无形的资源。

商业模式创新就是对企业以上的基本经营方法进行变革，一般而言，有四种方法：改变收入模式、改变企业模式、改变产业模式和改变技术模式。

改变收入模式就是改变一个企业的用户价值定义和相应的利润方程或收入模型。这就需要企业从确定用户的新需求入手。这并非市场营销范畴中的寻找用户新需求，而是从更宏观的层面重新定义用户需求，即深刻理解用户购买你的产品需要完成的任务或要实现的目标是什么。其实，用户要完成一项任务需要的不仅是产品，还有一个解决方案。一旦确认了此解决方案，也就确定了新的用户价值定义，并可依此进行商业模式创新。

国际知名电钻企业喜利得公司就从此角度找到用户新需求，并重新确认用户价值定义。喜利得一直以向建筑行业提供各类高端工业电钻著称，但近年来，全球激烈竞争使电钻成为低利标准产品。于是，喜利得通过专注于用户所需要完成的工作，意识到它们真正需要的不是电钻，而是在正确的时间和地点获得处于最佳状态的电钻。然而，用户缺乏对大量复杂电钻的综合管理能力，经常造成工期延误。因此，喜利得随即改动它的用户价值定义，不再出售而是出租电钻，并向用户提供电钻的库存、维修和保养等综合管理服务。为提供此用户价值定义，喜利得公司变革其商业模式，从硬件制造商变为服务提供商，并把制造向第三方转移，同时改变盈利模式。戴尔、沃尔玛、道康宁、Zara、Netflix和Ryanair等都是如此进行商业模式创新的。

改变企业模式就是改变一个企业在产业链的位置和充当的角色，也就是说，改变其价值定义中"造"和"买"的搭配，一部分由自身创造，其他由合作者提供。一般而言，企业的这种变化是通过垂直整合策略或出售及外包来实现。例如，谷歌在意识到大众对信息的获得已从桌面平台向移动平台转移，自身仅作为桌面平台搜索引擎会逐渐丧失竞争力，就实施垂直整合，大手笔收购摩托罗拉手机和安卓移动平台操作系统，进入移动平台领域，从而改变了自己在产业链中的位置及商业模式，由软变硬。IBM也是如此。它在20世纪

90年代初期意识到个人电脑产业无利可寻，即出售此业务，并进入IT服务和咨询业，同时扩展它的软件部门，一举改变了它在产业链中的位置和它原有的商业模式，由硬变软。甲骨文、礼来（EliLilly）、香港利丰和Meta（原Facebook）等都是采取这种思路进行商业模式创新。

改变产业模式是最激进的一种商业模式创新，它要求一个企业重新定义本产业，进入或创造一个新产业。例如，IBM通过推动智能星球计划和云计算。重新整合资源，进入新领域并创造新产业，如商业运营外包服务和综合商业变革服务等，力求成为企业总体商务运作的大管家。亚马逊也是如此，它向产业链后方延伸，为各类商业用户提供如物流和信息技术管理的商务运作支持服务，并向它们开放自身的全球货物配发中心，大力进入云计算领域，成为提供相关平台、软件和服务的领袖。其他如高盛、富士康和印度大企业集团BhartiAirtel等都在进行这类商业模式创新。

第四种方法是改变技术模式。正如产品创新往往是商业模式创新的最主要驱动力，技术变革也是如此。企业可以通过引进激进型技术来主导自身的商业模式创新，如当年众多企业利用互联网进行商业模式创新。当今，最具潜力的技术是云计算，它能提供诸多崭新的用户价值，从而提供企业进行商业模式创新的契机。另一项重大的技术革新是3D打印技术，一旦在应用方面成熟并商业化，它将帮助诸多企业进行深度商业模式创新。例如，汽车企业可用此技术替代传统生产线来打印零件，甚至可采用戴尔的直销模式，让用户在网上订货，并在靠近用户的场所将所需汽车打印出来。

课堂阅读

商业模式创新方法：价值链延展型创新

这种商业模式创新是在原有价值链的基础上，通过延长其两端的价值活动（按战略管理的说法是纵向一体化），即向行业价值链两端的供应商价值链、渠道价值链和顾客价值链延伸，或者在某些价值活动的横截面上延展同类价值活动（水平一体化或横向一体化）使企业价值链涵盖更多的价值活动，如并购同类企业以实现产品的相关多元化，从而获得成本领先和差异化优势。

因此，又可以将延展型商业模式创新分为纵向延展型商业模式创新、横向延展型商业模式创新和混合延展型商业模式创新。

1.纵向延展型商业模式创新

纵向延展型商业模式创新包含两种典型的模式，即前向一体化模式和后向一体化模式。

（1）前向一体化

前向一体化是将渠道价值链和顾客价值链IE的价值活动纳入企业价值链，成为企业从事的价值活动的一部分，从而消灭了中间商（企业外部的物流、代理商和零售商等），企业直接面对消费者组织销售，并将中间利润与消费者分享。

（2）后向一体化

后向一体化是将供应商价值链纳入企业价值体系中，实现企业原材料的自给自足，这可以节省大量的交易费用和采购成本，从而增强企业成本优势和盈利能力。

2.横向延展型商业模式创新

在横向延展型商业模式创新中最具代表性的是以产品相关多元化为基础，通过对相关价值活动进行优化整合而形成的企业商业模式。

3.混合延展型商业模式创新

混合延展型商业模式创新兼具纵向延展型商业模式创新和横向延展型商业模式创新的特点，既包含价值活动的纵向延伸，又包括价值活动的横向扩展。

延展型商业模式创新将原本在企业外部的价值活动纳入企业经营范围内。这不仅增加了企业的价值活动，而且扩大了企业与各利益方的关系网络，包括网络化价值链下企业间的合作关系，通过对其有效的制度安排和关系整合可以节省大量的交易费用（如信息搜寻成本、谈判成本），提高企业的整体反应效率，进而增强企业的整体竞争实力和盈利能力。

当然，无论采取何种方式，商业模式创新都需要企业对自身的经营方式、用户需求、产业特征及宏观技术环境具有深刻的理解和洞察力。这才是成功进行商业模式创新的前提条件，也是最困难之处。

知识拓展

ARM的商业模式

在智能手机大行其道的今天，ARM这个名字我们几乎每天都要见到或者听到几次，虽然名字如雷贯耳，但是很多人对ARM公司缺少基本的认知，它到底有多强大，以至于Intel在进军移动处理器市场上都要面临ARM公司的激烈竞争？

实际上，ARM公司很小，从其2016年Q1季度公布的财报来看，营收不过2.6亿美元，利润还不到9000万美元，这跟IntelQ1季度营收126亿美元、净利润20亿美元的规模差得太远了，就连NVIDIA甚至AMD的营收规模都要比ARM大得多。但是，ARM公司从另一方面来说又是非常强大的，它有超过1000家授权合作伙伴，每个季度出货芯片超过25亿片，在各种嵌入式处理器中是当之无愧的第一。现在随着智能设备的热销，ARM公司在消费级电子产品市场中也成为一哥，无论是苹果的iOS系统还是Google的Android系统，就连Intel最亲密的合作伙伴微软的WP系统中都使用ARM处理器，而在PC市场不可一世的Intel在智能设备市场的份额完全可以忽略不计。

ARM的神奇之处就在于此，自身规模非常小，但是独特的商业模式使得ARM的影响力遍及各地，四两拨千斤的运筹帷幄能力即便是Intel也不可小觑。凭借自身的优势，ARM甚至开始向低功耗服务器市场进军，ARM正在侵蚀X86的市场份额。

ARM公司的商业模型是非常独特的，至少目前跟PC市场有很大不同。在PC市场上，Intel主导着平台的发展，而且他们的产品通常也占据着最大的BOM物料成本，而智能手机和平板市场，主要处理器成本大部分都在整个设备的10%以内，通常来说，都是单位数的比例，例如，400美元的设备中SoC处理器售价通常在15美元，比例是3.75%。Intel的理论是超便携移动设备随着芯片复杂度的提升最终也会改变，但是到目前为止（或者未来一段时间内），市场依然需要不同的商业模型。

1. ARM是怎么运作的

前面已经说到了ARM是以提供IP授权为主要商业模型的，ARM也说自己能提供多种有弹性的授权类型，具体来说，有三种授权方式：处理器授权、POP以及架构授权。

处理器授权是指授权合作厂商使用ARM设计好的CPU或者GPU处理器，对方不能改变原有设计，但可以根据自己的需要使用。举例来说，三星的Exynos 5octa使用的是四个Cortex-A7和四个Cortex-A15处理器，这就是处理器授权。ARM会提供一系列指导确保用户使用他们的设计，但是最终产品的频率、功耗之类的还要靠厂商自己的团队。

POP（Processor Optimization Pack，处理器优化包）授权是处理器授权的高级形式，如果合作伙伴的团队驾驭不了ARM处理器，那么ARM也可以向你出售优化后的处理器，这样用户就能在特定工艺下设计、生产出性能有保证的处理器。在Cortex-A8时代，三星以及苹果的团队就能比其他公司研发出更好的处理器，但是不是所有的公司都有这样的能力，所以POP授权对这些有心却无力的公司来说更适合。

ARM发布的Cortex-A12架构就是在GF以及TSMC的28nm工艺下的一种POP授权方式。最后一种授权方式是架构授权，ARM会授权对方使用自己的架构（ARMv7或者ARMv8），然后对方可以根据自己的需要来设计处理器，这就是高通Krait处理器使用的授权方式，苹果目前的swift架构也是如此。这些处理器跟ARM自己设计的Cortex-A15处理器是ISA兼容的，但是有高通、苹果自己的实现方式。

这种授权中你会得到一些指导以及一系列测试来验证与ARM ISA的兼容性，ARM会提供一些帮助，但是不可能帮你设计、开发自己的处理器。

2.ARM是如何赚钱的

Intel、AMD和NVIDIA都是靠出售处理器过日子的，ARM不出售任何处理器，主要靠的是技术授权费和版税提成，厂商都要交这两笔费用，这二者在不同的处理器架构中的比例也不同。技术授权费依据芯片架构复杂度收费，老旧的ARM11要比最新的Cortex-A57便宜得多。

技术授权费一般在100万～1000万美元，当然，实际情况可能会比这两个数据更高或者更便宜。

版税提成是按比例来的，典型的比例是1%～2%，如果这家公司的芯片是对外销售的，那么数值则容易计算，如果对内销售（如三星自产自销），那么版税比例也要根据市场应有售价来算。

3.授权类型

虽然前面已经讲了ARM公司三种主要的授权类型，不过ARM提供的授权是系列的种类繁多。

学术授权（Academic Licenses）是免费的，不过你不能出售任何设计的处理器，但是在大学或者研究所里用来学习架构还是不错的。Design Start也是一种低成本的授权选项，当然你也不能出售设计的芯片来盈利。

对于那些只需要单一使用的场合，ARM提供了Single-Use授权，通常的Cortex-A级别CPU授权只需100万美元和2%的提成。MuTII-Use对大公司来说则很有意义，虽然需要付出更多的授权费，但是你可以在一定期限内（如3年）在任何产品内使用CPU授权，除非授权到期，否则你是可以在任何产品上都能随意使用的。

订金授权（Subscription License）是几种授权方式中最有趣的一种。客户公司可以自己花一笔钱在ARM那里购买到一整套授权，这种授权适合那些不需担心预算的工程经理开展一个新的芯片研发计划，当然代价就是花钱多，技术授权费在1000万美元量级。

另外，要提的就是ARM公司选择的三个早期合作开发伙伴。由于ARM公司自己不出售任何芯片产品，它需要确保每一代产品中都有合作伙伴发布基于ARM最新、最好的架构的处理器，因此，他们会选择三家厂商亲密合作，选择这些厂商的目的就是与他们一道扩大市场，我们趋向于关注高端智能手机/平板SoC处理器，但是ARM也找到了他们在工业应用、数字家庭、智能电视以及其他市场的优势。选择的三家合作厂商可以比其他授权厂商获得更早的处理器架构信息，他们帮助测试及debug，甚至直接向ARM反馈，获得的好处就是能比其他公司有更好的市场优势。

4.ARM的市场份额

2012年，ARM授权芯片出货量为87亿，根据不同的市场，ARM所占的份额也不同，不过在移动设备领域占据了超过90%的份额，家庭设备中的机顶盒、数字电视也有45%的份额，数码相机中有80%的份额。

ARM还在不断增长中，2017年授权出货量达410亿，其中智能手机出货量为17亿，每个设备中有3~5颗ARM芯片，仅智能手机处理器所用ARM芯片就高达68亿，年复合增长率为20%。

总之，ARM本身不销售任何处理器产品，他们主要靠提供IP授权及抽取提成来运营，处理器公司可以借此快速推出集成ARM IP授权的产品，而且这种方式的好处之一就是降低了芯片的成本（注：这也跟ARM处理器的芯片复杂度较低有关）。

案例分析

三星的创新模式

以贸易起家，曾辗转制糖业、纺织业的三星在彻底转型做电子产品时一度成为"山寨"的代名词。没有革命性的新产品，但三星的产业组合及商业模型使它能把别人的技术引为自身的创新推动力。

三星电子公司不是一个纵向结构公司，它的半导体产品不只供给自己的电子产品，而且也卖给自己电子产品的竞争对手；它的半导体产能也提供生产外包服务；它的LCD也不只供应自己的TV；个人电脑、智能手机及其他电子产品也卖给个人电脑、智能手机及电子产品公司，这样一来，它起了组合下游资源的作用，来做成半导体及LCD生产的规模经济。

三星的电子产品不只用自己生产的组件，有时它也向生产组件的竞争对手购买，组合上游资源来开发多类的电子产品，做成了多样经济。而且以数码为根基的电子产品通常都有通用配件，拥有配件越多，便能越快通过不同组合发展各种功能的产品，这也使三星形成了很强的有创意的模仿能力。当市场上出现一个很受欢迎的产品时，它可以很快地推出相似但有新价值的产品，Galaxy便是最好的例子。

通过组合上下游资源，三星电子公司以"领导数码革命"的新理念价值来推动源创新，促使三星电子公司成为一个两面市场平台：一面是电视、电脑、通信及消费电子产品；而另一面是半导体及LCD组件产品。加上三星电子公司也参与这两面市场，不断以流创新来支持它的源创新平台，这就加强了这两面的正向网络效应，使三星电子公司能够落实"领导数码革命"的新理念。

虽然从表面来看，它不像苹果那样拥有iPad、iPhone等革命性的新产品，但它的产业组合及商业模型使它不只直接享受到苹果式的成功，而且能把苹果的成功引为自身的创新推动力。这与中国太极学说相似，也比较容易被中国企业理解及仿效。

但仿效的重点不是抄袭三星电子公司的产业组合及商业模型，而是以自身的核心能力为支点，考虑如何找寻及把握机会，进入适当产业，而通过产业组合及商业模型建立一个两面市场商业模型来推动创新的新理念。

分析： 从此案例中我们可以得出，三星之所以能发展到今天，不单单是其模仿能力的高超，更为重要的是其产业组合和商业模型能吸取别人的技术，并在此基础上加以创新，也是其发展的源源不断的动力来源。三星的商业模式之所以如此具有吸引力，在很大程度上取决于其本身具备的创新能力，这种创新能力与其商业模式紧密结合在一起，并及时把握住每一次机会，逐步建立起一个具有两面市场的商业模式，也是三星发展到今天的助推力，这也是今天很多初创企业发展可以借鉴的一点。

真实情境演练

商业模式的张力训练

假设你是一名创业者或是转型企业家，你在设计和创新商业模式时，可以通过调查你所在行业的竞争环境来认真思考以下5个问题，即哈佛商学院知名战略学教授迈克尔·波特的"竞争五力模型"，以此来检测一下你的商业模式的张力。

1.你所在行业竞争者的竞争热度和力度。

2.你所设计的产品，在市场中存在哪些威胁？

3.在价值链相关环境议价的能力有多强？请运用商业模式的知识，具体说明。

4.你当前的目标客户议价能力有多强？

5.其他正在进入这一行业的竞争力量有哪些?你又该采取哪些措施让自己的企业变得强大呢?

网络情境演练

　　创业微课(http://www.iqiyi.com/)是由创业教育的先行者蒙代尔国际企业家大学联合新华都商学院,开发的面向广大创业者的网络教育课程体系。由于时代不断发展,大众创业、万众创新已成为发展的热潮。但有很多创业者的生存状况不理想,不少创业者热情有余而准备不足,对于创业缺乏系统性学习。创业微课便在这种现状下应运而生。这一课程向创业者提供低成本、适合不同创业特点的实用创业知识,帮助新企业创业者思考和解决创业生存期的各种问题,使新创企业活得更久、更好。本课程重点讲述了商业模式对于企业发展的重要性,如何制定商业模式以及制定商业模式过程中要注意的问题,可能会导致的结果等,助力创业者更好地规划商业模式,健康快速地发展。

图书推荐

《认识商业》

作者：［美］威廉·尼科尔斯/詹姆斯·麦克修

译者：陈智凯/黄启瑞

出版社：世界图书出版公司

出版时间：2009年10月

ISBN：978-7-5062-9531-4

开本：16开

装帧：平装

内容简介：

《认识商业》是全美高等院校采用量最大的商业入门教材，出版之后，在西方国家长销不衰，并被全球几百所大专院校列为企业管理课程、MBA教程的必选教材。历经7次修订，作者通过各种渠道征集大量学者、教师和学生对本书的反馈意见，以脚踏实地的教学实践检验本书的结构性和条理性，堪称一部真正的动态式教学讲义。

本书包罗商业万象，从商业管理、人力资源管理、营销学，到决策制定、财务管理等，娓娓道来，清晰透彻，引领读者全面掌握商业管理和运作知识。书中所设各种专栏贴近现实，采用众多著名企业及企业家的真实案例，特别是"中国视角"引入中国的经验与故事。全书紧扣时代脉搏，延伸了读者的视野、启发了他们的思考。

本书有助于职业经理人审视自身定位，有志创业者认清机遇与风险。无论是进修商业的莘莘学子，还是沉浮商场的企业人士，均可通过这本书提高自己的商业竞争力！

编辑推荐：

《认识商业》一书诠释商业用语，开拓职场视野，商业知识的全方位博览。从经济周期循环到产品营销的不同方法，再到管理员工的形式、融资的注意事项甚至贷款申请表的格式，一应俱全。读者可获得商业知识直观而整体的认识，并找到自己职业前途的定位和方向。

本书是作者三十年智慧与经验的提炼，动态教学方法的最完美呈现。本书的独特之处在于，作者通过各种渠道征集大量学者、教师和学生对本书的反馈意见，以脚踏实地的教学实践检验本书的结构性和条理性。本次修订第8版，更是海纳500多位教师和数百位学生参与了各阶段的研究与写作，堪称一部真正的动态式教学讲义。

本书也紧跟时代变化，风格深入浅出，充分贴近生活实际。本书没有繁复晦涩的概念定义，没有让人头晕脑涨的数据，用深入浅出的笔法讲解容易被忽视的细节问题，从不同角度带领读者对企业管理产生全新的认识与了解。细微之处如穿着打扮、预防诈骗、商品广告等，本书都给予了建议和指导。

第六章 制订创业计划书

与其让别人掌握你的命运,不如自己来主宰。

——杰克·韦尔奇

创业计划书是创业者扣响投资者大门的"敲门砖",对于正在寻求资金的风险企业来说,创业计划书就是企业的电话通话卡片。

——张小强

导语

古人云:"兵马未动,粮草先行",创业更是如此。创业者如果在创业前能够根据自身的实际情况拟订一份周详且可行的计划书,将有助于创业者在今后的创业过程中把握正确的方向,以便于能够更好地规避各种创业风险,与此同时,还能最大限度地获得外界的帮助。因此,对于经验较少的创业者来说,首先就要对自我有一个准确的认识,在此基础上,制订一份详细的创业计划书并进行撰写,为成功创业做好充分的准备。

案例导入

"和谐绿色饭馆"创业计划

1.创业目标

发展以"和谐社会"为注册商标的餐饮品牌,利用合理有效的管理和投资,建立一家大型绿色餐饮连锁公司。

2.市场分析

随着经济水平快速稳定增长,城乡居民收入水平明显提高,餐饮市场表现出旺盛的发展势头。目前,我国餐饮市场中,正餐以中餐为主,西餐逐渐兴起;快餐以西式快餐为主，肯德基、麦当劳、必胜客等是市场中的主力，中式快餐已经蓬勃发展，但当前尚无法与"洋快餐"相抗衡。相比洋快餐专业化、品牌化、连锁化的成功营销模式，中式餐饮发展显然略逊一筹，如何占领更大份额的市场，是我们需要解决的问题。

目前，人们对自身健康及食品安全关注的程度逐渐提高，而长期食用油炸、高热量为主的洋快餐会导致肥胖等问题曝光后，饮食安全成为一个热门话题。如何为消费者提供放心安全的饮食，成为餐饮业今后发展的主题。可以预见，运用环保、健康、安全理念，倡导绿色消费将是今后餐饮业的发展趋势。在未来几年内，我国餐饮业经营模式将多元化发展，国际化进程将加快，绿色餐饮必将成为时尚，这无疑给投资绿色餐饮业带来了契机。

3.实施方案

（1）绿色餐饮服务业的模型

以顾客为中心，服务周到，以顾客满意为目的，笑脸迎宾，以诚待客，积极倡导绿色消费，通过使顾客满意，最终达到公司经营理念的推广。

（2）目标市场的定位

中高收入者能接受的餐饮业。顾客群：个体私营业主＋白领＋其他。

（3）市场策略

生产工业化、产品标准化、管理科学化、经营连锁化的经营管理策略。例如，员工的服装要富有朝气，整齐划一，连锁企业内部管理和总公司要保持统一。

绿色餐饮是指食物种养、生产加工、物流配送、餐桌消费及服务环境整个产业链条中的每个环节都处于一种天然、安全、无污染的状态。在采购过程中，首先要会识别源头原料、自然无污染原料、绿色食品原料，杜绝采购被污染或腐败变质的原料。另外，还有餐饮公司形象策略。在位于商业区、旅游景点区的餐厅充分显示本公司绿色、清洁、卫生、实惠、温馨的形象。请专业公司为我们制订一套广告计划，从公司的特点出发，力求打造自己的个性。

4.投资计划

"由点做起，辐而为面。"立足于一个地区的目标消费群，选择好几个经营网点后同时"闪亮全登场"。以后再根据发展状况，辐射全国经营。

发展初期，积极引导顾客绿色消费，使其成为稳定的顾客消费群体。要根据人口流动密度、居民收入水平、实际消费等因素，在商业区、购物区、旅游区和住宅区等地开展经营。

5.投资收益

以"不仅是利润，更是服务和问候"作为公司的经营原则，希望公司成为优质服务和行业健康发展的代表。我们相信，只有在一种理性的经营思路下不懈地坚持，才能获得大家希望的多赢局面，从而在总体上促进绿色餐饮的形成和发展。

6.品牌效益

随着中国政府构建社会主义和谐社会的提出,"和谐社会"已经成为一个醒目的新词汇,这无形中提升了"和谐社会"四个字潜在的商业价值。绿色餐饮的目的是使消费者得到安全、健康的服务,创造出人类与自然环境和谐相处的新模式。

案例思考

1. "和谐绿色饭馆"创业计划能实现吗?为什么?
2. 如果你是一名创业者,该如何撰写创业计划书呢?

第一节　认识创业计划

一、创业计划的概念与特征

(一)创业计划的概念

创业计划可以意指为商业计划,是创业者在初创企业成立之前就某一项具有市场前景的新产品或服务,向潜在投资者、风险投资公司、合作伙伴等游说以取得合作支持或风险投资的可行性商业报告,用来描述创办一个新企业时所有的内部和外部要素。创业计划通常是各项职能如市场营销计划、生产和销售计划、财务计划、人力资源计划等的集成,同时提出创业前三年所有中期和短期决策制度的方针。

知识延伸

准备创业计划时要做什么和不做什么

要做的事

(1)让所有管理团队参与创业计划的准备。

(2)计划要有逻辑、完整并且有可读性,还要尽量简短一些。

(3)要投入大量时间和一定的资金来准备该计划,以此表明对企业的责任心。

(4)描述关键性的奉献和假设,说明为什么在这些情况下还可以创办企业,应该怎么办。

（5）揭示并讨论企业汇总的所有现存问题或潜在问题。

（6）确定几种可选择的融资源。

（7）要记住计划不等于事业，实施比计划的价值高很多。

（8）一定要把接受订单和客户放在首位，即使那意味着你必须推迟计划的撰写，因为订单和客户将产生结果为正的现金流。

（9）知道你的目标投资者群（比如，风险投资家、天使投资者、银行或租赁公司）以及他们真正想要的和不想要的，并相应地修改你的计划。

（10）要将比较客观的市场和销售预期值作为财务报表的假设条件，而不是反过来做。

不要做的事

（1）管理团队汇总不要有无名的神秘人物。（比如，"G先生"，现在是另一家公司的财务副总裁，以后将加入你的公司）

（2）不要讲模棱两可、含混不清和不能肯定的话，比如根据团队想达到的生产量来估计销售量。

（3）不要用行话来描述技术产品或制造过程，或用只有专家才能理解的方式来描述，因为这会限制所有人对创业计划的理解。

（4）不要把钱花在制作漂亮的小册子、精美的幻灯演示或其他方面，相反，只要显示"本质内容"即可。

（5）当你能签单收现金时，不要把时间浪费在撰写计划上。

（6）在你只是和人握了一次手或达成口头协议，但钱并没有进你的银行账户前，不要假定你已经做成了一笔买卖。（只有当支票兑现的时候买卖才能做成！）

创业计划书的编写一般是按照相对标准的文本格式进行，是全面介绍公司或项目发展前景，阐述产品、市场、竞争、风险及投资收益和融资要求的书面材料。有了一份详尽的创业计划书，就好像有了一份业务发展的指示图一样，它会时刻提醒创业者应该注意什么问题，规避什么风险，并最大限度地帮助创业者获得来自外界的帮助。

（二）创业计划的特征

创业计划的特征主要体现在以下几个方面。

1.它一定涉及未来，因而应具有预见性

无论个人或组织，我们都必须在对未来进行充分预估的基础上行动。因此，运用科学的方法对未来进行预测，应是计划的一个基本组成部分。这些预测按内容分类，包括国家宏观经济前景及变动预测等。正确的预测将有助于创业者免于掉入灾难的陷阱。

2.它一定涉及行动，因而需要有可行性

创业就是行动，没有具体的行动，创业就是一句空话，所以，创业计划又可称为创业行动计划。它既指出了所要达成的目标，又指出了所要遵循的路线、通过的阶段和所使用的手段。因此，如果失去了可行性，就会失去指导行动的功能。

3.它一定涉及许多复杂的环境因素及其变化，因此应具有灵活性

创业者受自身知识结构、所获信息数量和质量及思维的限制，完全准确地看清未来是不可能的，因而对于不确定的未来，创业计划应是相当灵活的，能根据人们认识的深化而调整。越是在计划中体现灵活性，由偶发事件发生所造成损失的风险就越小。另外，针对创业的不同阶段，对计划的要求是不同的。一般来说，在创业初期，要求计划更具有指导性；在创业成长期，要求计划更为具体和详细；在创业成熟期，要求计划更长期和具体。

二、创业计划的作用及分类

（一）创业计划的作用

一个标准的创业计划至少包括以下三方面作用。

1.帮助创业者自我评价，厘清思路

在创业融资之前，创业计划书首先应该是给创业者自己看的。办企业不是"过家家"，创业者应该以认真的态度对待自己所有的资源、已知的市场情况和初步的竞争策略做尽可能详尽的分析，并拟订一个初步的行动计划，通过创业计划书使自己心中有数。另外，创业计划书还是创业资金准备和风险分析的必要手段。对初创的风险企业来说，创业计划书的作用尤为重要，一个酝酿中的项目往往很模糊，通过制订创业计划书，把正反理由都书写下来，然后逐条推敲，创业者就能对这一项目有更加清晰的认识。

2.帮助创业者凝聚人心，有效管理

一份完美的创业计划书可以增强创业者的自信，使创业者明显感到对企业更容易控制、对经营更有把握。因为创业计划书提供了企业全部的现状和未来发展的方向，也为企业提供了良好的效益评价体系和管理监控指标。创业计划书使得创业者在创业实践中有章可循。

创业计划书通过描绘新创企业的发展前景和成长潜力，使管理层和员工对企业及自身的未来充满信心，并明确要从事什么项目和活动，从而使大家了解将要充当什么角色，完成什么工作，以及自己能否胜任这些工作。因此，创业计划书对于创业者吸引所需要的人力资源，凝聚人心，具有重要作用。

3.帮助创业者对外宣传，获得融资

创业计划书作为一份全方位的项目计划，它对即将展开的创业项目进行可行性分析的过程，也在向风险投资商、银行、客户和供应商宣传拟建的企业及其经营方式，包括企业

的产品、营销、市场及人员、制度、管理等各个方面，在一定程度上也是拟建企业对外进行宣传和包装的文件。

知识延伸

基于创业计划的会谈技巧

投资者在决定是否投资之前，通常会采用会谈的方式，对创业项目和创业者作进一步的了解。一般情况下，接到创业者提供的创业计划书之后，投资者需要花费几周的时间作出反应。如果投资者经初步审查创业计划书等文件后认为其有一定的投资价值，就会决定与资金申请者进行会谈。会谈通常会围绕创业计划进行，通过会谈投资者不但要获取更多关于投资项目的信息，同时还要对创业团队进行面对面的考核，因为投资者根据创业计划书所形成的初始投资意向，是会随着会谈过程的发展而变化的。所以，创业者一定要给会谈高度重视，争取通过会谈最终达到融资的目的。

1.形成良好的第一印象

与投资者首次会谈通常需要1~5小时，具体时间长短依讨论问题的深度、广度而异。平均看来，会谈的时间大约2小时。在会谈过程中，对方将以企业家的标准分析你的个性，考核你的能力。大多数投资都认为，创业者给他们的第一印象具有决定性意义，如果第一印象不好，双方的接触很可能就此终止。那么，怎样才能让对方形成良好的第一印象呢？得体的穿着、礼貌的行为、诚恳的态度是最基本要求。

2.会谈要围绕创业计划书进行

会谈要始终围绕创业计划书进行，不要漫无目的地夸夸其谈。某些创业者认为自己应向对方出具大量资料和图表，而不认真考虑这些资料的必要性，甚至对所带资料缺乏深入的了解，以致当投资者问起时而不能给出满意的回答。所以，一些资深投资人建议，会谈前一定要围绕创业计划书涉及的内容进行充分准备，会谈要始终围绕创业计划书进行，如果你有产品模型或样品，一般可以随身带去，多余的东西最好不要带，否则会给自己带来意想不到的麻烦。

3.不要过分自夸

许多创业者认为，会谈的机会非常难得，应该在有限的时间内，尽可能通过自己的表达打动投资者。基于这种考虑，创业者为了激发投资者的兴趣，往往特别健谈，甚至会不由自主夸大自己的项目优势。其实这种时候，创业者一定要注意"言多必失"，一定要尽量避免提及自己在将来的宏大计划，更不要提及在创业计划书中并没有说明的那些新产品。应该知道，"过分地自夸只会让人感觉你是一个梦想家或是一个眼高手低的人。"这是一位风险投资家对创业者的忠告。

4.展示你的热忱和激情

创业是一件非常艰苦的事情，只有充满热忱和激情的人，才能取得创业成功。事实上，投资者在考察创业者时，除了希望对方专业、智慧，具有完成创业项目的知识和能力外，还希望对方具有坚定的信念和乐观的精神，并且对自己的事业具有火一样的热情。所以，笔者提醒创业者不要过分自夸，并不是要其沉默、低调，而是要其实事求是地展现自己和自己的创业项目。同时还要注意，在会谈过程中，创业者就像一个推销员，在向投资者推销创业项目的同时也在推销自己。而一个对自己的创业项目都缺乏热忱和激情的人，投资者怎么可能为你投资呢？

5.表现出真实的自己

在双方会谈过程中，还要注意你表现的是你自己，不要企图把自己伪装成另外一个成就很大的企业家。会谈之间要谈吐自如，要把注意力放在准确理解和回答对方提出的问题上。作为一个寻求帮助的人，不要试图把自己表现得很强大。真正的自信者，应该能够客观地看待自己的优势和坦然地面对自己的不足。要尽可能真诚地表达自己的想法，要实事求是地评价自己的项目和能力。要知道，你不可能吸引所有投资者，你要寻找的是真正懂你、信任你、看好你的创业项目，并确实有能力帮助你的人。如果你遇到的不是这种人，千万不要为了迎合他的要求而改变自己。

（二）创业计划的分类

根据不同的分类标准，创业计划可分为以下类型。

1.按照创业计划的内容分类

（1）综合创业计划

综合创业计划是全面实现创业战略的创业计划。例如创业者计划开发销售一种新产品，那么这份创业计划就需要涵盖产品的开发、生产、销售等各个方面，内容非常具体而烦琐，是一份典型的综合创业计划。综合创业计划的主要阅读者为投资者等利益相关人员，例如供应商、潜在客户、应聘的关键员工，目的是让他们了解创业计划，激发他们的兴趣，让他们投入创业活动中，进而促进创业的成功。本书所指的创业计划皆为综合创业计划。

（2）专项创业计划

专项创业计划是创业中的某一项目的专门计划，如创业融资计划、产品开发计划、市场开拓计划，其中最重要的是创业融资计划，因为资金是确保其他项目顺利开始的基石。专项创业计划为某一项目的发展定下比较具体的方向，从而使创业项目中的相关员工了解该项目的发展规划，并激励他们为创业成功而努力。

2.按照创业计划的目标分类

（1）吸引风险投资的创业计划

吸引风险投资的创业计划主要面向风险投资者，目的是向风险投资者募集资金。美国的一位著名风险投资家曾说过："风险企业邀人投资或加盟，就像向离过婚的女人求婚，而不像和女孩子初恋。双方各有打算，仅靠空口许诺是无济于事的。"对于正在寻求资金的新企业来说，创业计划就是企业的电话通话卡片。

风险投资者评估投资项目首要的资料就是创业计划，一份简练而有力的创业计划能让风险投资者对投资项目的运作和效果心中有数。这一类型的创业计划在撰写过程中要注意以风险投资者的需求为出发点，尽量说明创业项目有足够大的市场容量和较强的持续盈利能力，有一个完善、务实和可操作的项目实施计划，有完全具备成功实施项目素质能力的管理团队，并且具备项目运营的成功保证。许多创业者往往因为创业计划在这些方面有所欠缺，有时候连约见风险投资者的机会都没有。通常吸引风险投资的创业计划应包括10项内容：计划概述；产业背景和公司概述；市场调查和分析；公司战略；项目总体进度安排；关键风险和应对策略；管理团队的组成；企业经济状况；财务预测；假定公司能够提供的利益。

（2）吸引创业伙伴的创业计划

吸引创业伙伴的创业计划是为了吸引创业团队的新成员以及有特定意义的关键员工。在最初准备创业的时候，创业者无论是从身边的亲朋好友中寻找创业伙伴，还是从并不熟悉的人群中寻找创业伙伴，一份结构清晰、前景良好的创业计划都是吸引创业伙伴最有力的武器。这一类型的创业计划不仅要清晰地阐明企业的商业模式和未来发展规划，更要对创业伙伴的利益分配和权限做出清晰的说明。通常这一类型的创业计划应包括以8项内容：创业机会及其商业价值描述；新企业将提供的产品以及可能的顾客；可能的市场竞争与拟采取的市场策略；可能的市场收益；可能遇到的风险及应对策略；希望别人以怎样的方式参与；将给新进入者带来哪些利益；有待与新进入者讨论的问题。

（3）获取政府支持的创业计划

政府部门所制定的各项政策对创业活动的成败具有重要影响。只有在政府政策允许和鼓励的条件下，新企业才能获得更多的国内外人才、贷款和投资、各种服务与优惠等。获取政府支持的创业计划应当强调新企业的项目投资可行性，尤其要着重关注新企业的社会收益和社会成本。只有创业项目的社会影响较为良好，才有可能成为政府关注的对象，进而获得政府的支持。通常这一类型的创业计划应包括总论、团队情况、产品的市场需求预测、项目的技术可行性、项目实施方案、投资估算与资金筹措、项目收益分析及对社会的影响、项目风险及不确定性分析、关于项目可行性的综合结论、希望政府给予的具体支持10项内容。

3.按照创业计划的表现形式分类

（1）意念形式的创业计划

这一类型的创业计划是指创业计划以意念的形式形成一幅蓝图存在于创业者的头脑中，创业者可以用语言将其创业计划展现给他人。这种表现形式的优点是能够深入人心，并且根据创业环境、创业资源等的变化随时进行修改；缺点是系统性差，主观随意性强。

（2）文本形式的创业计划

这一类型的创业计划是指创业计划以文本的形式展现在创业者自己和他人面前。这种表现形式的优点是系统全面、理性表达；缺点是时效性差，调整迟滞。通常，一个完备的创业计划都是以文本形式表现出来的。

资料链接

创业计划展示应注意的问题

1.做好充分准备

展示者一定要有备而战，备战中不但要对展示的内容、方式和应该注意的问题有所准备，而且要事先推测对方可能会提出一些什么问题，以及如何回答这些问题。展示的准备要由集体完成，每次展示后也要进行集体讨论，以便及时总结经验教训。

2.展示时不要只顾自说自话

要创造机会让到场的投资者参与发言或演示，实现相互之间交流和互动。保持条理清晰的风格，突出市场前景，刺激投资者的兴奋点。为此，在展示开始时就应声明在展示过程中允许提问。

3.不要过分强调技术因素或故意使技术环节复杂化

关于技术问题，可以准备一份专门介绍的活页，在需要的时候插入技术图表的目的是为支持市场与产品定位预测服务，如果没有特殊要求，不必画蛇添足地多做解释。

4.分别做两份完整的计算表

其中，一份面向技术背景有限的私人投资部门，另一份则面向熟知专业技术的精明的投资者。演示应针对投资者的技术基础和专业背景。比如说，如果投资者的背景是财会专业，则有侧重地应用账务举例。演示前应先签一份保密协议。通常，第一次演示不要披露太多的专业信息。所以，非不得已不要强求对方签订这种协议，不要在与项目无关紧要的地方滋生不必要的矛盾。

5.实际执行演示的人员应具备突出的沟通表达能力

演示者不一定是经理,这样安排的效果可能更好。因为此时经理可以观察听众们的反应,并在适当的时机给一些强调或补充性说明,增加内容的可信性。

第二节 创业计划书的撰写及展示

一、创业计划书的撰写

(一)创业计划书的基本结构

创业计划书的编写形成了相对固定的格式、规范,同时也形成了广为采用的基本结构。一般来说,创业计划书分为三大部分。首先是形式部分,包括创业计划书的封面、扉页、目录等,即创业计划书的外部包装;其次是本体部分,就是创业计划书的主要内容;最后是补充部分,比如专利证明、专业的执照或证书、意向书、推荐函等。

1.封面和扉页

封面应该包括创业项目的名称、项目的联系人(负责人)及联系方式等内容,这些信息应置于封面醒目位置。由于封面和创业计划可能分离,最明智的方法是同时在这两处都留下联系信息。如果计划书是给投资商的,最好将住宅电话也列上,因为这些人同你一样,往往工作时间很不规律。他可能是最先接触你的人,读过计划书后安排会见之前他们很可能希望通过电话同你讨论一些有关问题。封面底部可以放置警示读者保密的事项,当然也可以放在扉页。如果公司已经有独特的商标,那么应该把它放在靠近封面顶部中间的位置。

如果封面没有放置警示读者保密的事项,则有必要设计扉页,即保密承诺。在保密承诺中,要注明创业计划属于商业机密,所有权属于某公司或某项目,未经同意,其他任何人不得将计划书全部或部分予以复印、影印、泄露或散布给他人。必要时,可以要求接受创业计划书复本的负责人签字承诺保密。

2.目录

为了方便阅读和查找,应该在基本内容之前设置目录。目录是一份导游图,引导战略伙伴或创业投资者浏览创业计划,并最终得出应该为这个创业项目提供资金的结论。如果这份导游图模糊不清、丢三落四,那么结果可能会使战略伙伴或创业投资者失望甚至放弃合作。创业计划书的每个主要部分应列入目录,并标注所在页码。

3.附录

附录包括与创业计划书相关但不宜放在扉页和主干正文的一些内容，如企业的营业执照等证件、企业的组织机构图、产品说明书或照片、创业（管理）团队成员简历、具体财务报表等。通常，附录对于提高创业计划书的质量有重要作用，对于创业者获取外部资源的支持有特殊意义。

一般来说，附录的内容可分为附件、附表和附图三部分。当然，一份创业计划书没有必要包括所有这些内容，只从其中选取一些对自己的创业计划书具有佐证价值的材料收入即可。附件包括营业执照复印件、主要经营团队名单及简历、董事会名单及简历、公司章程、专利证书、注册商标、鉴定报告、企业形象设计、场地租用证明、产品说明书、市场调查资料、专业术语说明、简报报道及宣传资料等。附表包括主要产品目录、主要客户名单、主要供货商及经销商名单、主要设备清单、市场调查表、预估分析表、现金流量预测表、资产负债预测表及损益预测表等。附图包括产品市场成长预测图、企业的组织结构图、工艺流程图、产品展示图、产品销售预测图及项目选址图等。

课堂阅读

创业计划书案例范文

1.市场分析

在过去很长时间，国内居民因生活水平较低，对以"厨房"和"卫生间"为主要服务对象的小家电消费很少。据统计，目前，国内城镇家庭小家电的平均拥有量只有三四种，而欧美国家这一统计数字高达37种。据统计，每年国内有至少260万住户搬入新家，随着人们生活水平的提高，对"厨房"和"卫生间"的日益重视，小家电产品的加速普及与换代升级必将孵化出惊人的市场推动力，小家电的市场发展前景非常广阔。今后几年内，我国小家电行业将步入黄金发展阶段，市场需求量年增幅有可能突破30%。

目前，对于浴室取暖用的小家电只有浴霸和暖风机两种。全国生产浴霸的企业为376家，销售额超过10亿元。在城市居民家庭中，浴霸拥有率不到15%（2004年），国内消费者对浴霸认同度达82%，市场空间巨大。

浴霸在浴室取暖设备中占据绝对优势，其中杭州奥普浴霸一年销售额为2.6亿元，市场份额第一。目前，生产浴霸和暖风机的厂家大都集中在浙江、广东一带，但其中小厂居多，多为仿制或代工生产，自主研发能力不强。

我国长江流域地区大多住宅没有暖气，冬季洗澡取暖一直是个大问题。虽然有浴霸和暖风机，但人们更期待一种简便、有效的取暖器具。根据我们的调查，人们对本产品的印象良好，市场潜力巨大。比照浴霸和暖风机市场，本产品市场销售额在5亿~10亿元及以上，我们完全可以借助专利技术优势，迅速占领浴室取暖设备市场，建立自己的品牌和销售网络。

2. 目标

我们的目标是，在2006年研制出样品进入市场，发展地市级以上代理商10~15家，销售额在200万元以上，2007年达到300万元销售额，2008年达到500万元销售额，利润率保持在30%~50%。

3. 资金使用

由于本产品以前在市场上从未出现过，所以初期样品试制、模具开发等费用投入较大，估计在10万~15万元；

各种认证、许可证、商标：5万元；

公司组建、购买相关办公用品、人员招募、公司网站等：10万元；

房租水电费、人员工资（半年）：15万元；

参加展会、广告费：10万元；

小批量生产成本（5000件）：20万~25万元；

周转资金：20万元。

4. 产品成本及盈利分析

为节省费用，降低投资风险，早期的小批量生产以委托加工为主，暂不购买生产设备。本产品主要包括桶体、盖子、加热盘、漏电保护器、防干烧保护器、开关、蒸汽调解板、底座、密封圈。其中加热盘为7~8元，漏电保护器为12元，防干烧保护器为1.5元，开关为5元，其余为塑料件，价格为15元；另外，产品包装、接线螺丝、运费等成本合计在40元以下。批发价暂定为80元，每个产品毛利为40元，估计两年能收回投资并稍有盈利。

5. 销售前景

目前，市场上还没有同类产品，产品销售压力较小，笔者建议利用各地电器批发商现成的销售网络进行代理销售。目前已与多家商户联系过，初步达成销售意向。

6. 合作方案

本专利项目是非职务发明，专利权为个人所有。具体合作方式由双方协商议定。

7. 原材料供应方案

可外协生产，无特殊要求。

8. 本项目的未来

由于本产品制造简便，门槛不高，难免被人仿造。除了加强打假力度之外，不断升级产品也是拓展市场的必要手段。目前，已开发了两款样品，准备在明年继续推出3~5款新品，随着产品的升级换代，我们必能牢牢站稳市场。

（二）撰写创业计划书的基本步骤

创业计划书在多数情况下由一个创业团队写作智囊团通过反复的讨论和修改共同完成。撰写创业计划书是在完成一个商业项目，而不仅是完成一项写作任务。商业计划书的编制没有固定方法，大体经历以下4个步骤。

1. 准备阶段

创业者或创业团队通过激发创意和筛选商机，选择了合适的创业项目后，就可以开始准备撰写创业计划。但是，在开始动笔撰写创业计划书之前，还有许多重要的准备工作要做。

（1）市场调查工作

通过市场调查，为你所选择的项目或创意的可行性和实施细节搜集各种信息和资料。这是撰写创业计划书核心部分的关键。撰写创业计划书不是在图书馆、教室、实验室里完成的，也不是通过资料查询、翻阅文献等方式来完成的，而是根据许多实地调查，了解真正的市场信息，掌握实际资料。市场调查的内容极为广泛，主要包括：

①宏观环境调查：政治、经济、文化、气候和地理状况、人口、技术、行业发展情况等。

②消费需求调查：消费者的数量、构成、货币收入；消费者的购买动机（心理、生理、经济、社会等）；消费者的购买行为（习惯型、经济型、理智型、感情型、冲动型等）。这是市场调查的重点和难点，通过市场调查可以了解市场需求量，确定目标市场，预测市场销售量。

③市场营销调查：产品调查（生产能力，产品的价格、包装、生命周期等调查）；销售渠道调查（此类产品常见的销售渠道、经销商和零售商情况调查）；促销活动调查；售后服务调查。

④竞争对手调查：竞争对手的数量、竞争者的生产能力、对渠道的控制程度、所占的市场份额、竞争者的促销手段、新产品开发情况等。

除了通过市场调查获得上述信息外，消费者还要了解有关产品研发测试和试用情况报告、供应商（生产设备、原材料、中间产品）情况报告等。

通过市场调查，收集相关信息和数据并分析后，可以帮助你对行业状况和同类企业的真实情况有一个比较清晰的认识，同时对自己的创业项目有更深刻的了解。可以根据这些信息对你的创意进行重新评价和调整，重新聚焦你的商业创意，比如，新创企业是否具有足够的生命力，产品或服务是否真的有市场，市场上是否存在太多的竞争者，财务前景如何等。

（2）制订工作计划

制订工作计划包括：确定创业计划的目的与宗旨（融资、寻求合作伙伴、竞赛）；完成构思,确定总体框架(对要素的取舍、议题的增减、篇幅等做出预先设想);确定日程安排。

(3)创业小组的分工协作

有一个负责人统一协调,各部分分工撰写,明确每个人的职责和任务,并公布工作制度、纪律和工作要求。创业团队可以制作一份任务分配表,把完成创业计划书的各项任务、完成时间、完成标准分配给团队成员。

2.起草形成创业计划书阶段

这一阶段要全面撰写创业计划书的各部分,初步形成较为完整的创业计划方案。一般按以下三个层次完成草稿:第一层次主要评估基本现状、设计战略理念,内容上侧重于创业项目、创业企业、产品与服务、工艺与技术、组织与管理、战略规划等方面。第二层次需要深入细致地调查、分析、思考和创造,主要侧重于对市场与竞争的分析,提出生产运作设想,销售和促销策略。第三层次的议题和要素要使创业计划书趋于完善,这部分内容条理性强,而且要符合规范,主要包括财务计划、融资方案以及风险分析等。

3.修改和完善创业计划阶段

将草稿交给有关内行人广泛征求意见、建议,以进一步补充、修改和完善草拟的创业计划书,使创业计划书最终变得引人注目,认真检查草稿是否完整、务实、可操作,是否突出了创业项目的独特优势和竞争力,并注意对细节的加工润色,如词汇的选用、语法结构、语言精练程度、上下文衔接、整体思路等,修改多余和重复的内容、错误的拼写和打印。最后把补充材料放到附录中。

4.定稿阶段

这一阶段是对创业计划书定稿并印制成正式文本,注意创业计划书的装帧和包装。封面内容包括:公司名称、地址、电话、电子邮箱、通信地址、日期、创业计划编号等。如果是参赛作品,还包括参赛省份、学校名称、公司名称、团队名称和作品类别。扉页应有"保密须知",即注明"未经同意,不得将创业计划书全部或部分予以复制、传递给他人、泄露或散布给他人"。

资料链接

撰写创业计划书的常见错误

撰写创业计划书的常见错误如下:

(1)低估竞争,高估市场回报。

(2)不陈述预测报表的建立依据。

（3）混淆利润和现金流。

（4）不陈述最好、最坏和最可能发生的状况。

（5）产品或服务给客户带来的影响——提高顾客收益、降低客户成本、减少客户的流动资本和成本支出——不加以量化。

（6）仅分析整体市场，忽略细分市场。

（7）不讨论战略合作伙伴。

（8）不理解市场进入壁垒和夺取客户所需要的成本。

（9）对产品和服务、渠道选择、销售人员和销售模式的定位不清晰。

（10）不讨论运营效率，不分析产能。

（三）创业计划书撰写的主体内容

1.执行摘要

执行摘要应列在经营计划书的最前面，它是经营计划书的精华。执行应涵盖计划的要点，以求一目了然，便于读者在最短的时间内评审计划并做出判断。

执行摘要一般包括以下内容：公司介绍；主要产品和业务范围；市场概貌；营销策略；销售计划；生产管理计划；管理者及其组织；财务计划；资金需求状况等。

在介绍企业时，首先，要说明创办新企业的思路，新思想的形成过程以及企业的目标和发展战略。其次，要交代企业现状、过去的背景和企业的经营范围。在这一部分中，要对企业以往的情况做客观的评述，不回避失误。中肯的分析往往更能赢得信任，从而使人容易认同企业的经营计划。最后，还要介绍一下风险企业家自己的背景、经历、经验和特长等。企业家的素质对企业的成绩往往起关键性作用。在这里，企业家应尽量突出自己的优点并表示自己强烈的进取精神，以给投资者留下一个好印象。

在执行摘要中，还必须回答下列问题：

1）企业所处的行业，企业经营的性质和范围。

2）企业主要产品的内容。

3）企业的市场在哪里，谁是企业的顾客，他们有哪些需求。

4）企业的合伙人、投资人是谁。

5）企业的竞争对手是谁，竞争对手对企业的发展有何影响。

摘要尽量简明、生动。特别要详细说明该企业的不同之处以及获取成功的市场因素。如果企业家了解他所做的事情，摘要仅需2页纸就足够了。如果企业家不了解自己正在做什么，摘要就可能要写20页纸以上。因此，有些投资家就依照摘要的长短来"把麦粒从谷壳中挑出来"。

2.企业愿景

纵观国内企业提炼的企业愿景，虽然各个企业对理念要素的表述并不一致，但通常都会包括企业目标、企业价值观、企业哲学、企业精神、企业宗旨、企业作风等最基本的企业方面。

（1）企业目标

企业理念中的"企业目标"特指企业的"最高目标"，它是全体员工的共同追求，它将值得员工追求的崇高理想与其岗位责任联系起来，充分发挥员工的积极性和激励性。企业目标是企业凝聚力的焦点，是企业价值观的表现，也是团队精神的首要条件，因为只有"共同的目标"才能更好地协调员工的步伐。同时，企业目标也反映了一个企业追求的层次、方向和抱负，防止企业短期行为，促进企业健康发展。提炼企业目标要注意的是，它是企业的最高目标，而非短期、中期的经营性目标，大量的研究表明，世界卓越企业的目标往往定位于"服务社会""报效国家""塑造一流""实现价值"等更高的精神层面而决非经济利益。例如，海尔的企业目标是"创造中国的世界名牌"，格兰仕的目标是"为人类创造财富"。

（2）企业价值观

企业价值观是企业在追求经营成功过程中所推崇的基本理念和奉行的目标，是对企业意义的一种终极判断，企业其他理念都受其影响和约束，它是企业文化的核心理念。当企业创新、服务和利益发生矛盾时，企业行为选择明显受到企业价值观的支配。利益导向的价值观将会驱使企业放弃服务质量的提升而维持既得的利益或是故步自封，而服务导向的价值观念则会支配企业不惜代价提高服务质量。通常来说，企业价值观有三种基本类型：一是以客为本型，如IBM的"最佳服务精神"、卡彼勒公司的"追求优异精神"、海尔的"真诚到永远"等；二是以人为本型，如惠普公司"尊重个人价值"、诺基亚"以人为本"；三是不断创新型，如丰田公司"家庭创新精神"、明尼苏达矿产制造公司的"开拓创新精神"。

（3）企业哲学

企业哲学也称经营哲学，它是企业经营的指导思想，这种指导思想是对企业经营管理理论和成功经验的总结和高度概括，它是深层次的带普遍性的企业运行规律和原则，是对企业运行内在本质规律的揭示。企业哲学要求回答企业对社会、对员工的意义、价值和关系，例如，二汽的"不断改变现状，视今天为落后"，瑞士劳力士手表公司的"仁心待人，严格待事"，格兰仕的"伟大，在于创造"。

（4）企业精神

企业精神是对企业现有观念意识、传统习惯、行为方式中的积极因素的总结、提炼和倡导，是企业文化发展到一定阶段的必然产物，企业精神要恪守企业价值观和最高目标，不背离企业哲学。企业精神是企业内部最积极的、最闪光的，也是全体员工共有的一种精神状态，例如，IBM的精神是"最佳服务精神"。

（5）企业宗旨

企业宗旨是企业对存在价值及其作为一个经济单位对社会做出的一种承诺，它反映企业对社会义务的基本态度，从而反映出企业存在的社会价值，它是企业价值观的反映和最高目标的体现。企业宗旨不仅仅规定企业对外的承诺，还规定企业对内的承诺，同时体现出企业的行业特点和企业特征。例如，铁路局的宗旨是"人民铁路为人民"，北京市煤炭总公司的宗旨是"为首都生产建设和人民生活服务"，长春百货大楼的宗旨是"顾客第一、服务第一、信誉第一"，海信的经营宗旨是"理性、效益、安全"等。

（6）企业作风

企业作风就是企业风气，或者说企业气氛。一个公司风气的好坏是衡量企业文化是否健康的重要标志。在企业文化完善、企业风气健康的企业里，员工群体会自觉积极地抵制不良社会风气，主动与企业同呼吸共命运，保证企业健康发展。企业风气是通过员工的行为反映出来的，成为影响企业形象的一个重要因素。例如，首钢的企业作风是"认真负责、紧张严肃、尊干爱群、活泼乐观、刻苦学习"，海尔的作风是"迅速反应，马上行动"。

在上述几个基本的企业理念要素中，"企业价值观"是所有企业理念的核心，其他理念都是在这个根本理念之下的"衍生"，企业价值观要求企业回答企业的价值和意义是什么，而这种企业的"最高价值观念"定义下的"最有价值的东西"往往就是企业所追求的最高目标；企业经营哲学则是企业获得这种"最有价值的东西"的哲学思想和方法；企业宗旨是为获得企业目标而对社会或企业内部做出的一种承诺；企业精神是在各种文化理念指导下，通过企业行为反映出来的一种精神状态。

知识延伸

苏宁的企业文化：重视个人价值观

"企业文化的基础是利益创造和利益分配的机制，是企业的价值和员工个人价值的结合方式，树立企业在社会上的价值理念，让社会认同、让员工认同，把企业的价值观转化为员工个人的价值观，是苏宁企业文化建设的核心内容。"苏宁电器集团董事长张近东表示。

近年来，苏宁扩张的速度很快，从20世纪90年代至今，被看成中国民营企业崛起的一个代表。南京大学商学院副院长刘洪教授认为，苏宁取得如今的发展成绩，与其持之以恒地开展人才培养和内部文化塑造方面的努力密不可分。

在苏宁的企业文化中有这么一条："做百年苏宁，国家、企业、员工，利益共享。"张近东曾说："纵观民营企业的发展历程，以我个人的实践体会来看，原始积累的创业发展靠个人奋斗，形成规模化的发展靠机遇和管理，而实现可持续的规模化发展则靠企业文化。"

在企业文化建设上，苏宁把企业的服务观定位为"至真至诚，苏宁服务。服务是苏宁的唯一产品，顾客满意是苏宁服务的终极目标"。和君商学院副院长周彦平在接受《企业观察报》记者采访时曾表示："先造就人，然后造就企业和事业。人品即事品，人成则事成。"苏宁抓住了"人"这一核心，把企业的人才观定位为"人品优先，能力适度，敬业为本，团队第一"。

张近东曾表示，苏宁的企业文化的基本观点是，不讲员工个人价值回报是虚无的企业文化，而一味地强调个人的作用和价值则是危险的企业文化。张近东认为，苏宁是依靠很好的团队协同作战，并不是依靠一两个人，员工的事业心、对企业的忠诚度是苏宁的首要问题。员工服务于企业、企业服务于社会，企业通过社会的回报来回报员工、员工通过企业的利益来实现个人的利益，这是苏宁电器企业文化的价值观。

张近东认为，苏宁的企业文化的价值观有三个显著特点：一是允许突出个人的价值，但是个人价值必须得到企业和团队的认同，并且要通过团队的努力得到实现；二是允许提出个人待遇，但是不允许通过和他人的比较来衡量自己的待遇；三是允许满足个人的利益，但是不允许通过损害企业利益来满足个人的利益。

可见，苏宁看重让员工获取长远的价值。对于人才的培养，苏宁从1994年开始引进大学生，重视对高素质人才的培养。并在此基础上，推动全国连锁二次创业，基于对连锁专业化、标准化管理人才的需要，正式启动应届大学毕业生的专项招聘工程，10年间，培训员工30000多人次。

对于民营企业如何解决管理制度化、人才社会化的问题，张近东认为，不管什么性质的企业，当形成一定规模以后都面临着授权与监督、分工与协调、激励与约束等共性问题，解决这些问题的根本出路是依靠科学的制度建设和管理制度，但制度再好最终还要靠人来执行，企业如何整合好人际关系，则需要依靠企业文化来解决。

在扩张的同时，新人的涌入使企业文化面临被冲击的风险，苏宁认为采取"新人走老店，老人开新店，新老团队打散混编，才能加速新老店的融合"的方式。在员工队伍的组建中，苏宁要求所有业务体系必须有自己的内核，而这个内核是一批可靠的老员工；对于新人如何适应企业的问题，只要有人员沟通交流就有企业文化传递。

3.产品（服务）介绍

在进行投资项目评估时，投资人最关心的问题之一，就是风险企业的产品、技术或服务能否以及在多大程度上解决现实生活中的问题，或者，风险企业的产品（服务）能否帮助顾客节约开支，增加收入。因此，产品介绍是经营计划书中必不可少的一项内容。通常，产品介绍应包括以下内容：产品的概念、性能及特性；主要产品介绍；产品的市场竞争力；产品的研究和开发过程；发展新产品的计划和成本分析；产品的市场前景预测；产品的品牌和专利。

在产品（服务）介绍部分，企业家要对产品（服务）作出详细的说明，说明要准确、通俗易懂，使非专业人员的投资者也能明白。一般来说，产品介绍都要附上产品原型、照片或其他介绍。产品介绍必须回答以下问题：

1）顾客希望企业的产品能解决什么问题？顾客能从企业的产品中获得什么好处？

2）企业的产品与竞争对手的产品相比有哪些优缺点？顾客为什么会选择本企业的产品？

3）企业为自己的产品采取了何种保护措施？企业拥有哪些专利、许可证，或与已申请专利的厂家达成了哪些协议？

4）为什么企业的产品定价可以使企业产生足够的利润？为什么用户会大批量地购买企业的产品？

5）企业采用何种方式改进产品的质量、性能？企业对发展新产品有哪些计划？等等。

产品（服务）介绍的内容比较具体，因而写起来相对容易。虽然夸赞自己的产品是推销所必需的，但应该注意，企业所做的每一项承诺都是"一笔债"，都要努力去兑现。要牢记，企业家和投资家所建立的是一种长期合作的伙伴关系。空口许诺，只能得意于一时。如果企业不能兑现承诺，不能偿还债务，企业的信誉必然会受到极大的损害，因而是真正的企业家所不屑的。

4.人员及组织结构

有了产品之后，创业的第二步就是建立一支有战斗力的管理队伍。企业管理得好坏，直接决定了企业经营风险的大小，高素质的管理人员和良好的组织结构则是管理好企业的重要保证。因此，风险投资家会特别注重对管理队伍的评估。

企业的管理人员应该既要互补，又要具有团队精神。一个企业必须具备负责产品设计与开发、市场营销、生产作业管理、企业理财等方面的专门人才。在经营计划书中，必须对主要管理人员加以阐明，介绍他们所具有的能力，他们在本企业中的职务和责任，他们过去的详细经历及背景。此外，在这部分经营计划书中，还应对公司结构做出简要介绍，包括：公司的组织机构图；各部门的功能与责任；各部门的负责人及主要成员；公司的报酬体系；公司的股东名单，包括认股权、比例和特权；公司的董事会成员；各位董事的背景资料。

5.市场预测

当企业要开发一种新产品或向新的市场扩展时,首先就要进行市场预测。如果预测的结果并不乐观,或者预测的可信度让人怀疑,那么投资者就要承担更大的风险,这对多数风险投资家来说都是不可接受的。

市场预测首先要对需求进行预测:市场是否存在对这种产品的需求?需求程度是否可以给企业带来所期望的利益?新的市场规模有多大?需求发展的未来趋向及其状态如何?都有哪些因素影响需求?其次,市场预测还要包括对市场竞争的情况——企业所面对的竞争格局进行分析:市场中主要的竞争者有哪些?是否存在有利于本企业产品的市场空当?本企业预计的市场占有率是多少?本企业进入市场会引起竞争者怎样的反应?这些反应对企业会有什么影响?等等。

在经营计划书中,市场预测应包括以下内容:市场现状综述;竞争厂商概览;目标顾客和目标市场;本企业产品的市场地位;市场细分和特征等。

风险企业对市场的预测应建立在严密、科学的市场调查基础上。风险企业所面对的市场,本来就有变幻不定的、难以捉摸的特点。因此,风险企业应尽量扩大收集信息的范围,重视对环境的预测,采用科学的预测手段和方法。风险企业家应牢记的是,市场预测不是凭空想象出来的,对市场错误的认识是企业经营失败的根源之一。

6.营销策略

营销是企业经营中最富挑战性的环节,影响营销策略的主要因素有:

1)消费者的特点。

2)产品的特性。

3)企业自身的状况。

4)市场环境方面的因素。最终影响营销策略的则是营销成本和营销效益因素。

在经营计划书中,营销策略应包括以下内容:

1)市场机构和营销渠道的选择。

2)营销队伍和管理。

3)促销计划和广告策略。

4)价格决策。

对创业企业来说,由于产品和企业的知名度低,很难进入其他企业已经稳定的销售渠道。因此,企业不得不暂时采取高成本低效益的营销战略,如上门推销,大打商品广告,向批发商和零售商让利,或交给任何愿意经销的企业销售。对发展企业来说,它一方面可以利用原来的销售渠道,另一方面也可以开发新的销售渠道以适应企业发展。

7.生产制造计划书

生产制造计划书应包括以下内容:产品制造和技术设备现状;新产品投产计划;技术

提升和设备更新的要求；质量控制和质量改进计划。在寻求资金的过程中，为了增大企业在投资前的评估价值，风险企业家应尽量使生产制造计划更加详细、可靠。

一般来说，生产制造计划书应回答以下问题：企业生产制造所需的厂房、设备情况如何；怎样保证新产品在进入规模生产时的稳定性和可靠性；设备的引进和安装情况如何；谁是供应商；生产线的设计与产品组装是怎样的；供货者的前置期和资源的需求量如何；生产周期标准的制定以及生产作业计划的编制是怎样的；物料需求计划及其保证措施如何；质量控制的方法是怎样的；以及相关的其他问题。

8.财务规划

财务规划需要花费较多的精力来做具体分析，其中包括现金流量表、资产负债表以及损益表的制备。流动资金是企业的生命线，因此企业在初创或扩张时，对流动资金需要有预先周详的计划和进行过程中的严格控制；损益表反映的是企业的盈利状况，它是企业运作一段时间后的经营结果；资产负债表则反映在某一时刻的企业状况，投资者可以用资产负债表中的数据得到的比率指标来衡量企业的经营状况以及可能的投资回报率。

财务规划一般包括以下内容：

1）经营计划的条件假设。

2）预计的资产负债表；预计的损益表；现金收支分析；资金的来源和使用。

可以这样说，一份经营计划书概括地提出了在筹资过程中风险企业家需要做的事情，而财务规划则是对经营计划书的支持和说明。因此，一份好的财务规划对评估风险企业所需的资金数量，提高风险企业取得资金的可能性是十分关键的。如果财务规划准备得不好，会给投资者以企业管理人员缺乏经验的印象，降低风险企业的评估价值，同时也会增加企业的经营风险。那么如何制订好财务规划呢？这首先取决于风险企业的远景规划——是为一个新市场创造一个新产品，还是进入一个财务信息较多的已有市场。

着眼于一项新技术或创新产品的创业企业不可能参考现有市场的数据、价格和营销方式。因此，它要自己预测所进入市场的成长速度和可能获得的利润，并把它的设想、管理队伍和财务模型推销给投资者。而准备进入一个已有市场的风险企业，可以很容易地说明整个市场的规模。

9.风险分析

创业投资的风险是指投资活动中出现人们不希望的后果的潜在可能性。创业投资高风险的特点决定了创业投资的失败率极高。根据创业投资的发源地及创业投资最为发达国家——美国的风险统计概率是：10%很好，30%一般，30%在两年内倒闭，30%两年后倒闭。创业投资所投资的风险企业大多是具有较高增长潜力的高新技术企业，从技术的研究开发、产品的试制和生产，到产品的销售要经历许多阶段，而投资风险存在于整个过程中，并来自多方面。因此，加强创业投资的风险研究，规避风险，直接关系到创业投资主体的生存和发展。

（1）技术风险

由于高新技术开发研究的复杂性，很难预测研究成果向工业化生产与新产品转化过程中成功的概率，这是高科技投资中最大的风险来源。技术风险具体表现为：①技术上成功的不确定性。新技术在诞生之初都是不完善的、粗糙的，能否在现有的技术知识条件下按预期的目标实现都是无法确定的。②产品的生产和售后服务的不确定性。产品开发出来后，如果不能成功地进行批量生产，仍不能完成创业投资的全过程。③技术寿命的不确定性。现代知识更新的加速和科技发展的日新月异，致使新技术的生命周期缩短，一项新的技术或产品被另一项更新的技术或产品所替代的时间是难以确定的。当更新的技术比预计提前出现时，原有技术将承受被提前淘汰的损失。④配套技术的不确定性。一项新的技术被发明后，往往需要一些专门的配套技术的支持才能使该项技术转化为商业化生产运作，如果所需的配套技术不成熟，也可能带来风险。例如美国的TRITIUM公司在风险资本的帮助下于1998年年初开始进军免费网络服务领域，采取类似网络零点公司的技术。但TRITIUM公司一时无法解决在技术上遇到的难题，即廉价带宽技术问题，在挣扎了半年之后，后劲不足，终于支撑不住，只好宣布无限期停业。

（2）管理风险

管理风险是指风险企业在生产过程中因管理不善而导致投资失败所带来的风险，主要表现在以下几方面：

①决策风险。决策风险是指风险企业因决策失误而带来的风险。风险企业具有投资大、产品更新快的特点，这就使得风险企业对于高新技术产品项目的决策尤为重要，决策一旦失误将会给企业带来不可预估的损失。

②组织风险。风险企业主要以技术创新为主，企业的增长速度比较快，如果不能及时调整企业的组织结构，就会造成企业规模高速膨胀与组织结构落后的矛盾，成为风险的根源。

③生产风险。预期的市场容量往往事先不能精确测定，致使实际的生产水平与实际的市场容量不一致而产生的风险，所以这种生产风险是不可避免的，而且贯穿于整个生产过程。

风险企业大多为创新科技企业，这些公司都有一个特点，即公司的创始人大多是专业技术人员，他们在专业技术上各有特长，并对技术研发情有独钟，但他们在管理上不是行家或对管理的细节不感兴趣。在公司发展初期，由于公司规模较小，他们尚能管理好自己的公司。随着风险资本的进入，公司进入了一个超常发展阶段，这时身为专业技术人员的公司创始人的管理能力已经不能适应公司快速发展的需要，他们在公司管理上的风险日渐突出，可能发生如上所述的决策风险、组织风险和生产风险等。此时，通常的做法是，风险资本家与公司的创始人一道从外面聘请专业的管理人员或职业经理人对公司进行管理。1977年4月，在风险资本的帮助下，苹果公司首次公开推出了新产品——AppleⅡ型机取得巨大成功。公司的超常规发展使公司的组织结构出现了问题，而公司的创始人乔布斯和沃兹奈克都深感自己不能胜任日常的管理工作，于是他们任命马库拉为执行主席，并从国家半导体公司挖来了他们的总经理迈克尔·斯科特担任苹果公司的总经理。这样，苹果公司度过了当时的管理危机，公司一度得到快速发展。

（3）市场风险

如果风险企业生产的新产品或服务与市场不匹配，不能适应市场需求，就可能给风险企业带来巨大的风险。这种风险具体表现在：①市场的接受能力难以确定。由于实际的市场需求难以确定，当风险企业推出所生产的新产品后，新产品可能由于种种原因而遭到市场的拒绝。例如依星的技术水平比现有的通信卫星的技术水平高，但是依星公司却破产了，主要原因就是依星技术没有市场需求，技术没有市场性。②市场接受的时间难以确定。风险企业生产的产品是全新的，产品推出后，顾客由于不能及时了解其性能，往往对新产品持观望、怀疑态度，甚至做出错误的判断。因此，从新产品推出到顾客完全接受之间有一个时滞，这一时滞过长将导致企业的开发资金难以收回。③竞争能力难以确定。风险企业生产的产品常常面临着激烈的市场竞争，这种竞争不仅有现有企业之间的竞争，同时还有潜在进入者的威胁。风险企业可能由于生产成本高、缺乏强大的销售系统或新产品用户的转换成本过高而常常处于不利地位，严重的还可能危及这些企业的生存。

（4）人才风险

随着知识经济时代的到来，人才因素在风险企业的作用变得越来越重要。与传统技术企业相比，风险企业在劳动力需求的数量和结构上有较大不同。由于风险企业成长较快，且一般属于高度知识密集型企业，要求科技人员和劳动力既快速增长又有较高的素质，因而形成高科技人才的相对短缺。高素质的管理层通常是投资者考虑的最重要因素。如果由于人事制度不合理，高级管理人才容易流失，就会给企业带来严重的危害；同时，公司技术骨干的流动，也会使整个企业的技术开发受阻，造成巨大的经济损失。

（5）来自外界环境的一些特殊风险

在创业投资过程中，还有一些由于社会的、政治的、经济的及自然的环境变化所引起的风险。创业投资属于长期的股权投资，整个投资过程持续的时间比较长（一般为5~7年），在这样长的时间内，创业投资所处的外部环境肯定会发生巨大变化，有可能给投资者带来灾难性损失。这一风险的特点就是，它对于创业投资的参与者来讲是不可控制的风险，例如2008年全球金融危机就曾给我国的高新技术企业发展造成很大的影响。

从以上分析可以看出，要想确保投资资本的效益，就必须尽可能合理选择风险管理技术和手段，制定风险管理总体方案和行动措施，利用金融创新、制度创新及管理创新来有效地激励创业家和风险资本家，减少巨大的信息不对称，并提供技术创新所必需的管理机制，尽可能减少、控制和消除存在创业投资中的各种风险。

总之，完成一份高质量的创业计划书通常需要花几个星期的时间和大量精力。从构思、写作、修改、编辑到校对都需创业者认真对待，不能马虎；完成后，还应对创业计划书的各个部分给予检查、评估，进一步完善创业计划书，增加成功推介创业计划书的胜算。

综观整个创业计划书的撰写要诀，既有战略的思索，又有战术的组织；既有团队的建设，又有生产的安排；既有市场的开拓，又有资金的调度；既有产业发展趋势的把握，又有目标市场的划分。应该说，一份考虑详尽的创业计划书是创业者心灵的呼唤，是创业者价值的体现，是创业者经营才干的"综合演练"。

（四）编制创业计划书的基本原则

一份完美的创业计划书不但会增强创业者自己的信心，也会增强风险投资家、合作伙伴、员工、供应商、分销商对创业者的信心。而这些信心，正是企业走向创业成功的基础。一份好的创业计划书必须呈现竞争优势与投资者的利益，同时也要具体可行，并提出尽可能多的客观数据来加以佐证。在写作过程中应该遵循以下6个原则。

1.开门见山，突出主题

创业计划书的目的是获取资源，创业者应该避免与主题无关的内容，要开门见山、直入主题，不要浪费时间和精力来写一些与主题无关、对读者毫无意义的内容。此外，编制创业计划书还要考虑阅读对象的因素。目标读者不同，他们对创业计划书的要求和兴趣不一样，创业计划书的内容和侧重点也应该不同。

2.简明扼要，通俗易懂

创业者必须认识到，创业计划书不是文学作品，也不是学术论文，飞扬的文采、深奥的专业术语不仅不能打动目标读者，反而不利于他们阅读和理解创业计划书。因此，创业计划书的语言应该简单明了，尽量避免专业术语，只求能够表达清楚自己的观点，不要过分渲染。

知识延伸

创业计划书是在讲一个故事

创业计划书的撰写思路可以理解为完整地给潜在投资者或应聘者讲一个故事：有这样一个公司，它想成为哪个领域的一个伟大的公司？它是在什么情况下创建的，已经取得了哪些成绩？它是由一帮有什么能力的团队创立和管理的？它要为客户解决什么样的问题，这个问题有多么重要，它的产品和服务是什么，怎样解决用户的问题？已经有哪些用户使用了它的产品和服务？它如何和合作伙伴合作，如何从客户那里赚到钱？公司是通过哪些渠道和手段将产品和服务推广，让用户了解和购买的？公司所做的事情有可能做多大，有多大的市场机会和发展潜力，又有哪些竞争对手在跟它抢夺这些机会，它跟他们比起来的优势在哪里？公司未来有什么样的发展目标和计划？公司的经营历史及未来发展用财务数据来表现的话是怎样的？要实现预计的发展目标，公司当前还需要多少外部资金支持？这些资金主要是做哪些事情，就能保证公司按照预定的目标发展？

3.结构完整，内容规范

创业计划书是一种很正式的规范性文件，在结构和内容上都有要求。创业者在撰写创业计划书时，最好有一份优秀的创业计划书作为模板进行参考。一方面，在结构上必须完整，创业计划书的各个部分都应该论述到；另一方面，在内容的表述上要做到规范化、科学化，财务分析最好采用图表描述，形象直观。

4.观点客观，预测合理

创业计划书中的所有内容都应该实事求是，力求通过科学的分析和实地调查来表达观点和看法，尤其是市场分析、财务分析等部分不应夸大吹嘘。对于市场占有率、销售收入、利润率等指标的预测要做到科学合理，数字尽量准确，最好不要做粗略估计。

5.展现优势，注意保密

为了获得读者的支持，创业计划书还应该尽量展现自身的优势，如先进的技术、良好的商业模式、高素质的创业团队等。但是，创业者还要注意保护自己，对于一些技术和商业机密进行保护是合理必要的。在实际操作中，通常会在创业计划书中加一条保密条款来保护自己的利益。

6.目标明确，风险可控

初创企业不能涉及过多的业务领域，创业计划书不但要目标明确，而且要把如何区分目标市场的情况描述清楚。创业不可能没有风险，创业计划书中涉及的关键风险是投资者、银行家以及其他投资者最敏感、最关注的部分。在创业计划书中，一定要对可能出现的风险有充分的估计，同时要把如何应对和管理这些风险阐述清楚，让投资者感受到这些风险是可控的。

总的来讲，有经验的投资者、潜在的商业伙伴和关键职位应聘者，不是靠臆测或憧憬来做判断，而是用事实数据评价企业的前途。最吸引他们注意力的是可行性评估结论，以及对独特商业模式所产生的竞争优势的描述。如果商业模式仅仅建立在预测未来前景的基础上，那么，这样的计划很难让他们心潮澎湃，进而心甘情愿地进行投资或加盟。此外，创业计划书的排版和装订也要尽量专业，切忌粗制滥造，更不能出现低级错误。

二、创业计划书的展示

撰写完创业计划书后，接下来就是如何展示创业计划书，这里同样有一些技巧。

创业计划书是给战略合伙人与风险投资人看的，创业者一定要避免与主题无关的一些内容，要开门见山、直接切入主题，用平实、简洁的语言描述你的中心思想。创业者应该在开场的2分钟之内，就把自己的项目说清楚，用言简意赅的语言，把项目说明白。创业者可以设身处地、换位思考，假设自己是一位战略合伙人或风险投资人，思考自己所最关心的问题，自己判断的标准是什么。

创业方案陈述时要抓重点，不必追求面面俱到，要尽量用缜密的市场分析和可靠的数据来说明问题。在展示时，展示手段要多元化，要尽量利用书面文档、PPT投影、影像资料、实物等辅助手段来吸引战略合伙人与风险投资人的注意力。陈述后就进入答辩阶段，战略合伙人与风险投资人会向创业者提出感兴趣的问题。他们都是一些专业人士，提出的问题非常尖锐，如果创业者单从利己的方面收集信息，在遇到严苛的质疑时就会乱了手脚，不能列举出充足的证据来批驳对方的疑问，从而失去大好时机。这就要求创业者在进行市场调研时，既要研究有利的一面，又要研究不利的一面，特别是对风险要有充分的研究，并尽可能地做好准备。在答辩时，创业者一定要知道，这世界上的问题太多，不必什么都有答案，你的项目也是。你再聪明也不可能回答所有问题，尤其是你还在做一件未来某个时间才能成功的项目。所以，不必为不能回答某些问题而感到羞涩，也不要为自己根本不知道答案的问题编造答案，或者自顾自地说一些自己也不理解的话。勇敢地承认"我不知道"，这完全是一种得体的应答，并无损于自身。

总体来讲，在演示项目时要注意应答的多样性。笔者建议如下：有些问题是有答案的，如果知道就简短有力地回答。有些问题根本就没有答案，那么直接说你不知道。有些问题的确很难，你不可能瞬间给提问者制造一个答案出来，直接说你需要再想想，也可以申请事后补充材料另行呈交。有些问题被提出来，提问者自己也不认为会有好答案，他只是问问而已，那你就向他请教，问问他是怎么想的。有问必答一定是失败的，听众会感觉场上来了一个万事通，对万事皆有答案，结果导致陈述中本来有说服力的那部分，也因为这种态度给损毁掉，甚至连场面也输掉。值得注意的是，有时投资人故意语意尖锐严厉，你不要乱了阵脚，不要以为人家是故意来折磨你。其实，他很可能是在试探创业者的"抗压能力"；也许他把这个测试提前了一些，但这恰恰说明他可能对你的项目很感兴趣。

知识拓展

如何撰写商业计划书

商业计划书最好是十页的篇幅：第一页是市场介绍；第二页分析市场问题；第三页

写解决问题的方式；第四页是市场调研数据；第五页分析竞争对手；第六页介绍核心竞争力；第七页写盈利模式；第八页写近期目标；第九页写资金预算；第十页介绍团队。

第一页：市场介绍（选择行业）。

第二页：分析市场问题。

你要创办一个公司，一定是你发现市场里面的机会，一定在市场里面有一个没有被人解决或者别人解决得不好的问题。投资人很聪明，天天读月度行业报告，对于网游、对于互联网、对于搜索看的报告比你还要多，不要向他论证市场有多大，而是开门见山地说明目前市场里面存在什么问题。

第三页：问题的解决方案。

你是怎么解决这个问题的？资深的投资人会把自己假想成用户，如果自己是一个用户，会不会用这个产品，是否感同身受如营销者所说。你解决的问题越具体、越实在，会让人觉得你越专业。一定要说实话，语言朴实。

第四页：市场调研数据（未来的市场有多大）。

你的调研数据可以预估未来的市场有多大。例如，日本有人发明在手纸上印数图游戏和广告，中国有多少个厕所这是能计算出来的，告诉投资者准备进入一个多大的市场。

第五页：竞争对手。

这个市场里面千万不要说只有你最聪明，要充分了解竞争对手。

第六页：核心竞争力。

你要证明你有什么特别之处，为什么这个事你能干，别人可不可以干，你的核心优势是什么？是你的营销手段、生意模式或推广模式是什么？

第七页：盈利模式。

你知道自己是怎么挣钱的就如实说，如果不知道就老老实实说不知道。实际上，刚开始很多公司都不知道怎么挣钱，那么就老老实实告诉投资者，自己是早期阶段，不知道怎么挣钱，但是我现在先把产品做好。这样才是比较实事求是的做法。

第八页：近期目标与计划。

你大概准备拿多少钱，在未来12个月里面准备做哪几件事，千万不要列很多买电脑、招聘、定饭盒这些琐碎的事情，而是给自己定出几个关键点，让投资者通过这些事情看到你的思维能力。例如，我需要组织一个线下团队，在一百个城市中，每个城市开两家餐厅，要做出你的计划。

第九页：资金预算。

第十页：团队介绍。

对团队成员简单做一个介绍。

案例分析

李强和他的创业计划书

李强毕业于某著名大学，经过多年研究，他在建筑节能材料方面取得了一项重要突破。这项技术如果在实际中能够得到应用，将显著减少建筑物的能源消耗，应用前景非常广阔。于是，李强辞去原有工作，准备创业。

由于多年来的积蓄都用在了建筑节能材料的研究上，李强东拼西凑地注册了一家公司后，已经无力再招聘员工、购买实验材料。无奈之下，他想到了风险投资基金，希望通过引入合作伙伴的方式解决困难。为此，他多次与一些风险投资机构或个人投资者接洽商谈。虽然李强反复强调他的技术多么先进，应用前景多么广阔，并拍着胸脯保证投资他的公司回报绝对不错，但总是难以令对方相信，而且他对风险投资机构负责人提问的一些数据也没有办法提供，例如，你的产品的市场需求量有多少？一年可以有多少的销售量？投资后年回报率有多高？就连他想招聘一些技术骨干也比较困难，这些人总是对公司前景缺乏信任。

这时，李强的一位做管理咨询的朋友的一句话点醒了他："你的那些技术有几个投资者搞得懂？你连一份像样的创业计划书都没有，怎么让别人相信你？"于是，在向有关专家请教咨询后，李强又查阅了大量资料，然后静下心来，从公司的经营宗旨、战略目标出发，对公司的技术、产品、市场销售、资金需求、财务指标、投资收益、投资者的退出等方面进行了论证和分析。在这个过程中，他做了大量的市场调研。

一个月后，李强拿出了一份创业计划书初稿，经过几位相关专家的指点，再次进行了修改和完善。凭着这份创业计划书，李强不久就与一家风险投资公司达成了投资协议，有了风险投资的支持，员工招聘问题迎刃而解。

如今，李强的公司经营得红红火火，年销售利润达500多万元。回想往事，李强感慨地说："创业计划书的编制与我研究的节能材料差不多，绝不是随便写一篇文章的事。编制计划书的过程就是我不断厘清自己思路的过程，只有企业家自己的思路清楚了，才有可能让投资者、员工相信你。"

分析：从李强的经历中我们可以看出，一份详细且符合自身实际情况的创业计划书对于创业者来说是十分重要的。由此也提醒即将创业的大学生在创业前应该制订一份完整的创业计划书，只有这样，才能向现实或是潜在的合作伙伴、投资者、雇员及供应商等全面阐述公司的创业机会，阐述创立公司、把握这一机会的措施以及实施进程，并且说明所需要的资源，揭示风险和预期回报等。

真实情境演练

创业计划书撰写流程

1.对选定创业项目进行市场调研

每个创业团队确定一个创业项目,并对现有企业、消费者、消费渠道、政策环境进行市场调研。

创业项目:

创业项目行业环境的分析:

(1) 现有企业和产品服务不足。

(2) 消费者对项目产品需求情况。

(3) 销售渠道包含哪些?

(4) 创业项目的相关政策规定有哪些?

2.撰写创业计划书

每个团队针对确定的创业项目及市场调研情况,撰写一份创业计划书。

网络情境演练

天下商机网(http://www.txooo.com/)是以B2B、C2C全新模式呈现的。天下商机网是全行业、全业态的新型电子商务网站,以"快乐创业,高效传播"为己任,打造以商誉为主导的商业价值链;构建企业与个人,商业应用与价值交互的网络生态圈。天下商机网以用户需求为出发点,倾力打造学习、交流、合作、展示的平台,追求最卓越的用户体验,提供最优质的客户服务。尤其是对于刚步入社会的大学生来说,为其提供了一定的创业信息,并指导大学生如何去创业,在创业过程中应注意哪些问题,其中也提到了制订创业计划书的重要性。

图书推荐

《创业计划:从创意到执行方案》

作者：［美］巴林杰
译者：陈忠卫
出版社：机械工业出版社
出版时间：2009年10月
ISBN：978-7-1112-8348-5
开本：16开
装帧：平装

内容简介：

本书提供了撰写创业计划书每一步的指导意见，能够让读者去深入思考创建企业的过程中所遇到的一些重要问题，这可能是本书最引人注目的突出优势。通过把一份完整的创业计划书贯穿于全书的每一章，从而使此份创业计划书撰写中所考虑的问题为希望创建企业的读者提供借鉴，也为他们撰写创业计划书提供了模板。

编辑推荐：

《创业计划：从创意到执行方案》一书秉承着敢于创新、风险承担、超前行动、创造价值、服务社会的理念，也由此揭示出创业教育是培养当代大学生创业精神的重要方式和手段。目前，我国已有不少高校开设创业管理课程，但尚不能满足创新型人才培养的需要。本书以及后续出版的图书通过借鉴国外先进的知识成果，必将有助于提高当前的创业教育。

第七章 开办新创企业

一个真正的企业家,不能只靠胆大妄为东奔西撞,也不可能是在学院的课堂里说教出来的。

他必须在市场经济的大潮中摸爬滚打。

——王均瑶

对创业者来讲,一个重要且必须做出的决策就是如何合法地构建一个企业。

——杰克·M.卡普兰

> **导语**
>
> 开办新企业,对于一个创业者来说是事业发展的第一步,也是人生发展的开始阶段。创业是一种激情,更是一次艰难的白手起家,创办新企业是具有很大风险的活动。当创业者发现创业机会,看好某个市场并准备进入该市场时,首先面临的就是采用何种方式进入该市场,也就是选择进入市场的方式。而新办企业就是其中最重要的一种方式。因此,对大学生来说,在创业之前,要明确创办新企业的相关事宜,认识到创办新企业的重要性,只有这样,才有可能实现成功创业。

第一节 新企业的创建

一、创建新企业的相关法律问题

(一)企业法律组织形式选择

开创企业,是不少人的梦想。但是,一些初创业者对待个人创业问题,感性的居多,理性的少，往往是梦想高于规划，热情淹没了冷静，这就造成了当前个人创业市场的一个矛盾局面：一方面，大量的创业者前赴后继地进行个人创业；另一方面，创业成功率不到5%的现实状况，让很多人激情减退。这其中，固然有很多因素，但是，创业初期进行一番科学的规划，合理地选择企业组织形式，也是非常重要的，它直接关系到注册资金、企业内部组织管理、税收以及企业债务最终由谁负担等问题。

【小故事】

分粥

有7个人住在一起，每天共喝一桶粥，而粥显然是不够7个人吃饱的。

一开始，他们抓阄决定谁来分粥，每个人轮流掌勺。可是，每周下来，他们只有一天是饱的，就是自己分粥的那一天。于是，他们推选出一个比较公正的人出来分粥，然而专制产生腐败。大家开始挖空心思去讨好他、贿赂他，整天都是在钩心斗角。

然后大家又组成3人的分粥委员会及4人的评选委员会，结果是相互攻击，等分粥完毕，吃到嘴里时已经凉透了。

最后想出一个方法：还是轮流分粥，但分粥的人要等其他人都挑完后拿剩下的一碗。这样，为了不让自己吃到最少的，每人都尽量分得平均，大家也不再争吵不休，变得和和气气。

1.企业法律组织形式的类型

（1）一人有限责任公司

一人有限责任公司简称一人公司，它是由一个自然人或者法人投资设立的有限责任公司。相对于个人独资企业而言，尽管投资人都是一人，二者却存在根本的不同。一人公司是法人企业，有自己独立支配的法人财产，公司财产与投资人的个人财产严格分开，投资人以认缴的出资为限对公司承担责任，公司以自己所有的财产对债权人承担有限责任。

一人公司的劣势主要体现在：

①一人公司设立门槛比较高；《中华人民共和国公司法》（以下简称《公司法》）规定，注册一人公司，最低资本限额10万元人民币，而且必须一次缴足。

②投资人负税较重。公司必须就其所得缴纳企业所得税，投资人从公司取得的投资收益必须缴纳个人所得税。

③在一定条件下，投资人对公司债务承担连带责任。一人公司的股东如果存在滥用公司法人独立地位和股东有限责任，逃避公司债务，严重损害公司债权人利益的情形，公司不再承担有限责任。《公司法》对此作出了特别的规定：一人有限责任公司的股东不能证明公司财产独立于股东自己的财产的，应当对公司债务承担连带责任。

（2）个人独资企业

个人独资企业是指由一个自然人投资，财产为投资者个人所有，并以其个人财产对企业债务承担无限责任的经营实体。个人独资企业的优势主要体现在：

①设立门槛低。没有法定最低注册资本金的要求，投资人只需有申报的出资即可。

②企业自由度大，经营管理灵活。个人独资企业财产归投资人所有，由投资人支配；投资人可以自行管理，也可以选择聘任管理或委托管理。

③企业负税轻。个人独资企业非企业所得税纳税主体，企业所得不必缴纳企业所得税，投资人只需就个人投资所得缴纳个人所得税。

个人独资企业作为非法人企业，不能以自己的财产独立承担有限责任，所以，个人独资企业一旦资不抵债，投资人应以自己的全部财产偿还企业不能偿还的债务，承担的风险较大，这是其劣势所在。

（3）合伙企业

《中华人民共和国合伙企业法》（以下简称《合伙企业法》）第二条规定：本法所称合伙企业，是指自然人、法人和其他组织依照本法在中国境内设立的普通合伙企业和有限合伙企业。普通合伙企业由普通合伙人组成，合伙人对合伙企业债务承担无限连带责任。有限合伙企业由普通合伙人和有限合伙人组成，普通合伙人对合伙企业债务承担无限连带责任，有限合伙人以其认缴的出资额为限对合伙企业债务承担责任。这两种合伙企业的共性，就是有人对合伙企业的债务承担无限连带责任。

合伙企业有其他企业无可比拟的优势：

①企业信用度高。这源于合伙人对合伙企业债务的无限连带责任，当企业财产不足以清偿债务时，任何一个合伙人都有义务替企业偿还。企业的债权人有权要求合伙人中的一人或数人偿还全部债务。基于此，合伙企业容易筹措资金，如从银行得到贷款，或从供货商那里赊购。

②迅速适应市场。合伙企业作为典型的人合企业，合伙人之间彼此了解，相互信赖，志同道合，能够集思广益，增强企业决策能力和经营管理能力，迅速适应市场，提高竞争能力。

③合伙企业同个人独资企业一样，负税较轻，企业所得不缴纳企业所得税。

由于合伙人对合伙企业债务承担无限连带责任，使得合伙人的个人及家庭财产面临巨大风险。所以，投资人在准备合伙创业时，一定要选择值得信赖的、信誉卓著的合伙人。

另外，合伙企业产权转让受到很大限制，不易流动，根据《合伙企业法》规定：合伙人转让自己在合伙企业的财产份额必须经其他合伙人全体同意。这一规定，就注定了合伙人不能进退自如。

（4）有限责任公司

有限责任公司是由2个以上股东共同出资，股东以认缴的出资额为限对公司承担责任，公司以全部资产为限对债务承担责任的企业法人。有限责任公司是现实经济活动中最常见、最大量的企业组织形式，其优势主要有：

①设立门槛低。设立有限责任公司的最低资本限额是3万元人民币；而且出资方式灵活，可以是现金，也可以是场地、实物、知识产权以及其他可以用货币评估作价的股权、债权等资产。

②股东有限责任。公司是企业法人，公司以自己所有的财产对公司债务承担责任，公司资产不足清偿债务时，可以依法破产清算，未偿还的债务，债权人不得要求股东偿还，股东仅以认缴的出资为限对公司负责。所以，从理论上讲，只有公司的破产，没有股东的破产。

③股权转让相对自由，股东可以依法转让自己的股权。股东退出公司相对容易。

但是，有限责任公司需要双重纳税，即公司盈利要上缴企业所得税，股东从公司获得的投资收益还要上缴个人所得税。另外，有限责任公司不能公开发行股票，所以公司筹集资金的范围和规模一般不会很大，难以适应大规模的生产经营需要，比较适合创办中小型企业。

（5）股份有限公司

股份公司是指公司资本为股份所组成的公司，股东以其认购的股份为限对公司承担责任的企业法人。所有股份公司均须是负担有限责任的有限公司（但并非所有有限公司都是股份公司），所以一般合称"股份有限公司"。

①公司的资本总额平分为金额相等的股份。

②公司可以向社会公开发行股票筹资，股票可以依法转让。

③法律对公司股东人数只有最低限度，无最高额规定。

④股东以其所认购股份对公司承担有限责任，公司以其全部资产对公司债务承担责任。

⑤每一股有一表决权，股东以其所认购持有的股份，享受权利，承担义务相比较其他大多数企业组织形式，股份有限制更加复杂，成本也更高。

股份有限公司是独立于企业所有人的法人实体，因此，需要满足更多法规和税务要求。

2.企业组织形式选择需要考虑的因素

一般而言，创业者选择企业组织形式需要考虑的因素包括以下几个方面：

（1）资本和规模

创业资金的多少，对企业形式的选择具有重要影响。一般来讲，如果企业资金较充裕，可以考虑注册有限责任公司（包括一人公司）。如果资金比较紧张，注册个人独资企业或者合伙制企业更为理想。投资者的规模对于企业组织形式的选择也有重要影响，三种主要的企业法律组织形式都有法定人数要求。因此，如果仅仅是一个创业者想创办企业，则可以考虑个人独资企业或者一人有限公司。如果是多人投资成立企业，则应优先考虑合伙制企业、一人公司外的有限责任公司。当然，如果投资人数多到达到股份有限公司的要求，也可以考虑注册股份有限公司。

（2）创业者企业经验

创业者经营企业经验的多寡往往对企业未来的经营影响较大，在选择企业形式时应重点考虑。创业者经营企业经验如果丰富，则可以选择个人独资企业或者一人有限公司等独立性较强的企业组织形式；否则，最好选择合伙制企业或者非一人公司的有限责任公司，从而发挥众人智慧，防止企业经营出现大的问题。

（3）企业税收负担

在西方发达国家，企业者选择企业类型时，税收是首要考虑的因素。对于我国企业，税收负担也是企业投资者应该重点考虑的问题。根据税法规定，我国不同企业组织形式虽然在增值税、营业税等流转税上税负待遇并无二致，但在所得税上差异很大。根据我国税法规定，独资企业和合伙企业不是法律上的法人实体，对于企业收益仅对投资人征收个人所得税，不缴纳企业所得税。而有限责任公司（包括一人公司）和股份有限公司对于公司经营收益要缴纳企业所得税，股东还要就从公司获得的股利和红利等依据股权取得的收益按20%的税率缴纳个人所得税，这使得公司制企业的股东实际负担的所得税税率远大于独资企业和合伙企业股东所承担的税率。

知识延伸

税收筹划的内涵

企业生产经营的每个环节的实现都伴随着税收的影子，大学生应该提前准确地掌握税法的变化和差异，并采用适当的调整方法，以减少税收负担，如要掌握2020年企业所得税的汇算清缴和个人所得税的改革内容。

据统计，近年来，90%的大学生自主创业以失败告终，其原因是多方面的，如大学生企业经营管理经验、能力不足，融资困难，以及缺乏创业氛围，还有一个重要原因是大学生对税法缺乏了解。《中华人民共和国企业所得税法》是纳税筹划的重要依据，对大学生创业组织形式的选择具有重大的指导意义。税收的无偿性决定了税款的支付是企业资金的流出。为了减轻税负，企业自然就会想方设法少缴税、免缴税或延缓缴税。正是在各种利益的驱动下，税收筹划应运而生。

税收筹划是指纳税人在不违反税法及其他相关法律、法规的前提下，对企业经营活动、投资活动、筹资活动及兼并、重组等事项做出筹划和安排，以实现最低税负或延迟纳税的一系列策略和行为。

在税收筹划中，一个重要的前提就是不违法，在这个前提下，进行税收筹划工作必须结合企业的实际情况，并保持相对的灵活性，随时根据新税法的变动制订调整筹划方案，保证合理避税和降低税负，以增加企业的价值。对于企业来说，纳税筹划具有广阔的发展前景，不仅能够实现税收成本最小、实现企业的内在价值，更是提升经营管理水平的重要捷径。因此，大学生应充分认识其重要性，积极正确地开展税收筹划工作。

（4）行业特点

如果企业所属行业适宜较大规模经营的，如制造型企业、贸易加工型企业以及大多研发技术型企业，一般选择合伙制和有限责任公司形式较为适宜。如果企业属于一般性服务行业，规模较小，则优先选择注册个人独资企业或者个人有限责任公司类型。

（5）企业设立条件与程序

企业设立条件与程序一般受企业投资者的责任所制约。通常情况下，如果投资者承担较重的责任，则企业设立条件较为宽松，设立程序较为简单；如果投资者承担较轻的责任，则企业设立条件较为严格，设立程序较为复杂。

（二）企业组织结构的建立

为使新创企业组织形式科学合理、高效明晰，在建立之初应考虑以下几个方面的因素。

1.根据实际，建立符合企业自身特点的组织目标体系

（1）明确企业的愿景和使命，提炼公司核心价值观

组织目标是所有参加者的间接的个人目标，它是组织参加者们一起进行组织活动，以满足各自不同动机的手段。组织可以通过组织同化，培养员工对组织的认同感、归属感，使员工将组织目标内化为个人目标，这时员工对组织目标的追求就成为自觉的、主动的行为。这样，组织目标就能逐步得到实现，从而给他们带来了个人价值的实现。因此，组织的愿景必须具有前瞻性、实际性、想象力、震撼力和清晰度，弘扬企业文化，通过原则和制度使核心价值观落地，增强员工对企业的认可度。

（2）建立科学的治理结构，促进组织战略目标实施

为了使组织目标更好地和员工的工作绩效相衔接，组织需进一步分解和细化，使之成为考核员工工作绩效的标准，要力求做到：

①目标要简洁、明确，设置目标时，用大家都能理解的语言和术语来讨论在一定期限内必须完成的主要任务及其目标。

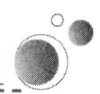

②目标要具有可评估性，多用量化指标。

③目标要有相容性，即各子目标之间相互衔接，并且相容于组织的整体目标。

④目标要有挑战性，富有挑战性的目标本身及其可能带来的更多奖酬，更能激发员工的工作热情。

⑤各种目标要有优先秩序，并形成一个目标体系。

⑥组织目标体系本身要求短期目标和长期目标相结合，局部目标和整体目标相结合。

2.打造团结有力的领导班子，培育积极向上的企业核心文化

领导，因其在组织结构中具有的系统性、动态性、权威性、综合性、超前性和战略性等特点决定着它将在组织中发挥极其重要的作用。优秀的领导者不仅在推动雇员参与管理的过程中要发挥主导作用，还可以在维持高度参与式组织持续成功的进程中，建立一个重要的推动机制。让职工了解自己的工作是整个企业宏伟蓝图的一部分来激励他们，并根据职工的业绩是否有助于蓝图的实现，对其业绩和成效情况进行反馈，从而实现职工对企业目标和战略的认同达到最大值。同时，授予员工一定的自主权力，激发其创造力、创新力和潜能，为达成组织目标共同努力。

3.组织架构设计的合理性

企业的组织架构就是一种决策权的划分体系以及各部门的分工协作体系。组织架构需要根据企业总目标，把企业管理要素配置在一定的方位上，确定其活动条件，规定其活动范围，形成相对稳定的科学的管理体系。组织架构设计不合理会严重阻碍企业的正常运作，造成组织内部信息传导效率降低、失真严重，决策低效甚至错误，部门设置臃肿，责任不清，企业内耗严重等。

（1）内外结合、以内为主，充分认识、系统规划

企业在组织设计过程中，应遵循从组织目标出发，确定组织职能，然后进行分工工作（部门化、岗位化）。在实际的组织设计操作过程中，更要注重组织设计的开展思路和工作原则。因为整个组织的变革工作的"艺术性"（个体性因素）要远远大于"科学性"（标准化）的成分。最终企业选择何种模式，主要取决于企业自身的组织协调能力的估计。

企业既是一个系统而又复杂的组织体，还是一个开放和动态的有机体，进行组织设计时，必须着眼于这个组织的整体性和系统性，同时又要考虑到各个不同组织之间的差异性和矛盾关系。因此，建立系统化的工作思路是必要的前提和基础。

（2）"因事设岗"而非"因人设岗"

组织的岗位设计工作中，从理论上讲，因人设岗的设计思想，会造成组织的功效发挥更大程度上简单地基于现有资源的情况。它忽视了组织目标和企业发展需要，往往会产生组织效率逐步降低，内部的业绩管理体系难以建立等弊病。多数企业的组织结构图中往往带有浓厚的人文色彩，在管理中更加注重的是"人治"，而并非像西方企业注重制度建设

和流程化运行。因此，在组织建设时应考虑企业内部的文化因素，进行既符合实际又科学的工作分析。

（3）根据战略要求界定关键活动，设计层次化、结构化的流程体系和部门分工

这一举措的实质是企业活动分析，唯有对企业的活动进行深入分析，才能准确把握这个企业需要哪些职能，哪些是关键职能。这就需要对企业的业务进行梳理，它从事的是何种业务、此业务有什么特点，业务部门的设置是由业务活动的特点决定的，比如作为高新技术企业，支持这个行业的一是科研技术力量；二是生产经营能力。企业需要围绕这两个核心职能来进行设计。在设计结构的时候要充分分析，在部门设置后还需要进行决策分析，将各种不同信息汇报给不同层次的人，供其决策。通过这样的分析来决定企业需要什么样的高层管理结构，以及同级的主管需要拥有哪些权责。企业内的活动不可能由某一个部门独立完成，其中涉及哪些活动，因此需要哪些管理者参与决策，哪些人需要知道决策结果，对这些问题进行详细分析后，汇报关系以及流程中关键控制点就会清晰可见。

可这一举措的最终的目的就是不断补充、完善基本职能，建立优秀的关键职能，同时打破部门壁垒，不断优化流程，压缩非增值活动，提高效率，这是组织结构设计的重中之重。

（4）强调信息管理和信息系统的重要性和基础性作用

向雇员提供企业最新信息和企业长期发展取向的信息系统，无论对于雇员实施最大的自我管理，还是参与和其他雇员开展横向协作，都意义重大。无论是信息的向下流动、信息的向上流动和横向流动，还是多沟通渠道和技术来促进组织内部的交流，单单依靠提供信息并不能使组织转变成高度参与式组织，但如果权力下放，实现控制和决策权在整个组织中快速有效地移动，这个组织则更加完善。

【小故事】

诺基亚公司三位员工的辞职创业

汤姆（Tom）、珍妮芙（Jennifer）和泰勒（Taylor）都在国际蜂窝电话企业诺基亚公司工作，他们三人提出一项面向大学生提供手持式设备的计划。该设备与Palmilot相类似，但又有针对学生的特殊功能，如下载PPT文件和能直接把课堂演讲转化成文字的声音识别系统。这种命名为StuclyPales的装置，还具备无线上网功能可供学生之间互相传送电子邮件和紧急信息。三位创业者都迫切希望从诺基亚离职去创业，他们已经想好了新

公司的名称：飞马计算公司，他们甚至已经设计出展现公司特色的商标图案：希腊神话中，长着翅膀的飞马。

他们采纳了同事的建议，在建立创业企业去开发创意和概念前，决定先拜访律师以便征询意见，并迅速联络了一家久负盛名的法律公司。这家公司向他们推荐了吉姆·布兰森（Jim Branson），他专门为创业者提供咨询服务。布兰森倾听了他们的想法，并为他们的到来感到非常荣幸，指出在采取下一步行动前，他们至少考虑两个问题，并建议他们在解决这些问题之前，最好不要辞职。

第一，布兰森先生询问汤姆、珍妮芙和泰勒，是否已经讨论过如何分配所有权及责任的问题。他指出，多个人共同创建企业时应该起草一份创建者协议，它明确了企业权益分割，以及如果某位创建者逝世或退出时的应对措施。他还指出，如果付诸实践，他们还必须讨论最恰当的有关企业所有权的法律形式。

第二，布兰森先生告诫他们，不要过分痴迷于选定的公司名号和产品，他还要进行商标查询，以确认这些名称究竟能否为公司所用。他还告诉他们，下次会面时需要讨论一系列知识产权保护问题，如专利、商标、版权和商业机密。泰勒一脸诧异地说："我从未想到创业会面临如此多的法律问题。"布兰森说道："你们可能对此知之甚少，但庆幸的是，你们来到了这里。几周前，我的一位客户已经从仁科公司（People soft）辞职，为创业辛苦奔波了18个月，但换来的却是办企业的非竞争协议，对他打击非常大，至少，你们走得更早，我会指导你们的创业过程，帮助你们避免任何代价高昂的失误。"

（三）企业注册登记流程及实务

一般情况下，企业注册登记流程如下：

1.预先核准核名企业名称

申办人提供法人和股东的身份证复印件（或身份证上姓名即可）。申办人提供公司名称2~10个，例如，北京（地区名）+某某（企业名）+贸易（行业名）+有限公司（类型），要求行业名要规范，写明经营范围、出资比例（字数应在60字内）。由各行政区工商局统一提交到市工商行政管理局查名。

通过市工商行政管理局进行公司名称注册申请，由工商行政管理局三名工商查名科注册官进行综合审定，给予注册核准，并发放盖有市工商行政管理局名称登记专用章的"企业名称预先核准通知书"。

2.提供证件

新注册公司申办人提供一个法人代表和全体股东的身份证各一份。相关行政机关如有新规定，由相关部门和申办人按照国家规定相互配合完成。

3.审批

经营范围中有需特种许可经营项目，报送审批。如有特殊经营许可项目还需相关部门报审盖章，特种行业的许可证办理，根据行业情况及相应部门规定不同，分别分为前置审批和后置审批。特种许可项目涉及卫防、消防、治安、环保、科委等有关部门。

4.刻章

企业办理工商注册登记过程中，需要使用图章，因此由公安部门刻出：公章、财务章、法人章、全体股东章、公司名称章等。

5.验资

按照《公司法》规定，企业投资者需按照各自的出资比例，提供相关注册资金的证明，通过审计部门进行审计并出具"验资报告"。

6.申领营业执照

工商行政管理局经过企业提交材料进行审查，确定符合企业登记申请，经工商行政管理局核定，即发放工商企业营业执照，并公告企业成立。

7.办理组织机构代码证

公司必须申办组织机构代码证，企业提出申请，通过审定，由中华人民共和国国家质量监督检验检疫总局签章。

8.税务登记证

办理税务登记应提供的材料有：营业执照副本及复印件，组织机构代码证书及复印件，银行开户许可证复印件，法人代表（负责人）或业主、财务负责人身份证明，经营场所租房协议复印件，所租房屋的房产证复印件，固定电话，通信地址等。

9.开设企业基本账户

基本账户是指存款人办理日常转账结算和现金收付而开立的银行结算账户。企业经营活动的日常资金收付以及工资、奖金和现金的支取均可通过该账户办理，存款人只能在银行开立一个基本存款账户。开立基本存款账户是开立其他银行结算账户的前提。企业开立的基本账户的名称，应按照营业执照上的单位名称设置，具体可在企业属地任一家具有对公业务的银行金融网点开立基本存款账户。如需将验资存款账户直接转为基本存款账户，企业应提供如下相关资料：

①开户证明。即验资时，由银行支行出具的验资用"银行询证函"或"存款证明"等文件。

②企业的营业执照正本原件及复印件。

③组织机构代码证正本原件及复印件。

④法人代表身份证原件及复印件。

⑤国地税的税务登记证原件及复印件。

⑥盖一套单位的印鉴卡（一式三份，由银行提供）。另外，预留的印鉴可以是公章（或财务专用章）加上私章（或签名）。私章主要是单位法人代表的章或出纳人员的章。

⑦开立单位银行结算账户的申请书（一式三份，需加盖单位公章、法人签名）。

⑧法人（或负责人）授权委托证明书一份、代理人身份证复印件等。

⑨银行需提供的其他资料。

10.进行社会保险登记

社会保险登记是社会保险费征缴的前提和基础，也是整个社会保险制度得以建立的基础。县级以上劳动保障行政部门的社会保险经办机构主管社会保险登记。缴费单位申请办理社会保险登记时，应填报"社会保险登记表"并出示以下证件和材料：

①企业持"企业法人营业执照"（副本）。

②事业单位持"事业单位法人证书"（副本）。

③社会团体持"社会团体法人登记证"（副本）。

④国家机关持单位行政介绍信。

⑤国家质量技术监督部门颁发的组织机构统一代码证书。

⑥其他核准执业的证件。

（四）新企业名称设计

1.企业名称的基本构成

根据《企业名称登记管理规定》的规定，企业名称应当由行政区划名称、字号、行业或者经营特点、组织形式四项基本要素构成。

（1）行政区划名称

企业名称中的行政区划名称，是指县以上行政区划的名称，不包括乡、镇和其他地域名称。在不会造成误认的情况下，企业名称冠以行政区划名称时可以省略"省""市""县"等字。

企业名称所冠行政区划名称应该是企业所在地县以上行政区划名称，而不是非企业所在地行政区划名称。各类"经济技术开发区""保税区""新技术开发区""工业园区"等名称不能作为行政区划名称使用。但是，在企业名称已冠有县以上行政区划名称的前提下，可以在行政区划名称后缀以经有关部门批准的"经济技术开发区"等名称。

除符合特殊规定可不冠以行政区划名称外，企业名称都应当冠以所在地行政区划名称，即行政区划名称应置于企业名称前面，如行政区划名称在整个名称的中间，则不视为行政区划名称，此类名称也应按照不冠以行政区划名称的企业名称进行登记管理，须经国家工商行政管理局核准。符合下列条件的企业，经国家工商行政管理局核准，其名称可不冠以行政区划名称：

①全国性公司。

②国务院或国务院授权的机关批准的大型进出口企业。

③国务院或国务院授权的机关批准的大型企业集团。

④历史悠久、字号驰名的企业。

⑤外商投资企业。

⑥国家工商行政管理局规定的其他企业。

（2）字号

字号是一个企业区别于其他企业的重要标志。字号应由两个以上的汉字组成。企业有正当理由可以使用本地或异地地名作字号，但不得使用县以上行政区划名称作字号。外商投资企业的中文名称中不得使用外文字母、汉语拼音，国内企业也不得以外文字母、字词作字号。企业字号一般不得使用行业字词。

（3）行业或者经营特点

企业应根据自己的经营范围或经营方式确定名称中的行业或者经营特点字词。该字词应具体反映企业生产、经营、服务的范围、方式或特点，不能单独使用"发展""开发"等字词；使用"实业"字样的，应有下属三个以上的生产、科技型企业。企业确定名称中的行业或经营特点字词，可以依照国家行业分类标准划分的类别使用一个具体的行业名称，也可以使用概括性字词。企业经营业务跨国民经济行业分类大类的，可以选择一个大类名称或使用概括性字词在名称中表述企业所从事的行业，也可以在名称中不反映企业所从事的行业。外国投资者若是具有驰名商号的公司，在中国举办注册资本1000万美元以上的独资经营企业，其名称中可以不标明行业或经营特点。

（4）组织形式

企业应当根据自己的组织结构或责任形式，在企业名称中标明组织形式。目前，我国企业使用的组织形式大体有两类：公司类的"有限责任公司"和"股份有限公司"；一般企业类的"中心""厂""店""馆""所""社"等。

具备法人条件的企业，如需在其名称中的组织形式前使用"总"字，必须下设三个以上与该企业名称中组织形式相同的直属分支机构。依照《公司法》设立的有限责任公司、股份有限公司，无论是否设有分公司，均不得使用"总"字。

2.企业名称的规范要求

（1）企业法人必须使用独立的企业名称

企业法人必须使用独立的企业名称，不得在企业名称中包含有另一个法人名称，包括不得含另一个企业法人名称。

《企业名称登记管理规定》明确规定，企业名称不得含有国际组织名称；国家（地区）名称；政党、宗教名称；国家机关、党政机关、军队机关、事业单位、社会团体名称；军队番号或代号。

（2）企业名称中不得含有另一个企业名称

企业名称中不得含有另一个企业名称是指企业名称不得含有另一个具有法人资格的企业名称，也不得含有另一个不具有法人资格的企业名称，如合伙企业、个人独资企业。

根据企业名称规范要求，企业名称申请人应遵守该规定，申请的企业名称中不得使用他人的企业名称。例如，"广州四通集团公司"，该名称中含有"四通集团公司"企业名称。由于目前登记机关未曾实现联网查询，不可能要求地方工商行政管理局知道由国家工商行政管理局核准的不冠以行政区划的企业名称。如果核准登记了上述类型的企业名称，不发生名称争议，则相安无事。如果发生名称争议，根据注册在先的原则，对企业名称中含有其他企业名称的，应予以纠正。

（3）企业名称应当使用规范汉字

企业名称应当使用符合国家规范的汉字，民族自治地区的企业名称可以同时使用本地区通用的民族文字。企业名称不得含有外国文字、汉语拼音字母、阿拉伯数字。

规范汉字是指经过整理简化的字和未经整理简化过的传承字。现行规范标准是：

①简化字以1986年10月经国务院批准重新发表的《简化字总表》为准。

②异体字中的选用字以1955年12月文化部和中国文字改革委员会联合发布的《第一批异体字整理表》为准（恢复使用的28个字请参看《简化字总表》和《现代汉语通用字表》）。

③字形以1988年3月国家语委和新闻出版署联合发布的《现代汉语通用字表》为准。

④更改的县以上地名生僻字以1955—1964年国务院分九次公布的为准。

⑤更改的部分计量单位名称用字以1977年7月中国文字改革委员会和国家标准计量局联合发布的《关于部分计量单位名称统一用字的通知》为准。

使用符合国家规范的汉字，是指按上述现行规范标准使用汉字，不得使用已被取代的繁体字和未被批准采用的简化字，以及标准以外的字。

外文名称是中文名称的译文，属企业根据自己对外经营活动的需要翻译使用的问题，在使用英语地区翻译成英语，在日语地区翻译成日语，等等，只要译文符合国际通用翻译原则，与中文名称一致即可。

汉语拼音字母本身不是汉字，仅仅是汉语学习的一种工具。

企业名称中有下列情况的，不视为使用数字：

①地名中含有数字的，如"四川"。
②固定词中含有数字的，如"四通"。
③使用序数词的，如"第一"。

（4）企业名称不得含有有损国家利益或社会公共利益、违背社会公共道德、不符合民族和宗教习俗的内容

企业是社会经济生活的细胞，维护国家整体的利益和社会公共利益，遵守社会的公共道德，不仅是每个公民的义务，也是每一个企业应尽的义务。

企业名称也是一种社会文化，它充斥着街头巷尾和各种社会传播媒介，折射出企业投资人的文化层次和志趣倾向，从一个侧面反映了社会文化的健康度。因此，企业在确定名称时应符合整个社会精神文明的要求，企业登记主管机关亦应反对使用殖民奴化色彩和腐朽封建意识浓厚以及格调低下的企业名称。

由于我国是一个多民族国家，各个民族有不同的生活习惯和宗教信仰，尊重各民族的生活习惯和宗教信仰、维护民族团结和宗教信仰自由是我国的一贯政策。因此，企业名称不得含有不符合民族和宗教习俗的内容，特别是在少数民族地区设立的企业，申请和核准企业名称时应注意当地各民族的生活习俗和宗教习俗，回避当地民族和宗教的禁忌。

（5）企业名称不得含有违反公平竞争原则、可能对公众造成误认、可能损害他人利益的内容

企业依法享有名称权，但是企业在申请、使用企业名称时，同样不得侵害其他企业的名称权。特别是企业通过企业名称实施不正当竞争行为时应当予以禁止。例如，企业名称造成公众的误认并对他人的营业场所、商品或工商业活动造成混乱；或企业名称含有在经营活动中具有损害他人的营业场所、商品或工商业活动的商誉性质的虚伪说法；或企业名称中含有在使用时会使公众对商品的性质、制造方法、特点、用途和数量产生误解的表示和说法；等等。无论上述情况出现在申请名称登记注册时，还是出现在企业名称登记注册后，或企业名称使用过程中，企业均有义务予以调整。

（6）企业名称不得含有法律或行政法规禁止的内容

企业名称不仅应符合《企业名称登记管理规定》的有关规定，也应符合其他国家法律或行政法规的规定。

例如《公司法》明文规定，"依照本法设立的公司名称必须使用'有限责任公司'或'股份有限公司'字词"，因此在1994年7月1日以后，凡设立公司必须称"有限责任公司"或"股份有限公司"，而不能单独称"公司"。目前，我国仍有许多企业单独称"公司"，都是在《公司法》实施前设立，在当时的情况下，对公司这一经济组织无特别的单项法规来约束，这些公司都有一个3~5年内根据国家的统一安排逐步依照《公司法》进行

规范的过程。届时，它们的名称也将随公司的规范过程规范为有限责任公司或股份有限公司，或改为其他组织形式的名称。

又如，一些单项行业性法规往往对行业有禁止、限制或需经严格审批的明确规定，如国务院曾明确指示不得开办讨债公司，公司名称亦不得申请使用"讨债"字词；国务院明文规定我国禁止开办金融期货，期货经纪公司不得从事国际期货经纪业务，因此，企业名称不得申请使用"金融期货""国际期货"字词。

（7）企业名称是企业权利和义务的载体，企业的债权、债务均体现在企业名称项下

由于企业变更名称后在一定时间内，不可能让社会公众或企业的客户周知；企业办理注销登记或被吊销营业执照后在一定时间内其债权和债务不可能全部清结，在此期间，如果一个新的企业使用与上述企业完全相同的名称，虽不构成重名，但却易引起公众和上述企业特定客户的误认。因此，企业申请登记注册的名称不得与其他企业变更名称未满一年的原名称相同，或者与注销登记或被吊销营业执照未满三年的企业的名称相同。

二、新企业选址与名称设计

（一）企业选址的重要性分析

1.地址是制定经营战略及目标的重要依据

经营战略及目标的确定，首先要考虑所在区域的社会环境、地理环境、人口、交通状况及市政规划等因素。企业应依据这些因素明确目标市场，按目标顾客的构成及需求特点，确定经营战略及目标，制定包括广告宣传、服务措施在内的各项促销策略。

事实表明，经营方向、产品构成和服务水平基本相同的餐厅，会因为选址的不同，导致经济效益出现明显差异。不理会餐厅周围的市场环境及竞争状况，任意或仅凭直观经验来选择餐厅地址，是难以经受考验并获得成功的。

2.地址选择是对市场定位的选择

地址在某种程度上决定了客流量的多少、顾客购买力的大小、顾客的消费结构、餐厅对潜在顾客的吸引程度以及竞争力的强弱等。选址适当，便占有了"地利"的优势，能吸引大量顾客，生意自然就会兴旺。

3.地址选择是一项长期性投资

不论是租赁的还是购买的，一旦被确定下来，就需要大量的资金投入。当外部环境发生变化时，餐厅的地址不能像人、财、物等其他经营要素一样可以做相应的调整，它具有长期性、固定性特点。因此，对餐厅地址的选择要做深入的调查和周密的考虑，妥善规划。

4.地址选择反映了服务理念

地址选择要以便利顾客为首要原则。从节省顾客的购买时间、节省其交通费用的角度出发，最大限度地满足顾客的需要，否则，就会失去顾客的信赖和支持，也就失去了存在的基础。

（二）创业选址的参考因素

创业选址工作是创业者需要面对的一个难题，对于一些缺乏经验的创业者，对选址工作几乎不知从何入手。其实，创业者不妨将选址的各个方面划分成不同的因素，然后一一加以评定，这样选址工作自然会变得有条不紊。

选址时应该注意的因素可划分为：市场因素、商圈因素、物业因素、所区因素和个人因素。

1.市场因素

对于市场因素，可以从顾客和竞争对手两个角度来考虑。从顾客角度看，要考虑经营地是否接通顾客，周围的顾客是否有足够的购买力。对于零售业和服务业，店铺的客流量和客流的购买力决定着企业的业务量。从竞争对手角度看，经营地点的选择有两种不同的思路：一种思路是选择同行聚集林立的地方，同行成群有利于人气聚合与上升，如当下的服饰一条街、建材市场、家电市场、小商品市场等；另一种思路则是别人淘金我卖水，别人都蜂拥到某地去淘金，成功者固然腰缠万贯，失败者也要维持生存。如果到他们中间去卖水，肯定稳赚不赔。

2.商圈因素

商圈因素，就是指要对特定商圈进行特定分析。例如，车站附近是往来旅客集中的地区，适合发展餐饮、食品、生活用品；商业区是居民购物、聊天、休闲的理想场所，除了适宜开设大型综合商场外，特色鲜明的专卖店也很有市场；影剧院、公园名胜附近，适合经营餐饮、食品、娱乐、生活用品等；在居民区，凡能给家庭生活提供独特服务的生意，都能获得较好发展；在市郊地段，不妨考虑为驾车者提供生活、休息、娱乐和维修车辆等服务。

3.物业因素

物业因素同样不能忽略，在置地建房或租用店铺前，创业者应首先了解地段或房屋的规划用途与自己的经营项目是否相符；该物业是否有合法权证；还应考虑该物业的历史、空置待租的原因、坐落地段的声誉与形象等，是不是环境污染区、有没有治安问题等都是创业者选择时需要考虑关注的。

4.所区因素

所区因素指的是经营业务最好能得到当地所区和政府的支持，至少不能与当地的政策背道而驰。

5.个人因素

个人因素，有时会被一些创业者过多地关注，一些人常常选择在自己的住所附近经营，然而，这种做法可能会令创业者丧失更好的机会或因经营受到局限，购买力无法突破。

创业者在购买商铺或租赁商铺时，要充分考虑价格因素，包括资金、业务性质、创业成功或失败后的安排、物业市场的供求情况、利率趋势等，以免做错误决定，对企业的业务经营造成不良影响。

选址工作切忌盲听、盲信、盲从，缺少调查和评估的选址难以找到符合条件的经营场所。因而，选址不能一味求快，创业者应该多对意向地段进行多方面考察，权衡各个因素的优劣，从长远角度考虑，为自己店铺日后的经营打下良好基础。

【小故事】

麦当劳是如何选址的

1.只选择在适合汉堡包生存的地方开店

麦当劳在我国的发展步伐无疑是飞速的，现如今也几乎没有孩子不知道麦当劳叔叔。有人说，这是麦当劳的本土化策略带来的结果。确实有这方面原因，麦当劳会根据当地人的口味适当调整自己的配方，但只是一小部分，不管到哪里，它都把汉堡包作为自己的特色。但本土化只是麦当劳成功的一个方面，麦当劳最成功的地方在于选址，它只选择在适合汉堡包生存的地方开店，所以，它的每个店都非常成功。

正因为麦当劳的选址坚持通过对市场的全面资讯和对位置的评估标准的执行，才能够使开设的餐厅，无论是现在还是将来，都能健康稳定地成长和发展。

2.先标准后本土的思想

以先标准后本土的思想建立的麦当劳，首先寻找适合自己定位的目标市场作为店址，再根据当地情况适当调整。他们不惜重金、不怕浪费更多的时间在选址上。但他们一般不会花巨资去开发新市场，而是去寻找适合自己的市场；不会认为哪里都有其发展的空间，而是选择尽可能实现完全拷贝总店的店址。作一个形象的比喻，他们不会给每个人量体裁衣，他们需要做的只是寻找能够穿上他们衣服的人。

3. 核心秘诀："选址，选址，还是选址"

连锁企业发展的标志就是规模扩张，它的前提是总部统一控制发挥整体优势，而实现这一目标的第一步就是通过选择合适的店址，进行最大限度的拷贝，使分店更加标准化，使总部经营管理更加简单化。麦当劳连锁经营发展成功的三个首选条件是"选址、选址、还是选址"，他们就是要选择目标市场以加快连锁经营度的步伐。

4. 选址步骤

据了解，麦当劳的选址主要分为如下步骤：

首先，市场调查和资料信息的收集。包括人口、经济水平、消费能力、发展规模和潜力、收入水平，以及前期研究商圈的等级和发展机会及成长空间。

其次，对不同商圈中的物业进行评估。包括人流测试、顾客能力对比、可见度和方便性的考量等，以得到最佳的位置和合理选择。在了解市场价格、面积划分、工程物业配套条件及权属性质等方面的基础上进行营业额预估和财务分析，最终确定该位置是否有能力开设一家麦当劳餐厅。

最后，商铺的投资是一个既有风险又能够带来较高回报的决策，所以还要更多地关注市场定位和价格水平，既考虑投资回报的水平，也注重中长期的稳定收入，这样才能较好地控制风险，达到投资收益的目的。

（三）门店选址攻略

1. 跟随竞争者

很简单，跟着你的竞争者，在其店址附近的一定区域内选址。

1）确定跟随对象。进入某区域前，先调查该区域内的竞争者，从中选择那些在店址方面与你相近且成功的。跟随的对象可以是多家。因为任何一个竞争者的选址都是有限的，不可能覆盖所有合适的商圈。

2）以竞争者店址为中心，向四周扩散式选址。扩散区域要控制好，不能无限制地缩小（如在同一幢楼里、隔壁或对面）或扩大（如超出了该店所处的商圈），依据自身情况具体对待。

3）确保一个原则——所选店址必须有足够的市场容量。深圳面点王董事长曾说："在深圳有50家麦当劳、45家肯德基，面点王现在是30家，有20多家面点王与洋快餐相邻或对垒。哪里有肯德基、麦当劳，哪里就有面点王。""与洋快餐相邻相对开店，并不仅仅是为了竞争。肯德基、麦当劳选址考察论证科学细致，周围环境、人口密度、人口结构、道路交通、建筑设施等都（会做）定量分析……跟着他们，准没错。"

2.跟随业态互补者

有些业态在经营、服务内容上是互补的,你就可以把店开在它旁边,为顾客带来完整的"一条龙"服务。比如,在体育场内及旁边,前来运动的人们存在其他需求,你可以提供餐饮、运动服装零售、便利店或咖啡茶饮等。又如,在旅游景点旁边,你可以开设餐饮、照相馆、照片冲洗店、便利店、手机充电服务、纪念品零售店等。

3.搭车式选址

如果你有很强的交际能力或有一定的人脉关系,可以与和你业务有密切联系的公司结成战略合作伙伴关系,那么不仅可以降低选址成本,店址还有保障。比如,国内某SPA馆和某知名连锁酒店合作,双方约定该连锁酒店每家都以较低价格出租一定的面积用来开设SPA馆。如此,不仅方便了酒店的客人,也给SPA馆带来了极大的便利,一方面解决了选址问题,另一方面大大降低了成本。

4.自己扫街

简言之,就是你亲自或派人实地考察,现场发现可用店址的机会。

1)确定重点扫街区域。在扫街前需制订一个详细、科学的路线图,以免重复或遗漏。

2)准备好扫街工具。包括纸、笔、照相机、房屋基本情况表等记录工具,带上移动电话、当地地图和自己制定的路线图。对于较大区域的扫街可用机动车。否则,最好用自行车甚至步行。

3)扫街人员现场考察。对于公开的店址租售信息,一旦发现要立即联系了解基本情况,并记录在《房屋基本情况表》上,最好能现场看房或约定看房时间。如果该址符合基本条件,还要拍摄店内外的各种照片,以便其他人也能对其获得感性认识。对于非公开的符合选址标准的店址信息,则应主动询问。询问时,一定要讲礼貌和技巧,最好直接询问该店一把手;同时,不要太张扬,以免给出租人带来不适。

4)每天扫街结束后,一定要做完整的记录并进行总结,尤其要认真整理《房屋基本情况表》,以便将来审核、评估店址。如果有几批人分头扫街,则每天还应碰头,互相交流信息。

5)对所有的备选店址分别评估、谈判,直至最终签约。由于好的店址通常会有许多竞争者争抢,因此你可以同时看房和谈判,保证能第一时间得到好店址。

5.找职业中介

房地产中介一般都掌握着丰富的关系网和资源,但良莠不齐,要善于借助其资源,也要谨慎辨别,以免受骗。

1)查找并确定尽可能多的主攻商铺的中介。

2)核实中介的实力与资信,确定准备合作的几家。虽然有些从事中介业务的个人和非正规组织可能会有些独特的信息且价格便宜，但相关权益一旦受损将得不到保证。正规公司除了经营合法之外，还会提供许多独特的服务，比如帮助你贷款、提供第三方担保、协助办理租售事宜，甚至协助你分析市场与商圈、规划装潢店面等。

3) 与选定的中介洽谈，告知详细的选址要求。如果选址是秘密进行的，那么你一定要与对方签署保密协议，以免选址信息被泄露。

4) 专人负责每天与中介沟通，跟踪其选址信息和进度。

5) 评估并确定中介推荐的店址。

6. 发布广告

1) 确定发布媒介。一般来讲，店址信息的广告多见于报纸、互联网、张贴海报等媒介。所选媒介只要能覆盖你想选址的区域即可，但要让你的目标受众能频繁、深度地接触。这意味着你不能只看价格，更要关注性价比。

2) 编制寻租或寻售广告文件。文件的形式、格式、措辞和设计既要考虑到保密性和其他特殊要求，还必须与媒介特质相匹配。

3) 时刻保持联系方式畅通，详细记录每个反馈信息。在首次接到信息时，不要忙于做出判断，要经过详细的反馈调查后再做出取舍。

4) 整理广告反馈信息，逐个研究、分析并初步确定可能的对象，然后回访、最终确认。

7. 利用供应商资源

门店的供应商也能为选址服务。这些供应商包括：设备、商品供应商、人员、信息、资金、技术、装修等服务供应商。他们可能同时为多个竞争者提供商品或服务，掌握同类型店的很多店址，熟悉每个店址的经营状况，能帮助你做出更准确的判断。

1) 根据经营内审，选定能给你带来最有效选址信息的供应商。通常，门店的主营商品、主营设备或行业特定供应品供应商是最佳对象。比如你要开美容院，那么美容设备、美容品的供应商就是最佳选择。

一般而言，要选择规模大、业内名声好的供应商。你也可以去对手店内实地访查，搜集供应商信息，选择供应范围广、客户多的供应商。

2) 选定供应商之后，主动和供应商联系。如果你向他进货，通常他会非常乐意向你提供店址和竞争者的信息。当然，出于职业道德，有些供应商可能不会向你提供相关信息，甚至会提供一些虚假信息，所以要有所分析和筛选。

3) 根据供应商提供的信息，采取对应的选址方法。比如，供应商说某店经营每况愈下，不妨去调查此店是否有转让或出售的意图；供应商说某店经营状况非常好，订货量一直较大甚至持续增加，不妨调查该区域的同类市场是否饱和。若严重不饱和，那么开店成功率会大很多。

论证店址时可以征求供应商的意见,这些意见通常有很重要的参考价值;有的供应商为了扩大业务范围,会刻意去研究自己的商品或服务的市场,所以他们可能有大量备选地址信息。

8.开发关系网络

把要选址的信息告诉你的"关系户",让他们给你提供信息。"关系户"可以是你的亲朋好友、旧熟新识。

1)简单整理选址信息,形成一份关于选址要求的文字材料,不必特别详细但一定要准确,保证信息能够真实、有效地传递。

2)确定信息传递的第一批"关系户"。他们有店址信息,或是没有,但能传递给有店址信息的"关系户"。你把选址信息透露给你的"关系户"时,他们再透露给各自的"关系户"。以此类推,选址信息会呈几何级数迅速扩散。如果你没有"关系户",可以向团队成员开发。

3)组织专人整理与分析选址信息的传递以及反馈信息。

9.搜寻免费地址源信息

在信息爆炸的今天,各种媒介都有可能提供关于店址的信息,所以,你一定要善于发现并利用这些信息,尤其是那些免费或以极低的成本就可轻松获得的店址信息。

1)互联网。你可以在专业搜索网站输入关键词搜索,也可以在专业中介网站、分类信息网站、地区性网站、各种论坛、聊天室里查询或发布信息。热点新闻的评论、自己的网站、博客也是不错的选择。

2)店外张贴。那些意欲出让自己店面的人经常会在店外及附近张贴海报,你可以留意所要进入区域的这些张贴。

3)广告。通常,城市日报或晚报上会有大量的此类广告,只要留心,一定会发现不少店址信息。

资料链接

商铺选择经营场所的步骤

1.了解该地段的家庭状况

家庭状况是影响消费需求的基本因素。家庭状况包括家庭人口、家庭成员年龄、收入状况等。例如,每户家庭的平均收入和家庭收入的分配,会明显地影响未来商店的销售。如所在地区家庭的平均收入提高,则会增加家庭遴选采购商品数量、质量和档次的要求。家庭的大小也会对未来的商品销售产生较大影响。例如,一个由年轻人组成的两口之家购物追求时尚化、个性化、少量化；而一个三口之家的家庭（有一个独生子女），其消费需求几乎是以孩子为中心来进行的。家庭成员的年龄也会影响其对商品的需求。例如，老龄化的家庭，其购物倾向为购买保健品、健身用品、营养食品等；而有儿童的家庭，则重点在投资儿童食品、玩具等。

2.人口密度的普查

一个地区的人口密度可以用每平方千米的人数或户数来确定。一个地区人口密度越高，则选址商店规模相应扩大。要计算一个地区的白天人口，即户籍中除去幼儿的人口数加上该地区上班上学的人口数，减去到外地上班、上学的人口数。部分随机流入的客流人数不在考察之内。白天人口密度高的地区多为办公区、学校文化区等地。对白天人口多的地区，应分析其消费需求的特性进行经营。例如，采取延长下班时间、增加便民项目等，以适应需要。人口密度高的地区，到商业设施的距离近，可增加购物频率，而人口密度低的地区吸引力弱，且顾客光临的次数也较少。

3.客流量的统计

一般在评估地理条件时，应认真测定经过该地点的行人的流量，这就是来商店的客流量。人流量的大小同该地上下车人数有较大关系。上下车人数的调查重点为：

（1）各站上下车人数历年来的变化。

（2）上下车人数越多的地方越有利。

（3）上下车人数若减少，更无新的交通工具替代，则商圈人口也会减少。

根据车站出入的顾客年龄结构，可了解不同年龄顾客的需求。一般而言，调查人口集聚区域是企业选择经营场所的重点。例如：

（1）居住人口集聚区，如新建小区、居民居住集中区等。

（2）日常上班的场所、学校、医院等是白天人口集结的场所，也是人口聚集地区。

（3）火车站、汽车站、地铁站等是人们利用交通工具的集结点，也是人口聚集之处。

（4）体育场、旅游观光地及沿途路线也是人们集聚活动的场所。

4.分析消费者的购买力

商圈内家庭和人口的消费水平是由收入水平决定的，因此商圈人口的收入水平对地理条件有决定性影响。家庭人均收入可通过入户抽样调查获取。例如，某商厦在立地之初，就对周围商圈1~2千米半径内的居民按照分群随机抽样的方法，抽取出2000个家庭样本经过汇总分析，在这2000户居民家庭中，人均月收入在3000元左右，1000~2000元的占15%，2000~3000元的占20%，1000元以下的约占10%。由此说明，该地区的居民大都是工薪族家庭，属于中等收入水平。

第二节　新企业的生存与管理

一、新创企业管理的特殊性

经过前期的商机筛选、资源准备、商业模式选择、规划创业计划书以及选择组织模式等一系列的创业准备，完成新企业的建立后，进入新企业的管理阶段。创业初期新企业的首要任务是生存，企业的业务开展和自身的成长严格依赖于企业所掌握的资源情况。由于新企业资源禀赋有限，几乎没有冗余资源或独特管理能力，缺乏整合网络资源、生存和成长所必要的信誉和可靠性，而且，人们对于创业信息的了解总是没有创业者多，新企业也缺乏使利益相关者信任的经营历史，几乎所有新企业都存在被顾客、供应商、投资方甚至政府等利益相关者认知和认可度低的问题。

新企业要在资源缺乏、信用度低的状况下，克服生存问题，获得独特成长，就要靠有限的自有资金创造自由现金流，维持企业资金运转；利用一切可以利用的人力资源，如调动周围所有可以帮忙的人，如家人、朋友、同学等；创业团队的人员要事无巨细，具体执行，确保每一个环节的顺畅。

课堂阅读

大学生创业企业运营优惠政策

国家在大学生创业优惠政策中对于企业运营方面做出了以下规定：

1.员工聘请和培训享受减免费优惠

对大学毕业生自主创办的企业，自工商部门批准其经营之日起1年内，可在政府人事、劳动保障行政部门所属的人才中介服务机构和公共职业介绍机构的网站免费查询人才、劳动力供求信息，免费发布招聘广告等；参加政府人事、劳动保障行政部门所属的人才中介服务机构和公共职业介绍机构举办的人才集市或人才、劳务交流活动给予适当减免交费；政府人事部门所属的人才中介服务机构免费为创办企业的毕业生、优惠为创办企业的员工提供一次培训、测评服务。

2.人事档案管理免2年费用

对自主创业的高校毕业生，政府人事行政部门所属的人才中介服务机构免费为其保管人事档案（包括代办社保、职称、档案工资等有关手续）2年。

3.社会保险参保有单独渠道

高校毕业生从事自主创业的，可在各级社会保险经办机构设立的个人缴费窗口办理社会保险参保手续。

二、新创企业风险管理

（一）新创企业风险的特征

创业过程就是创业机会、资源、团队之间高度配置适当的动态平衡过程。但随着时空的变迁、机会模糊、市场不确定性、资本市场风险及外在环境等因素的冲击，这三个要素也会因为相对地位的变化而产生失衡的现象，进而为企业带来风险。

对于风险的理解，一般有两个角度：一是强调风险表现为结果的不确定性；二是强调损失的不确定性。前者属于广义上的风险，说明未来利润多寡的不确定性，可能是获利（正利润）、损失（负利润）或者无损失也无获利（零利润）；后者属于狭义上的风险，只能表现为损失，没有获利的可能性。风险的核心含义是"未来结果的不定性或损失"。如果采取适当的防范策略使破坏或损失的概率不会出现，或者说在智慧认知和理性判断的基础上，继而采取及时而有效的防范措施，那么风险可能带来机会，由此进一步延伸的意义，不仅仅是规避了风险，可能还会带来比例不等的收益，有时风险越大，回报越高，机会越大。

新企业的风险主要有以下几个特点：

1）风险的客观存在性。风险的客观存在性指风险的存在是客观的，是不以人的意志为转移的，在创业过程中，由于内外部事物发展的不确定性的客观存在，因而创业风险是必然存在的，要求我们采取正确的态度承认创业风险，认识创业成长发展规律，并积极对待创业风险。

2）风险的不确定性。创业的过程往往是由创业者一个"构思"或是创新技术变为现实的产品或是服务的过程。在这一过程中，创业者面临各种各样的不确定因素，如可能遭受已有市场竞争对手的排斥，进入新市场面临着需求的不确定性，新技术难以转化为生产力，顾客需求发生改变等。此外，在创业阶段投入较大，而且往往只有投入没有产出，因而可能面临资金不足的风险，从而导致创业的失败。也就是说，影响创业各种因素是不断变化并且难以预知的，这种难以预知造成了创业风险的不确定性。

3）风险的双重损益性。创业风险对于创业收益不仅有负面的影响，如果能正确认识并且充分利用创业风险，反而会使收益有很大程度的增加。

4）风险的相关性。风险的相关性是指创业者面临的风险与其创业行为及政策是紧密相关的，同一风险事件对不同的创业者会产生不同的风险，同一创业者由于其决策或是其采取的策略的不同，会面临不同的风险结果。

5）风险的可变性。创业风险的可变性是指在创业的内部外部条件发生变化时，必然会引起创业风险的变化。创业风险的可变性包括创业过程中风险性质的变化、风险后果的变化，以及出现新的创业风险这三个方面。

6）风险的可测性与测不准性。创业风险的可测性是指创业风险是可测量的，可通过定性或者定量的方法对其进行估计。创业风险的测不准性是指，创业风险常常会出现偏离误差范围的状况，它一般是由于创业投资的测不准、创业产品周期的测不准与创业产品市场的测不准等造成的。

（二）大学生创业中经常遇到的风险

1. 技术风险

很多大学生基于技术创新发现商机进行创业。这种以其自主知识产权开发生产等方式创立科技创新性企业，技术含量高、投资风险大。因为技术成功、技术前景、产品生产、技术效果及技术寿命等众多不确定性因素，使得技术很容易在市场竞争中丧失优越性乃至被淘汰，引发投资贬值甚至投资失败。

2. 融资型风险

资金是创业必须具有的资源，但是很多大学生创业在融资方面存在风险。刚刚步入社会的大学生，人脉资源相对单一和集中，所以在融资渠道的选择方面则避免不了渠道单一，从而使融资缺乏灵活性，在应对突变时不易周转，导致融资风险。

3. 市场风险

市场风险是指市场情况的不确定性可能带来的损失。主要表现为市场接受能力、市场接受时间、产品扩散速度和竞争能力的不确定性。

4. 管理风险

管理风险是指因创业企业管理不善产生的风险。许多创业者因为管理企业经验的缺乏而导致管理制度风险、营销管理风险，甚至是人力资源管理风险。最为常见的就是因人设岗，这在大学生创业中很常见。当创业企业发展到一定程度以后，对企业管理的需要就日渐凸显，管理不善会导致内部消耗巨大、重要员工流失、产品销售不畅等一系列风险事件的发生。

> 知识延伸

新创企业十大管理陷阱

有关新创企业的大量研究揭示出很多可以避免的管理陷阱。一项有关失败企业的研究指出了新创企业失败的具体原因。

1.缺乏经验。很多企业破产只是因为缺乏经验。

2.超越资源的扩张。很多公司的成长速度很快，而其簿记系统却不能应对这种急速成长。在很多情况下，新创企业所有者试图通过走捷径来节省簿记系统的成本，而这一做法最终会产生灾难性的后果。

3.缺少客户信息。失败的企业一般都缺少客户信息，例如，一家公司向未进行信用调查的客户运送商品。结果货款回笼时间长达90~120天，甚至更长。

4.没有将市场多元化。流失一位客户会对企业的整体效益产生极大影响。例如，一些公司全部产品都出售给一个买家，一旦买家取消购买合同，公司就会面临破产。

5.缺乏市场调研。大部分新创企业在创办时并未进行充分的市场调研。市场条件的变化使企业深陷困境，缺乏对市场的分析评估会导致企业没有应对危机的心理准备和能力。

6.法律问题。节约法律费用是一种目光短浅的做法。一旦遭遇"马拉松式"的诉讼，企业则无力应对。若企业所有者从一开始就拥有寻求法律建议的远见，则会避免很多纠纷。

7.裙带关系。偏袒家庭成员会导致企业失败。最致命的是企业为对整体运营贡献很少的家庭成员提供高薪待遇。个人管理会导致企业失败，一个人的技术才华可以成为企业成功的原因，但没有了那个人，企业可能就会遭遇灭顶之灾。

8.缺乏技术能力。当所有者对基本的技术知识一无所知，或者其管理团队中无一人掌握基本技术知识时，企业将会蒙受损失。

9.缺勤管理。当所有者长期不在企业时，企业运营就会逐渐恶化。企业内会出现忽视财务记录、纳税额下降、忽视顾客等情况，长此以往，企业必将遭遇失败。

10.其他风险。创建一个成功的企业，前景良好的项目、足够的资金、优秀的管理等是不可或缺的条件。企业作为组织本身是在宏观的外部环境中活动的，宏观环境中的自然地理因素、人口构成流动因素、技术革新因素、政治与法律因素、社会文化因素等其他风险，既可为企业的生存和发展提供机会，也会对企业造成潜在或直接的威胁。

（三）树立正确的创业风险意识

既然创业风险是创业过程中不可避免的现象，那么直面风险并化解之，是创业过程中的重要任务。风险识别是应对一切风险的基础，只有识别了风险才可能有化解的机会。同时风险也是一种机会,应该开拓、提高它积极的作用。

创业风险识别是创业者依据企业活动,对创业企业面临的现实以及潜在风险运用各种方法加以判断、归类并鉴定风险性质的过程。创业者必须掌握风险识别的能力,并不断提高这种能力。创业者应该树立正确的风险意识:

1. 未雨绸缪的意识

创业风险需要创业者通过创业活动的迹象、信息归类,认知风险产生的原因和条件,不仅要识别风险所面临的性质及可能造成的后果,更重要的是(也是最困难的)识别创业过程中各种潜在的风险,为采取有效措施提供依据。

2. 有备无患的观念

创业风险的出现是正常的,带来一些损失也是正常的,既不能怨天尤人,也不能骄兵轻敌。关键的问题是要密切监视风险,减少损失,化解不利,甚至转化为盈利的机会。

3. 实事求是的思想

虽然风险识别是一个主观过程,但是必须遵循客观规律。风险识别十分复杂,应按照一定的程序、标准、方法系统地分析各种现象,对创业所面临的风险做出实事求是的评估。

4. 持之以恒的精神

由于创业风险伴随着整个创业过程,同时风险具有可变性和相关性的特点,因此创业者必须做好打"持久战"的准备。风险的识别工作应该是连续地、系统地进行,并成为企业一项持续性、制度化工作。发现和识别风险,是为了防范和控制风险。如果创业者在企业未发生损失之前就识别出风险发生的可能性,那么这个风险是可被管理的,因此风险识别是进行风险管理的基点。

(四)创业风险评估技术

创业者要系统、科学、全面和准确地评估创业风险,需要一定的专业知识,必须根据不同性质与条件,按照一定的途径,运用一定的方法,或者借助一定的工具来实施。比较重要的风险识别评估的技术包括:SWOT分析法、ATA事故树分析法、模糊综合评价法、AHP层次分析法等。

1. SWOT分析法

SWOT分析法是用来确定企业自身的竞争优势、竞争劣势、机会和威胁,从而将公司的战略与公司内部资源、外部环境有机结合起来的一种科学的分析方法。风险涉及创业企业的所有资源,包括实物、金融、无形资产等,尽可能列出创业企业需要的其他设施、条件,以及企业的宏观环境(自然、社会、政治、法律和经济等)和微观环境(投资者、消费者、供应商、政府部门和竞争者等)。通过对上述因素的分析,明确企业面临的机会及威胁,发现企业的优势与劣势,采取相应对策。

2.ATA事故树分析法

ATA事故树分析法是指利用逻辑关系、因果关系以及事物发展的规律性等，运用逻辑推理，对创业中涉及的主要风险事件，按时间顺序和事件的成功或失败因素组合在一起，确定系统最后的状态，发现风险产生的原因及条件。本方法有利于对各种系统性危险进行识别和评价，了解创业过程中风险的动态变化。

3.模糊综合评价法

由于创业过程中是否发生的不确定性和企业本身状态的模糊性，在这种认知不确定的状态下，基于模糊数学的隶属度理论把定性评价转化为定量评价，即用模糊数学对受到多种因素制约的事物或对象做出一个总体评价，再分别确定各因素的权重和隶属度向量，获得模糊评判矩阵，最后进行归一化的模糊运算并得到模糊评价的综合结果。它具有结果清晰、系统性强的特点，能较好地解决模糊的、难以量化及非确定性情境下企业风险识别及评价问题。

4.AHP层次分析法

AHP层次分析法是决策者对复杂系统的决策思维过程模型化、数量化，定性与定量相结合的决策分析方法。该方法按企业风险的性质和企业的总目标将此问题分解成不同层次，分为最低层（供决策的方案、措施等），相对于最高层（总目标）的相对重要性权值的确定或相对优劣次序的排序并构建多层次的分析模型。该方法有利于降低信息不对称、信息不足给企业带来的风险。

在运用上述评估技术时首先要通过调查、现场考察等途径获得。其次，需要敏锐的观察和科学的分析对各类数据及现象做出处理。根据对于信息的分析结果，确定风险或潜在风险的范围。根据量化结果，运用定量分析、定性分析、假设、模拟等方法，进行风险影响检验评估，预计可能发生的风险。最后，提出方案选择及确定处理风险的方法和行动方案，避免浪费时间、精力和资源。

三、新创企业成长管理

（一）企业资源持续整合与利用

企业在成长过程中要注重整合外部资源，追求外部成长。新创企业建立之后，在人力资源、资金以及物力资源等方面相对匮乏，创业者需要培养敏锐的洞察力，寻找现有环境中存在的可利用资源，可以是供应商、代理商，甚至是竞争对手，借助可以利用的资源，发展壮大企业。此外，通过上市迅速获得短缺资金来扩大公司规模也能够促进企业迅速成长。

企业在成长过程中要注重资源的积累，从注重创造资源向管理好已经创造出来的资源转变,从资源的"开创"向资源的"开发利用"转变。例如,管理好已经拥有的客户资源、人力资源以及其他有形和无形资产,通过资源的整合利用实现价值最大化,特别是保持企业持续成长的人力资本,需要企业根据发展战略要求,有计划地对人力资源进行合理配置,通过对企业中员工的招聘、培训、使用、考核、激励、调整等,调动员工的积极性,发挥员工的潜能,为企业创造价值。

(二)企业价值观念的转变

基于长远目标分析企业成长过程中出现的问题,在成长过程中寻找合适的变革切入点,主动变革,逐步完善企业的系统建设,逐渐程序化、流程化,适应企业的发展和周围环境的变化。在注重企业增长速度的同时,注重增加企业价值,树立企业形象,打造企业品牌。在这个过程中就需要创业者对企业文化进行管理。创业期的企业没有企业文化,只是在初期业务模式不明晰,还没有成功的经验和思想,无法形成系统的企业文化体系,而且也没有大量的资源来进行文化塑造和文化建设。但是创业者不可忽略企业文化的建设,要形成固定的企业价值观和文化氛围。

新企业成长过程中建立企业文化有独特的管理措施:第一,企业凝聚力管理。创业团队内部要上下一心,团结一致。第二,企业员工形象管理。生产适销对路的产品、提供优质的服务需要企业培育一流的、有职业道德的员工队伍。第三,企业产品形象管理,提供与企业形象相对应的产品设计、制造和营销。第四,企业家形象管理。创业者可以通过提高自身知名度和美誉度来扩大企业的影响力,提高企业在社会中的信誉。

知识拓展

企业如何招聘到合适人才

企业和求职者之间是一个互相选择的关系,企业在选择自己想要的人才时,求职者也在选择自己满意的企业。那么,对于一个企业,什么才是求职者最看重的?

有研究机构做过一份调查显示,求职者在求职过程中,最看中的几项企业指标分别为薪资福利(40%)、个人发展前景(29.33%)、公司前景(18.67%)、其他因素(33%)。专家表示,企业在网络招聘过程中,可以尽量着重企业自身在薪资福利和该职位发展前景上的描述,从而获得更多求职者的青睐。同时,在招募人才过程中,企业本身就成为一件"商品",若要"消费者"(求职者)对商品产生兴趣,企业在招聘信息中必须考虑"商品"的五大要素:品牌、质量、价格、渠道和口碑。对于求职者来说,企业是否有知名度、职位要求是否符合期望、薪资福利是否合理、上班地点是否方便以及他人对企业的评价如何等,都是他们考虑的因素。

因此，企业希望招聘到合适的人才，必须先将自己介绍得清清楚楚。企业是否有知名度、其传递给求职者的信息是否正确、是否具有吸引力，都直接影响企业的招聘效果。一些企业在招聘过程中极度神秘，不愿意让应聘者了解公司，也不愿意公开薪资福利待遇。这些企业忽略了很重要的一点：现在网络极其发达，求职者通过各种平台同样能够了解到企业的基本情况，包括薪资福利待遇。与其这样，还不如用自己的声音，官方地、正式地告之求职者招聘方是什么样的企业，希望寻找什么样的人才。

首先，企业在填写"公司介绍"一栏时，应多花些心思。尤其对于中小企业来说，这是一个让求职者了解自身非常好的渠道。也许很多企业在招聘时，非常注重对职位的描述，但往往忽视了"公司介绍"这一栏的作用，一般的人力资源管理人员会将已有的针对客户端的企业介绍不管三七二十一统统都贴上去，又或者只写两三行介绍敷衍了事。其实，这些细节都会让求职者觉得企业招人的诚意不够。其实，在这一栏恰当表现公司的创设愿景、成立宗旨、重要里程碑、经营状况、过往绩效和未来发展期许，都可以让求职者更加了解该公司的经营特色和企业文化是否符合自身需求。但也不要过于啰唆。求职者可能没有耐心看完全部。当然，如果用多种介绍方式吸引求职者，如图片、视频等那就更亲切了。还有些企业喜欢在"公司介绍"一栏写出企业与众不同的理念，比如，一些有特色的企业福利，去吸引求职者。这样的成功招聘案例也不在少数。曾经有一家刚成立不久的企业需要招聘员工，他们在公司介绍中这样描述道：所有员工都有"董事长椅"可以坐。其实，这个简单的想法背后，希望传送给求职者的信息是这家公司对员工的尊重和期许，表示公司将员工放在一个非常重要的位置。并且，这样的表达方式让员工觉得这是一家非常有创意和人性化的企业，主动应聘的简历就会像雪花般飞来。

其次，除了公司介绍之外，职位描述是否准确、详细也非常重要。比如，求职者通常能够在很多企业的招聘职位中看到"储备干部"这一条，但很多人不了解它其中的含义。所以，如果企业对这部分有比较详细的描述，那么求职者主动应聘的意愿也会提升。除了以上提到的这些因素，企业自身的口碑、薪资水平等状况也是影响求职者是否考虑应聘的重要条件，这必须要求企业自身不断改善。所以说，企业要想赢得求职者的青睐，首先还是要从企业自身下功夫。

案例分析

沃尔玛如何选择经营场所

沃尔玛百货有限公司由美国零售业的传奇人物山姆·沃尔顿在阿肯色州成立。经过50多年的发展，沃尔玛公司已经成为美国最大的私人雇主和世界上最大的连锁零售企业。目前,沃尔玛在全球15个国家开设了超过8000家商场,下设53个品牌,员工总数210多万人,每周光临沃尔玛的顾客达2亿人次。

选址对于零售型企业来说是关系到企业成败的一个重要环节。沃尔玛从选址到开业,周期非常漫长。如果沃尔玛打算在一个城市开设新店,它会参照该城市已有的零售店的商圈大小,未来尽量接近实际情况,沃尔玛会调研目标城市的居民人口分布、城市规划、交通状况、商业布局、人口流动等情况,以及仓储式零售店经营规模和经营特色上的不同,进行合理修正,以取得商圈的各种参数。

沃尔玛选址的过程严谨而复杂。在确定商圈后,沃尔玛的新店地址一般都选在城乡结合部、次商业区、新开辟的居民区,在该商场周围要有20万~30万的常驻人口。

沃尔玛对事先拟定的地点做市场调查分析:①城市结构,包括交通条件、地形地貌;②商业结构,包括销售动态、零售商店的种类和经营方式、竞争的饱和度分析;③人口特征,包括数量和密度、年龄分布、文化水平、职业分布、人口变化趋势、人均可支配收入、消费习惯;④交通便利性,包括交通网络布局、交通设施、行政部门的规定、公交车路线;可见度,包括店铺是否显而易见,能引起路人的重视;⑤适用性,包括土地面积形状,以及建筑物的层高、构造、材料、立面造型及可塑性。

经过汇总,沃尔玛就开始如下程序对其所选的地点进行整体评估:首先,由市场调查委员会研究各潜在地点,收集信息;其次,由一执行小组评估经济上的可行性,然后由一财团评价该地点;最后,由决策委员会评审决定。

随着越来越多网点的开发,沃尔玛总结出了一套自己的选址经验,并在新店选址过程中认真遵循和参考:一是从连锁发展计划出发;二是选择经济发达的城镇;三是独立设置门店;四是选择城乡结合部。

分析: 从沃尔玛的选址心得我们可以看出,对于新创企业来说,选择一个合适的企业发展地址是十分重要的。同时也提醒,创业者在为企业选址前,要综合考虑多种因素的影响,并在此基础上,总结出一套适合自己企业发展壮大的选址经验,这对于一个企业来说,是十分必要的。这也提醒大学生,开办新企业时,不仅要了解相关法律问题,还应注意选址问题。

真实情境演练

店铺开在哪里

1.以小组为单位开设商店,根据不同的经营内容,制订一份商店的选址方案。

商店名称:

商店地址：

多个选址策略分析：

决策理由：

2.通过这一训练，写一篇不少于400字的总结。

网络情境演练

学堂在线（http://www.xuetangx.com/）是由清华大学研发出的中文MOOC（大规模开放在线课程，简称慕课）平台，面向全球提供在线课程。任何拥有上网条件的学生均可通过该平台，在网上学习课程视频。目前，学堂在线运行包括清华大学、北京大学、复旦大学、斯坦福大学、麻省理工学院、加州大学伯克利分校等国内外几十所顶尖高校的优质课程，涵盖计算机、经管创业、理学、工程、文学、历史、艺术等多个领域。其中由清华科技园和清华大学经管学院联合开设"创办新企业"等系列创业教育课程，帮助创业者直接或间接获得投资的团队超过20个。该课程开办5期以来，选课的91支团队中已有半数以上成立公司，融资总额超过8000万元。"创办新企业"课程被中关村管委会授予"中关村（清华）梦想课堂"的称号。

图书推荐

《现代企业管理教程》

作者：王卫华，邢俏俏
出版社：东方出版社
出版时间：2010年11月
ISBN：978-7-0402-9982-3
开本：16开
装帧：平装

内容简介：

《现代企业管理教程（第2版）》是北京市高等教育精品教材，是在第1版的基础上修订而成的。全书共分为12章，分别是管理概论、企业概论、现代企业制度、企业战略管理、企业文化与团队管理、领导理论与管理、生产与运作管理、技术创新管理、质量管理、市场营销、财务管理、信息系统与电子商务。《现代企业管理教程（第2版）》是为财经和管理类专业的本、专科学生编写的，也可作为其他专业管理类公共课程教材。对于有兴趣的自学者来说，本书也是不错的选择。

编辑推荐：

《现代企业管理教程（第2版）》内容上力求体现企业管理的理论成就和发展动态，并尝试和中国传统的思想进行有机结合；在写法上采用了简明、生动的语言，便于初学者阅读理解；通过链接的形式，提供大量管理典故、应用案例和实用信息，有助于读者开阔思维，将管理知识与实践相结合。

参考文献

[1] 冯丽霞，王若洪. 创新与创业能力培养［M］. 北京：清华大学出版社，2013.

[2] 张玉华，王周伟. 创业基础［M］. 北京：清华大学出版社，2014.

[3] 王晓进. 大学生创业理论与实践［M］. 北京：科学出版社，2014.

[4] 李才俊. 大学生创新能力培养新探［M］. 重庆：重庆出版社，2006.

[5] 李伟，张世辉. 创新创业教程［M］. 北京：清华大学出版社，2015.

[6] 杨乐克. 大学生创新创业教程［M］. 北京：中国时代经济出版社，2014.

[7] 张利. 第一桶金：大学生创业篇［M］. 北京：中国纺织出版社，2015.

[8] 魏炜，朱武详. 发现商业模式［M］. 北京：机械工业出版社，2009.

[9] 陈永奎. 大学生创新创业基础教程［M］. 北京：经济管理出版社，2015.

[10] 周桥，刘穆远. 微创业全攻略［M］. 广州：广东经济出版社，2015.

[11] 于跃龙. 心理游戏速查速用大全集［M］. 北京：中国法制出版社，2014.

[12] 伊萨多·夏普. 从领先到极致：互联网时代的创业、创新与管理哲学［M］. 北京：光明日报出版社，2015.

[13] 刘万韬. 大学生创新与创业教程［M］. 天津：南开大学出版社，2013.

[14] 曹培强. 大学生创新教程［M］. 北京：中国人事出版社，2015.

[15] 杨凤. 创业理论与实务［M］. 北京：清华大学出版社，2014.

[16] 郭强. 创新能力培训全案［M］. 北京：人民邮电出版社，2014.

[17] 夏洪胜，张世贤. 创业与企业家精神［M］. 北京：经济管理出版社，2014.

[18] 汤锐华. 大学生职业规划与发展［M］. 北京：冶金工业出版社，2014.

[19] 罗玲玲. 创意思维训练［M］. 北京：首都经贸大学出版社，2010.

[20] 郭国庆，姚飞. 创业管理——理论与实训［M］. 大连：大连理工大学出版社，2013.

[21] 徐秀艺，寇静. 创新思维［M］. 北京：中国人民大学出版社，2013.

[22] 高振强. 大学生创业实务与训练［M］. 北京：科学出版社，2013.

[23] 严红，张守友，母诚荣. 职业发展与就业指导［M］. 北京：冶金工业出版社，2014.

［24］吴寿仁. 创新思维力［M］. 北京：新华出版社，2015.

［25］袁凤英，王秀红，董敏，等. 创新创业能力训练［M］. 北京：中国古籍出版社，2014.

［26］陈一佳. 创客法则：顶级创业公司的创新密码［M］. 北京：中信出版社，2015.

［27］陈红喜，王冀宁. 大学生创业创新的模式选择与牵引机制——基于200个大学生创业项目的典型案例研究［M］. 北京：经济管理出版社，2014.

［28］钟晓红. 大学生创业教育［M］. 北京：北京理工大学出版社，2010.

［29］李振杰，陈彦宏. 我的未来我做主——大学生就业与创业指导［M］. 厦门：厦门大学出版社，2014.

［30］贾昌荣. 做最成功的创客：大学生创业的9堂必修课［M］. 北京：经济管理出版社，2015.

［31］黄亚生，余典范，张世伟，等. MIT创新课：麻省理工模式对中国创新创业的启迪［M］. 北京：中信出版社，2015.

［32］王琴. 跨国公司创业模式［M］. 上海：上海财经大学出版社，2010.

［33］钱志新. 新商业模式［M］. 南京：南京大学出版社，2008.

［34］刘志超. 创业基础［M］. 北京：科学技术文献出版社，2015.

［35］胡飞雪. 创新思维训练与方法［M］. 北京：机械工业出版社，2015.

［36］刘普波. 大学生创业指导与风险规避［M］. 上海：立信会计出版社，2013.

［37］老枪. 大学生创业案例：我要自己打天下［M］. 重庆：重庆大学出版社，2010.

［38］李东. 大学生创业教育［M］. 济南：泰山出版社，2010.

［39］郑伟. 大学生创业指导教程［M］. 北京：机械工业出版社，2011.

［40］冯晓琦. 风险投资［M］. 北京：清华大学出版社，2012.

［41］田毕飞. 创业者性格特质与中国中小企业国际创业策略研究［M］. 北京：人民出版社，2014.

［42］布莱克韦尔. 创业计划书［M］. 北京：机械工业出版社，2009.

［43］严中华. 社会创业［M］. 北京：清华大学出版社，2008.

［44］李肖鸣. 创业基础慕课学习评价手册［M］. 北京：清华大学出版社，2015.

［45］任荣伟. 内部创业战略［M］. 北京：清华大学出版社，2014.

［46］何传添. 大学生创业管理教程［M］. 北京：清华大学出版社，2015.

［47］张玉利. 创业研究：经典文献述评［M］. 天津：南开大学出版社，2010.

［48］徐俊详. 大学生创业基础知能训练教程［M］. 北京：现代教育出版社，2014.

［49］张玉利，陈寒松. 创业管理［M］. 北京：机械工业出版社，2011.

［50］张林，张汝山. 大学生创业案例解析［M］. 南京：南京大学出版社，2013.

[51] 刘平. 大学生创业基础 [M]. 北京：机械工业出版社，2013.

[52] 严行方. 给大学生创业泼点冷水 [M]. 广州：广东旅游出版社，2013.

[53] 周三多，陈传明，鲁明泓. 管理学——原则与方法 [M]. 上海：复旦大学出版社，2005.

[54] 韩雪，周颂. 大学生创业宝典 [M]. 北京：中国金融出版社，2013.

[55] 詹文杰. 创意人 [M]. 北京：人民交通出版社，2003.

[56] 万炜，朱国炜. 创业案例集锦 [M]. 北京：中国人民大学出版社，2013.

[57] 王健. 创新启示录：超越性思维 [M]. 上海：复旦大学出版社，2004.

[58] 李士，甘华鸣. 创新能力训练和测验 [M]. 合肥：中国科学技术大学出版社，2015.

[59] 郑炳章. 创业管理 [M]. 北京：现代教育出版社，2011.